北大社普通高等教育“十四五”数字化建设规划教材

线性代数

主　编　赵建平　杨晓梅

副主编　安新慧

本书资源使用说明

北京大学出版社
PEKING UNIVERSITY PRESS

内 容 简 介

本书根据最新的高等学校理工类、经济和管理类专业本科线性代数课程的教学基本要求,并结合考研数学大纲编写而成. 全书共五章,内容包括:向量与矩阵的基本概念、向量组、线性方程组、特征值与特征向量、二次型. 书末附录内容包括:排列、n 阶行列式的等价定义、部分考研真题. 本书每章均配有习题,并附有参考答案与提示(见二维码).

本书可作为高等学校理工类、经济和管理类专业本科生的教材或教学参考书,也可作为相关科技工作者、考研学生的参考资料.

序

构建“线性坐标系”，探索认知与创新之路

作为一名长期从事应用数学与数据科学研究的学者，我始终坚信：线性代数不仅是数学大厦的基石，更是人类理性认知世界的基本范式. 在本书付梓之际，我愿从研究者的视角，与读者分享线性代数的本质价值及其在现代科学背景下的独特意义.

作为大学数学的核心基础课程，线性代数的教学意义远不止于知识的传授，更肩负着塑造学生科学思维方式的重要使命. 因此，本书的教学目标始终围绕培养学生以下三种重要能力.

1. 抽象化思维能力：从二维向量的几何直观到一般线性空间的公理化定义，学会用符号系统剥离具体研究对象的非本质属性，提炼出普适性的结构规律. 这种能力，正是数学建模的起点.

2. 关系化分析能力：理解线性变换与矩阵的一一对应，掌握通过矩阵的秩、特征值等代数特征分析系统性质(如可控性、稳定性)的方法. 这是用数学语言描述世界的关键.

3. 工程化计算能力：在掌握理论的同时，理解数值算法的设计原理(如高斯消元法的浮点运算误差、矩阵求逆的条件数影响)，学会在计算机上实现高效、稳定的矩阵运算. 这是连接数学理论与工程实践的桥梁.

线性代数中的许多概念，如基底变换、正交投影、特征分解等，本质上是化繁为简、抓大放小思想的数学表达. 这种思想不仅适用于求解线性方程组，更能迁移到复杂问题的分析中. 例如，在海量数据中识别关键特征(类似特征分解)，在多学科交叉中寻找共同的理论基底(类似线性空间的公共子空间).

学习线性代数，就像在数学世界中搭建一套“线性坐标系”：基底教会我们如何分解复杂的对象，线性变换揭示了系统动态演化的映射规律，内积则建立了对象间相似性的度量准则. 这套“线性坐标系”的终极意义在于成为探索非线性世界的逻辑基础. 现实中的非线性问题，往往需要在局部线性化后才能被分析(如微分方程的线性近似、流形的切空间理论)；而数据科学中的非线性模型(如深度学习模型)，其训练过程仍依赖于线性代数的基本运算.

亲爱的读者，当你在书中读到“向量空间”时，可以联想到现实世界中可分解、可叠加的各类系统；当求解“特征值问题”时，请思考其在物理系统共振、数据分布主方

向等场景中的意义;当进行“矩阵求逆”时,请理解这是对“系统可逆性”的数学刻画.线性代数不仅是一门课程,更是一种思维工具,它赋予我们将复杂问题线性化、结构化、可计算化的能力,这正是科学研究与工程实践的核心逻辑.

本书力求以严谨而通俗的方式,展现线性代数的理论体系与应用价值.愿这本书成为你探索科学奥秘的起点,更愿你在掌握线性代数的“标准基底”后,勇于拓展认知的维度,在非线性的未知领域中构建新的“线性坐标系”.科学的进步始于对基本结构的深刻理解,成于对既有框架的突破与创新,而这正是线性代数带给我们的终极启示.

徐宗本

2025.4

前　言

党的二十大报告首次将教育、科技、人才专门作为一个独立章节进行系统阐述和部署，明确指出："教育、科技、人才是全面建设社会主义现代化国家的基础性、战略性支撑."这让广大教师深受鼓舞，更要勇担"为党育人、为国育才"的重任，倾心倾力育人才. 线性代数是高等学校一门非常重要的数学基础课程，也是全国硕士研究生统一招生考试中数学科目的必考内容之一. 为适应当前线性代数课程教学的新形势，编者在总结多年教学经验的基础上，对线性代数课程的内容进行了必要的整合，同时吸取多种同类教材的优点，编写了本书. 本书的编写注重整体难度的把握，并通过以下几点，力求做到深入浅出、通俗易懂：

(1) 适当补充了高中数学和线性代数间的衔接内容.

(2) 考虑到线性代数各部分内容的难易程度不同(选修内容用"*"号标出)，为便于学生理解及构建线性代数的概念体系、逻辑框架，调整了传统的知识结构，首先从向量的概念入手，介绍矩阵的基本理论，然后依次讨论矩阵的行列式、向量组、线性方程组、矩阵的特征值与特征向量、二次型.

(3) 以通俗的语言阐述线性代数的基本概念和理论，同时对一些重要的概念从多个角度进行阐述与分析，使学生充分理解这些概念的本质.

(4) 通过适当的例题阐明线性代数理论的思想，便于学生理解，并介绍了若干应用实例，帮助学生了解线性代数的广泛应用，增强学生的学习兴趣.

本书由新疆大学线性代数课程组的教师共同编写而成：第一、二、三章由杨晓梅负责编写，第四章由安新慧负责编写，第五章由赵建平负责编写；杨晓梅、赵建平构思并设计了全书的数字资源. 在本书的编写过程中，范兴亚老师给予了许多指导和帮助，王兆鸿、依明江、于飞、刘傲帮忙整理了书稿，付小军、袁晓辉、雷金玉、曾政杰提供了版式和装帧设计方案. 在本书成书之际，徐宗本院士为本书欣然作序，在此一并表示感谢.

限于编者的水平，书中难免有疏漏与不妥之处，欢迎广大读者批评指正.

编　者

目　录

第一章 向量与矩阵的基本概念

许多实际问题都会涉及向量、矩阵和行列式. 本章首先介绍向量的有关理论，然后介绍矩阵的概念、运算、分块表示法和初等变换，接着介绍 n 阶行列式的定义、性质及其计算方法，最后给出逆矩阵、正交矩阵、矩阵的秩等概念.

1.1 n 维向量

本书主要讨论定义在特殊的数集——数域上的 n 维向量. 我们先介绍数域的概念.

定义 1.1.1 对于任意一个包含数 0 和 1 的数集 P，如果 P 中任意两个数（这两个数可以相同）的和、差、积、商（除数不为 0）仍然是 P 中的数，那么就称数集 P 是一个**数域**.

显然，全体有理数组成的有理数集 $\mathbf{Q}$、全体实数组成的实数集 $\mathbf{R}$ 与全体复数组成的复数集 $\mathbf{C}$ 都是数域. 而全体整数组成的整数集 $\mathbf{Z}$ 不是数域，因为两个整数的商不一定是整数.

一、n 维向量的定义

我们在“高等数学”课程中已经学习了几何空间中的向量，即既有大小又有方向的量. 引入空间直角坐标系之后，三维几何空间中的向量可以用一个由 3 个数组成的有序数组来表示，即用向量的坐标来表示. 我们可以用向量的坐标描述向量的加法、数乘、内积和外积.

根据实际问题的需要，我们经常会借助由更多的数组成的有序数组来表示研究对象. 例如，刻画几何空间中的一个球的位置和大小，需要知道它的中心坐标（3 个数）和球的半径（1 个数），于是一个球的位置和大小可以用一个由 4 个数组成的有序数组来表示. 在生活中，我们利用有序数组来刻画一个研究对象的例子更是不胜枚举. 例如，在常规体检中，可以通过体重、身高、血压、心率、血脂、血糖等多个指标的数据来描述一个人的身体健康状况. 作为实际问题的一个共同特征的抽象，就有了 n 维向量的定义.

定义 1.1.2 由数域 P 上的 n 个数 $a_1,a_2,\cdots,a_n$ 组成的 n 元有序数组称为数域 P 上的一个 n **维向量**（简称**向量**），记作

$$(a_1,a_2,\cdots,a_n) \quad \text{或} \quad \begin{pmatrix} a_1 \\ a_2 \\ \vdots \\ a_n \end{pmatrix}, \tag{1.1.1}$$

其中 $a_i\,(i=1,2,\cdots,n)$ 称为该向量的**第 i 个分量**（简称**分量**）.

为了区别,式(1.1.1)中前一式称为**行向量**,后一式称为**列向量**,它们的区别只是写法上的不同.利用转置的记号T(我们还将在矩阵中学习矩阵转置的定义),列向量也可记作$(a_1,a_2,\cdots,a_n)^T$.我们常用黑体小写字母$\boldsymbol{\alpha},\boldsymbol{\beta},\boldsymbol{\gamma},\cdots$表示向量.

如果一个向量的所有分量都是0,则称其为**零向量**,记作

$$\mathbf{0}=(0,0,\cdots,0)\quad 或\quad \mathbf{0}=(0,0,\cdots,0)^T.$$

二、n 维向量的线性运算及性质

下面给出向量相等及向量的线性运算(加法、数乘)的定义.另外,约定除特殊说明外,书中的向量通常指实数域 **R** 上的向量,数均指实数.

定义 1.1.3　设 n 维向量 $\boldsymbol{\alpha}=(a_1,a_2,\cdots,a_n)$,$\boldsymbol{\beta}=(b_1,b_2,\cdots,b_n)$.如果它们对应的分量全相等,即

$$a_i=b_i\quad (i=1,2,\cdots,n),$$

则称向量 $\boldsymbol{\alpha}$ 与 $\boldsymbol{\beta}$ **相等**,记作 $\boldsymbol{\alpha}=\boldsymbol{\beta}$.

定义 1.1.4　设 n 维向量 $\boldsymbol{\alpha}=(a_1,a_2,\cdots,a_n)$,$\boldsymbol{\beta}=(b_1,b_2,\cdots,b_n)$,称向量

$$(a_1+b_1,a_2+b_2,\cdots,a_n+b_n)$$

为向量 $\boldsymbol{\alpha}$ 与 $\boldsymbol{\beta}$ **的和**,记作 $\boldsymbol{\alpha}+\boldsymbol{\beta}$,即

$$\boldsymbol{\alpha}+\boldsymbol{\beta}=(a_1+b_1,a_2+b_2,\cdots,a_n+b_n).$$

例如,设向量 $\boldsymbol{\alpha}=(-2,4,0,7)$,$\boldsymbol{\beta}=(3,0,-5,1)$,则

$$\boldsymbol{\alpha}+\boldsymbol{\beta}=(-2+3,4+0,0-5,7+1)=(1,4,-5,8).$$

定义 1.1.5　设 n 维向量 $\boldsymbol{\alpha}=(a_1,a_2,\cdots,a_n)$,$k$ 为数,称向量

$$(ka_1,ka_2,\cdots,ka_n)$$

为**数 k 与向量 $\boldsymbol{\alpha}$ 的乘积**,记作 $k\boldsymbol{\alpha}$,即

$$k\boldsymbol{\alpha}=(ka_1,ka_2,\cdots,ka_n).$$

这种运算称为向量的**数乘**.

特别地,当 $k=-1$ 时,记 $(-1)\boldsymbol{\alpha}=-\boldsymbol{\alpha}=(-a_1,-a_2,\cdots,-a_n)$,称为向量 $\boldsymbol{\alpha}$ 的**负向量**.

此外,也将 $\boldsymbol{\alpha}+(-\boldsymbol{\beta})$ 记作 $\boldsymbol{\alpha}-\boldsymbol{\beta}$,称为向量 $\boldsymbol{\alpha}$ 与 $\boldsymbol{\beta}$ 的**差**.

例如,设向量 $\boldsymbol{\alpha}=(1,-2,1,0)$,$\boldsymbol{\beta}=(0,1,-3,2)$,则

$$\boldsymbol{\alpha}-2\boldsymbol{\beta}=\boldsymbol{\alpha}+(-2\boldsymbol{\beta})=(1,-2,1,0)+(0,-2,6,-4)=(1,-4,7,-4).$$

向量的加法与数乘运算统称为**向量的线性运算**.

性质 1.1.1　根据 n 维向量的加法与数乘运算的定义,很容易验证下面8条线

性运算性质成立(设 $\boldsymbol{\alpha},\boldsymbol{\beta},\boldsymbol{\gamma}$ 为同维向量,k,l 为数):

(1) 加法的交换律:$\boldsymbol{\alpha}+\boldsymbol{\beta}=\boldsymbol{\beta}+\boldsymbol{\alpha}$;

(2) 加法的结合律:$(\boldsymbol{\alpha}+\boldsymbol{\beta})+\boldsymbol{\gamma}=\boldsymbol{\alpha}+(\boldsymbol{\beta}+\boldsymbol{\gamma})$;

(3) 零向量的特征:$\boldsymbol{\alpha}+\mathbf{0}=\boldsymbol{\alpha}$;

(4) 负向量的特征:$\boldsymbol{\alpha}+(-\boldsymbol{\alpha})=\mathbf{0}$;

(5) 数 1 的特征:$1\cdot\boldsymbol{\alpha}=\boldsymbol{\alpha}$;

(6) 数乘对数的结合律:$(kl)\boldsymbol{\alpha}=k(l\boldsymbol{\alpha})$;

(7) 数乘对向量的分配律:$k(\boldsymbol{\alpha}+\boldsymbol{\beta})=k\boldsymbol{\alpha}+k\boldsymbol{\beta}$;

(8) 数乘对数的分配律:$(k+l)\boldsymbol{\alpha}=k\boldsymbol{\alpha}+l\boldsymbol{\alpha}$.

三、n 维向量的内积及性质

n 维向量的内积概念是三维几何空间中向量的数量积概念的直接推广.

定义 1.1.6 设 n 维向量 $\boldsymbol{\alpha}=(a_1,a_2,\cdots,a_n)^{\mathrm{T}}$,$\boldsymbol{\beta}=(b_1,b_2,\cdots,b_n)^{\mathrm{T}}$,则向量 $\boldsymbol{\alpha}$ 与 $\boldsymbol{\beta}$ 的内积 $(\boldsymbol{\alpha},\boldsymbol{\beta})$ 定义为

$$(\boldsymbol{\alpha},\boldsymbol{\beta})=a_1b_1+a_2b_2+\cdots+a_nb_n.$$

例如,设向量 $\boldsymbol{\alpha}=(1,-2,0,1)^{\mathrm{T}}$,$\boldsymbol{\beta}=(2,0,1,3)^{\mathrm{T}}$,则向量 $\boldsymbol{\alpha}$ 与 $\boldsymbol{\beta}$ 的内积为

$$(\boldsymbol{\alpha},\boldsymbol{\beta})=1\times2+(-2)\times0+0\times1+1\times3=5.$$

性质 1.1.2 向量的内积具有下列性质($\boldsymbol{\alpha},\boldsymbol{\beta},\boldsymbol{\gamma}$ 为 n 维向量,k 为数):

(1) $(\boldsymbol{\alpha},\boldsymbol{\beta})=(\boldsymbol{\beta},\boldsymbol{\alpha})$;

(2) $(k\boldsymbol{\alpha},\boldsymbol{\beta})=k(\boldsymbol{\alpha},\boldsymbol{\beta})$;

(3) $(\boldsymbol{\alpha}+\boldsymbol{\beta},\boldsymbol{\gamma})=(\boldsymbol{\alpha},\boldsymbol{\gamma})+(\boldsymbol{\beta},\boldsymbol{\gamma})$;

(4) $(\boldsymbol{\alpha},\boldsymbol{\alpha})\geqslant0$,当且仅当 $\boldsymbol{\alpha}=\mathbf{0}$ 时等号成立.

定义 1.1.7 设 n 维向量 $\boldsymbol{\alpha}=(a_1,a_2,\cdots,a_n)^{\mathrm{T}}$,记

$$\|\boldsymbol{\alpha}\|=\sqrt{(\boldsymbol{\alpha},\boldsymbol{\alpha})}=\sqrt{a_1^2+a_2^2+\cdots+a_n^2},$$

称之为向量 $\boldsymbol{\alpha}$ 的**长度**或**范数**.

例如,向量 $\boldsymbol{\alpha}=(4,0,3)^{\mathrm{T}}$ 的长度为

$$\|\boldsymbol{\alpha}\|=\sqrt{(\boldsymbol{\alpha},\boldsymbol{\alpha})}=\sqrt{4^2+0^2+3^2}=5.$$

性质 1.1.3 向量的长度具有下列性质($\boldsymbol{\alpha},\boldsymbol{\beta}$ 为 n 维向量,k 为数):

(1) 非负性:$\|\boldsymbol{\alpha}\|\geqslant0$,当且仅当 $\boldsymbol{\alpha}=\mathbf{0}$ 时等号成立;

(2) 齐次性:$\|k\boldsymbol{\alpha}\|=|k|\,\|\boldsymbol{\alpha}\|$;

(3) 三角不等式：$\|\boldsymbol{\alpha}+\boldsymbol{\beta}\| \leqslant \|\boldsymbol{\alpha}\|+\|\boldsymbol{\beta}\|$.

当 $\|\boldsymbol{\alpha}\|=1$ 时，称 $\boldsymbol{\alpha}$ 为**单位向量**. 显然，当 $\boldsymbol{\alpha} \neq \mathbf{0}$ 时，$\frac{1}{\|\boldsymbol{\alpha}\|}\boldsymbol{\alpha}$ 是单位向量，记为 $\boldsymbol{\alpha}^0$. 由向量 $\boldsymbol{\alpha}$ 得到 $\frac{1}{\|\boldsymbol{\alpha}\|}\boldsymbol{\alpha}$ 的过程称为**把向量 $\boldsymbol{\alpha}$ 单位化**.

利用内积的性质，可以证明柯西-施瓦茨(Cauchy-Schwarz) 不等式($\boldsymbol{x}, \boldsymbol{y}$ 为 n 维向量)

$$(\boldsymbol{x},\boldsymbol{y})^2 \leqslant (\boldsymbol{x},\boldsymbol{x})(\boldsymbol{y},\boldsymbol{y}).$$

显然，对于 n 维非零向量 $\boldsymbol{\alpha}, \boldsymbol{\beta}$，有

$$-1 \leqslant \frac{(\boldsymbol{\alpha},\boldsymbol{\beta})}{\|\boldsymbol{\alpha}\|\,\|\boldsymbol{\beta}\|} \leqslant 1.$$

由此可以定义 n 维向量的夹角.

定义 1.1.8　设有 n 维非零向量 $\boldsymbol{\alpha}, \boldsymbol{\beta}$，则其夹角定义为

$$\theta = \arccos \frac{(\boldsymbol{\alpha},\boldsymbol{\beta})}{\|\boldsymbol{\alpha}\|\,\|\boldsymbol{\beta}\|}.$$

当 $(\boldsymbol{\alpha},\boldsymbol{\beta})=0$ 时，称向量 $\boldsymbol{\alpha}$ 与 $\boldsymbol{\beta}$ **正交**. 显然，零向量 $\mathbf{0}$ 与任何向量都正交.

四、n 维向量的射影向量

定义 1.1.9　设 n 维非零向量 $\boldsymbol{\alpha}$ 与 $\boldsymbol{\beta}$ 的夹角为 θ，称向量

$$\mathrm{pr}_{\boldsymbol{\alpha}}\boldsymbol{\beta} = (\|\boldsymbol{\beta}\|\cos\theta)\boldsymbol{\alpha}^0$$

为向量 $\boldsymbol{\beta}$ 在向量 $\boldsymbol{\alpha}$ 上的**射影向量**，其中系数 $\Pi_{\boldsymbol{\alpha}}\boldsymbol{\beta} = \|\boldsymbol{\beta}\|\cos\theta$ 称为向量 $\boldsymbol{\beta}$ 在向量 $\boldsymbol{\alpha}$ 上的**射影**.

例 1.1.1　在三维几何空间中，已知三维非零向量 $\boldsymbol{\alpha}$ 与 $\boldsymbol{\beta}$，θ 是向量 $\boldsymbol{\alpha}$ 与 $\boldsymbol{\beta}$ 的夹角，则向量 $\boldsymbol{\beta}$ 在向量 $\boldsymbol{\alpha}$ 上的射影向量为 $\boldsymbol{\gamma} = (\|\boldsymbol{\beta}\|\cos\theta)\boldsymbol{\alpha}^0$，如图 1-1 所示.

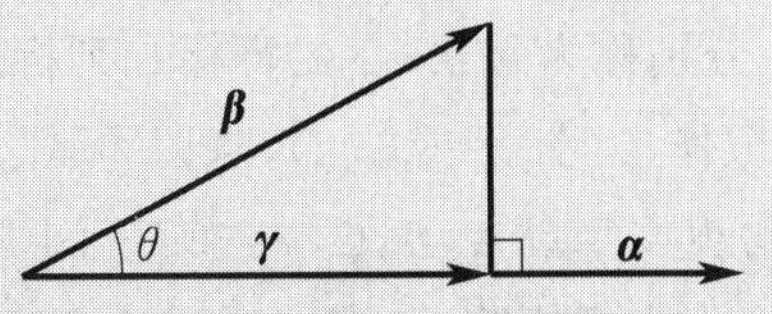

图 1-1

显然，射影向量和射影具有下列性质.

性质 1.1.4 相等的向量在同一个向量上的射影相等.

性质 1.1.5 非零向量 $\boldsymbol{\beta}$ 在非零向量 $\boldsymbol{\alpha}$ 上的射影向量为

$$\mathrm{pr}_{\boldsymbol{\alpha}}\boldsymbol{\beta}=(\|\boldsymbol{\beta}\|\cos\theta)\boldsymbol{\alpha}^0=\frac{(\boldsymbol{\beta},\boldsymbol{\alpha})}{(\boldsymbol{\alpha},\boldsymbol{\alpha})}\boldsymbol{\alpha}\quad(\theta\text{ 为向量 }\boldsymbol{\alpha}\text{ 与 }\boldsymbol{\beta}\text{ 的夹角}),$$

且向量 $\boldsymbol{\beta}-\mathrm{pr}_{\boldsymbol{\alpha}}\boldsymbol{\beta}=\boldsymbol{\beta}-\dfrac{(\boldsymbol{\beta},\boldsymbol{\alpha})}{(\boldsymbol{\alpha},\boldsymbol{\alpha})}\boldsymbol{\alpha}$ 与 $\boldsymbol{\alpha}$ 正交.

性质 1.1.6 已知非零向量 $\boldsymbol{\alpha}$，对于任意非零向量 $\boldsymbol{\beta}_1$ 与 $\boldsymbol{\beta}_2$，向量 $\boldsymbol{\beta}_1+\boldsymbol{\beta}_2$ 在向量 $\boldsymbol{\alpha}$ 上的射影等于向量 $\boldsymbol{\beta}_1$ 在向量 $\boldsymbol{\alpha}$ 上的射影与向量 $\boldsymbol{\beta}_2$ 在向量 $\boldsymbol{\alpha}$ 上的射影之和，即

$$\Pi_{\boldsymbol{\alpha}}(\boldsymbol{\beta}_1+\boldsymbol{\beta}_2)=\Pi_{\boldsymbol{\alpha}}\boldsymbol{\beta}_1+\Pi_{\boldsymbol{\alpha}}\boldsymbol{\beta}_2.$$

性质 1.1.7 已知非零向量 $\boldsymbol{\alpha}$，对于任意非零向量 $\boldsymbol{\beta}$ 与非零数 k，向量 $k\boldsymbol{\beta}$ 在向量 $\boldsymbol{\alpha}$ 上的射影等于向量 $\boldsymbol{\beta}$ 在向量 $\boldsymbol{\alpha}$ 上的射影的 k 倍，即

$$\Pi_{\boldsymbol{\alpha}}(k\boldsymbol{\beta})=k\Pi_{\boldsymbol{\alpha}}\boldsymbol{\beta}.$$

1.2 矩 阵

一、矩阵的定义

定义 1.2.1 由 n 个 m 维列向量 $\boldsymbol{\alpha}_k=(a_{1k},a_{2k},\cdots,a_{mk})^{\mathrm{T}}(k=1,2,\cdots,n)$ 排成一行得到的 m 行 n 列的矩形数表(对数表加上括号，是为了表示它是一个整体)

$$(\boldsymbol{\alpha}_1,\boldsymbol{\alpha}_2,\cdots,\boldsymbol{\alpha}_n)=\begin{pmatrix}a_{11} & a_{12} & \cdots & a_{1n}\\ a_{21} & a_{22} & \cdots & a_{2n}\\ \vdots & \vdots & & \vdots\\ a_{m1} & a_{m2} & \cdots & a_{mn}\end{pmatrix}\tag{1.2.1}$$

称为 $m\times n$ **矩阵**(简称**矩阵**)，其中第 j 个列向量 $\boldsymbol{\alpha}_j(j=1,2,\cdots,n)$ 称为该矩阵的**第 j 列**，第 j 列的第 i 个分量 $a_{ij}(i=1,2,\cdots,m;j=1,2,\cdots,n)$ 称为该矩阵的**第 i 行第 j 列元素**(简称**元素**)，i 和 j 分别称为元素 a_{ij} 的**行标**和**列标**.

矩阵(1.2.1)可以简记作 $(a_{ij})_{m\times n}$ 或 (a_{ij})，也记为 $\boldsymbol{A}_{m\times n}$. 在不用强调矩阵的行数和列数时，通常用黑体大写英文字母 $\boldsymbol{A},\boldsymbol{B},\boldsymbol{C},\cdots$ 来表示矩阵. 元素是实数的矩阵称为**实矩阵**，元素是复数的矩阵称为**复矩阵**. 本书主要讨论实矩阵.

当然，对于一个 $m\times n$ 矩阵 $\boldsymbol{A}=(a_{ij})$，我们也可以认为它是由 m 个 n 维行向量 $\boldsymbol{\beta}_k^{\mathrm{T}}=(a_{k1},a_{k2},\cdots,a_{kn})(k=1,2,\cdots,m)$ 排成一列得到的，即

$$A=\begin{pmatrix}\boldsymbol{\beta}_1^{\mathrm{T}}\\ \boldsymbol{\beta}_2^{\mathrm{T}}\\ \vdots\\ \boldsymbol{\beta}_m^{\mathrm{T}}\end{pmatrix}=\begin{pmatrix}a_{11}&a_{12}&\cdots&a_{1n}\\ a_{21}&a_{22}&\cdots&a_{2n}\\ \vdots&\vdots&&\vdots\\ a_{m1}&a_{m2}&\cdots&a_{mn}\end{pmatrix},$$

其中第 i 个行向量 $\boldsymbol{\beta}_i^{\mathrm{T}}(i=1,2,\cdots,m)$ 称为矩阵 $\boldsymbol{A}$ 的**第 i 行**.

特别地,当向量的个数和向量的维数相等,即 $m=n$ 时,有

$$\boldsymbol{A}=(\boldsymbol{\alpha}_1,\boldsymbol{\alpha}_2,\cdots,\boldsymbol{\alpha}_n)=\begin{pmatrix}a_{11}&a_{12}&\cdots&a_{1n}\\ a_{21}&a_{22}&\cdots&a_{2n}\\ \vdots&\vdots&&\vdots\\ a_{n1}&a_{n2}&\cdots&a_{nn}\end{pmatrix},$$

称之为 n **阶矩阵**或 n **阶方阵**(简称**方阵**),记作 $\boldsymbol{A}_n$,其中从左上角到右下角的元素 a_{ii} $(i=1,2,\cdots,n)$ 排成的对角线称为方阵的**主对角线**.

n 维列向量可看作 $n\times 1$ 矩阵,n 维行向量可看作 $1\times n$ 矩阵.

定义 1.2.2 当两个矩阵的行数相等,列数也相等时,就称它们是**同型矩阵**.

例如,矩阵 $\boldsymbol{A}=\begin{pmatrix}1&2&5\\5&7&9\end{pmatrix}$ 与 $\boldsymbol{B}=\begin{pmatrix}a&b&c\\d&e&f\end{pmatrix}$ 是同型矩阵.

若矩阵 $\boldsymbol{A}=(a_{ij})_{m\times n}=(\boldsymbol{\alpha}_1,\boldsymbol{\alpha}_2,\cdots,\boldsymbol{\alpha}_n)$ 与 $\boldsymbol{B}=(b_{ij})_{m\times n}=(\boldsymbol{\beta}_1,\boldsymbol{\beta}_2,\cdots,\boldsymbol{\beta}_n)$ 对应的列均相等,即

$$\boldsymbol{\alpha}_i=\boldsymbol{\beta}_i\quad(i=1,2,\cdots,n),$$

则称矩阵 $\boldsymbol{A}$ 与 $\boldsymbol{B}$ **相等**,记作 $\boldsymbol{A}=\boldsymbol{B}$.

例如,若矩阵 $\begin{pmatrix}x&y\\0&2\end{pmatrix}=\begin{pmatrix}4-x&5+x\\0&a-y\end{pmatrix}$,则有 $x=2,y=7,a=9$.

二、几种特殊的矩阵

(1) **零矩阵**:由 n 个 m 维零向量(列向量)构成的矩阵称为零矩阵,记作 $\boldsymbol{O}_{m\times n}$,简记为 $\boldsymbol{O}$.

需要注意的是,不同型的零矩阵是不同的.

(2) **对角矩阵**:主对角线以外的元素全为 0 的 n 阶矩阵称为 n 阶对角矩阵,通常用 $\boldsymbol{\Lambda}$ 表示. 主对角线上的元素依次是 $a_{11},a_{22},\cdots,a_{nn}$ 的对角矩阵为

$$\boldsymbol{\Lambda}=\begin{pmatrix}a_{11}&&&\\&a_{22}&&\\&&\ddots&\\&&&a_{nn}\end{pmatrix},$$

其中空白处的元素全为0.这个对角矩阵可以简记为 $\mathrm{diag}(a_{11},a_{22},\cdots,a_{nn})$.

特别地,当 $a_{11}=a_{22}=\cdots=a_{nn}$ 时,称 n 阶对角矩阵 $\boldsymbol{\Lambda}=\mathrm{diag}(a_{11},a_{22},\cdots,a_{nn})$ 为 n **阶数量矩阵**,其中 $a_{11}=a_{22}=\cdots=a_{nn}=1$ 的 n 阶数量矩阵称为 n **阶单位矩阵**(简称**单位矩阵**),记作 $\boldsymbol{E}_n$ 或 $\boldsymbol{E}$,即

$$\boldsymbol{E}=\begin{pmatrix}1 & & & \\ & 1 & & \\ & & \ddots & \\ & & & 1\end{pmatrix}.$$

(3) **三角形矩阵**:主对角线以下(上)的元素全为0的 n 阶矩阵称为**上(下)三角形矩阵**.上、下三角形矩阵统称为三角形矩阵.

例如,矩阵

$$\boldsymbol{A}=\begin{pmatrix}a_{11} & a_{12} & \cdots & a_{1n}\\ 0 & a_{22} & \cdots & a_{2n}\\ \vdots & \vdots & & \vdots\\ 0 & 0 & \cdots & a_{nn}\end{pmatrix}$$

是一个上三角形矩阵.

三、矩阵的线性运算

1. 矩阵的加法运算

定义 1.2.3 设矩阵 $\boldsymbol{A}=(a_{ij})_{m\times n}=(\boldsymbol{\alpha}_1,\boldsymbol{\alpha}_2,\cdots,\boldsymbol{\alpha}_n)$,$\boldsymbol{B}=(b_{ij})_{m\times n}=(\boldsymbol{\beta}_1,\boldsymbol{\beta}_2,\cdots,\boldsymbol{\beta}_n)$,矩阵 $\boldsymbol{A}$ 与 $\boldsymbol{B}$ 的和记为 $\boldsymbol{A}+\boldsymbol{B}$,且规定

$$\begin{aligned}\boldsymbol{A}+\boldsymbol{B}&=(\boldsymbol{\alpha}_1+\boldsymbol{\beta}_1,\boldsymbol{\alpha}_2+\boldsymbol{\beta}_2,\cdots,\boldsymbol{\alpha}_n+\boldsymbol{\beta}_n)\\ &=\begin{pmatrix}a_{11}+b_{11} & a_{12}+b_{12} & \cdots & a_{1n}+b_{1n}\\ a_{21}+b_{21} & a_{22}+b_{22} & \cdots & a_{2n}+b_{2n}\\ \vdots & \vdots & & \vdots\\ a_{m1}+b_{m1} & a_{m2}+b_{m2} & \cdots & a_{mn}+b_{mn}\end{pmatrix}.\end{aligned}$$

注意 只有同型矩阵才能进行加法运算.

由于矩阵加法运算的法则是两个矩阵对应的列向量相加,因此由向量加法运算的性质容易验证矩阵的加法运算具有下面的性质.

性质 1.2.1 矩阵的加法运算满足下列规律($\boldsymbol{A},\boldsymbol{B},\boldsymbol{C},\boldsymbol{O}$ 为同型矩阵):

(1) 交换律：$\boldsymbol{A}+\boldsymbol{B}=\boldsymbol{B}+\boldsymbol{A}$；

(2) 结合律：$(\boldsymbol{A}+\boldsymbol{B})+\boldsymbol{C}=\boldsymbol{A}+(\boldsymbol{B}+\boldsymbol{C})$；

(3) 零矩阵的特征：$\boldsymbol{A}+\boldsymbol{O}=\boldsymbol{A}$.

设矩阵 $\boldsymbol{A}=(a_{ij})_{m\times n}$，称 $(-a_{ij})_{m\times n}$ 为矩阵 $\boldsymbol{A}$ 的**负矩阵**，记为 $-\boldsymbol{A}$. 显然

$$\boldsymbol{A}+(-\boldsymbol{A})=\boldsymbol{O}.$$

借助负矩阵可以规定矩阵的**减法**为

$$\boldsymbol{A}-\boldsymbol{B}=\boldsymbol{A}+(-\boldsymbol{B}).$$

2. 矩阵的数乘运算

定义 1.2.4 设矩阵 $\boldsymbol{A}=(a_{ij})_{m\times n}=(\boldsymbol{\alpha}_1,\boldsymbol{\alpha}_2,\cdots,\boldsymbol{\alpha}_n)$，$\lambda$ 为数，数 λ 与矩阵 $\boldsymbol{A}$ 的**乘积**记作 $\lambda\boldsymbol{A}$ 或 $\boldsymbol{A}\lambda$，且规定

$$\lambda\boldsymbol{A}=(\lambda\boldsymbol{\alpha}_1,\lambda\boldsymbol{\alpha}_2,\cdots,\lambda\boldsymbol{\alpha}_n)=\begin{pmatrix}\lambda a_{11} & \lambda a_{12} & \cdots & \lambda a_{1n}\\ \lambda a_{21} & \lambda a_{22} & \cdots & \lambda a_{2n}\\ \vdots & \vdots & & \vdots\\ \lambda a_{m1} & \lambda a_{m2} & \cdots & \lambda a_{mn}\end{pmatrix}.$$

称这种运算为矩阵的**数乘**.

不难验证，矩阵的数乘运算具有下面的性质.

性质 1.2.2 矩阵的数乘运算满足下列规律（$\boldsymbol{A}$，$\boldsymbol{B}$ 为同型矩阵，λ，μ 为数）：

(1) 结合律：$(\lambda\mu)\boldsymbol{A}=\lambda(\mu\boldsymbol{A})$；

(2) 数乘对数的分配律：$(\lambda+\mu)\boldsymbol{A}=\lambda\boldsymbol{A}+\mu\boldsymbol{A}$；

(3) 数乘对矩阵的分配律：$\lambda(\boldsymbol{A}+\boldsymbol{B})=\lambda\boldsymbol{A}+\lambda\boldsymbol{B}$.

矩阵的加法和数乘运算统称为**矩阵的线性运算**.

例如，设矩阵 $\boldsymbol{A}=\begin{pmatrix}1 & 2 & 3\\ 4 & 5 & 6\end{pmatrix}$，$\boldsymbol{B}=\begin{pmatrix}1 & 3 & 5\\ 5 & 3 & 1\end{pmatrix}$，则

$$2\boldsymbol{A}+\boldsymbol{B}=2\begin{pmatrix}1 & 2 & 3\\ 4 & 5 & 6\end{pmatrix}+\begin{pmatrix}1 & 3 & 5\\ 5 & 3 & 1\end{pmatrix}=\begin{pmatrix}2 & 4 & 6\\ 8 & 10 & 12\end{pmatrix}+\begin{pmatrix}1 & 3 & 5\\ 5 & 3 & 1\end{pmatrix}=\begin{pmatrix}3 & 7 & 11\\ 13 & 13 & 13\end{pmatrix},$$

$$2\boldsymbol{A}-\boldsymbol{B}=2\begin{pmatrix}1 & 2 & 3\\ 4 & 5 & 6\end{pmatrix}-\begin{pmatrix}1 & 3 & 5\\ 5 & 3 & 1\end{pmatrix}=\begin{pmatrix}2 & 4 & 6\\ 8 & 10 & 12\end{pmatrix}-\begin{pmatrix}1 & 3 & 5\\ 5 & 3 & 1\end{pmatrix}=\begin{pmatrix}1 & 1 & 1\\ 3 & 7 & 11\end{pmatrix}.$$

四、矩阵的转置

定义 1.2.5 把矩阵 $\boldsymbol{A}$ 的列换成同序数的行（或把矩阵 $\boldsymbol{A}$ 的行换成同序数的列，即行列互换）得到的新矩阵，称为矩阵 $\boldsymbol{A}$ 的**转置矩阵**，记为 $\boldsymbol{A}^{\mathrm{T}}$.

例如,若矩阵

$$\boldsymbol{A}=(\boldsymbol{\alpha}_1,\boldsymbol{\alpha}_2,\cdots,\boldsymbol{\alpha}_n),$$

则

$$\boldsymbol{A}^{\mathrm{T}}=(\boldsymbol{\alpha}_1,\boldsymbol{\alpha}_2,\cdots,\boldsymbol{\alpha}_n)^{\mathrm{T}}=\begin{pmatrix}\boldsymbol{\alpha}_1^{\mathrm{T}}\\ \boldsymbol{\alpha}_2^{\mathrm{T}}\\ \vdots\\ \boldsymbol{\alpha}_n^{\mathrm{T}}\end{pmatrix}.$$

又如,设矩阵

$$\boldsymbol{A}=\begin{pmatrix}1&2&2\\4&5&8\end{pmatrix},\quad \boldsymbol{\Lambda}=\begin{pmatrix}\lambda_1&&&\\&\lambda_2&&\\&&\ddots&\\&&&\lambda_n\end{pmatrix},$$

则

$$\boldsymbol{A}^{\mathrm{T}}=\begin{pmatrix}1&4\\2&5\\2&8\end{pmatrix},\quad \boldsymbol{\Lambda}^{\mathrm{T}}=\begin{pmatrix}\lambda_1&&&\\&\lambda_2&&\\&&\ddots&\\&&&\lambda_n\end{pmatrix}.$$

容易验证,矩阵的转置具有以下性质.

性质 1.2.3 矩阵的转置满足下列规律($\boldsymbol{A},\boldsymbol{B}$ 为同型矩阵,λ 为数):

(1) $(\boldsymbol{A}^{\mathrm{T}})^{\mathrm{T}}=\boldsymbol{A}$;

(2) $(\boldsymbol{A}\pm\boldsymbol{B})^{\mathrm{T}}=\boldsymbol{A}^{\mathrm{T}}\pm\boldsymbol{B}^{\mathrm{T}}$;

(3) $(\lambda\boldsymbol{A})^{\mathrm{T}}=\lambda\boldsymbol{A}^{\mathrm{T}}$.

性质(2)可推广到有限多个矩阵的情形,即有

$$(\boldsymbol{A}_1\pm\boldsymbol{A}_2\pm\cdots\pm\boldsymbol{A}_k)^{\mathrm{T}}=\boldsymbol{A}_1^{\mathrm{T}}\pm\boldsymbol{A}_2^{\mathrm{T}}\pm\cdots\pm\boldsymbol{A}_k^{\mathrm{T}}.$$

定义 1.2.6 若 n 阶矩阵 $\boldsymbol{A}=(a_{ij})_{n\times n}$ 满足 $\boldsymbol{A}^{\mathrm{T}}=\boldsymbol{A}$,即

$$a_{ij}=a_{ji}\quad (i,j=1,2,\cdots,n),$$

则称 $\boldsymbol{A}$ 为**对称矩阵**(简称**对称阵**).

对称矩阵的特点是:它的元素以主对角线为对称轴对应相等.

此外,若 n 阶矩阵 $\boldsymbol{A}$ 满足 $\boldsymbol{A}^{\mathrm{T}}=-\boldsymbol{A}$,则称 $\boldsymbol{A}$ 为**反对称矩阵**.

反对称矩阵的特点是:它的主对角线上的元素全为 0,而关于主对角线对称的元素绝对值相同,符号相反.

例如，$\boldsymbol{A}=\begin{pmatrix}1 & -1 & 7\\ -1 & 2 & 3\\ 7 & 3 & 0\end{pmatrix}$是对称矩阵，$\boldsymbol{B}=\begin{pmatrix}0 & 2 & 3\\ -2 & 0 & 4\\ -3 & -4 & 0\end{pmatrix}$是反对称矩阵.

例 1.2.1 设$\boldsymbol{A}$为n阶矩阵，证明：$\boldsymbol{A}+\boldsymbol{A}^{\mathrm{T}}$为对称矩阵，$\boldsymbol{A}-\boldsymbol{A}^{\mathrm{T}}$为反对称矩阵.

证明 因为

$$(\boldsymbol{A}+\boldsymbol{A}^{\mathrm{T}})^{\mathrm{T}}=\boldsymbol{A}^{\mathrm{T}}+(\boldsymbol{A}^{\mathrm{T}})^{\mathrm{T}}=\boldsymbol{A}^{\mathrm{T}}+\boldsymbol{A}=\boldsymbol{A}+\boldsymbol{A}^{\mathrm{T}},$$

所以根据定义 1.2.6 知$\boldsymbol{A}+\boldsymbol{A}^{\mathrm{T}}$为对称矩阵. 又

$$(\boldsymbol{A}-\boldsymbol{A}^{\mathrm{T}})^{\mathrm{T}}=\boldsymbol{A}^{\mathrm{T}}-(\boldsymbol{A}^{\mathrm{T}})^{\mathrm{T}}=\boldsymbol{A}^{\mathrm{T}}-\boldsymbol{A}=-(\boldsymbol{A}-\boldsymbol{A}^{\mathrm{T}}),$$

则$\boldsymbol{A}-\boldsymbol{A}^{\mathrm{T}}$为反对称矩阵.

证毕

由于任意n阶矩阵$\boldsymbol{A}$都可以表示为

$$\boldsymbol{A}=\frac{\boldsymbol{A}+\boldsymbol{A}^{\mathrm{T}}}{2}+\frac{\boldsymbol{A}-\boldsymbol{A}^{\mathrm{T}}}{2},$$

因此结合例 1.2.1 可知，任意n阶矩阵都可表示为一个对称矩阵与一个反对称矩阵的和.

五、矩阵的乘积

引例 设甲、乙两家公司共同生产Ⅰ，Ⅱ，Ⅲ这3种型号的计算机，月生产量如表 1-1 表示.

表 1-1

公司	月生产量 / 台		
	Ⅰ	Ⅱ	Ⅲ
甲	40	25	20
乙	36	22	30

记矩阵

$$\boldsymbol{A}=\begin{pmatrix}40 & 25 & 20\\ 36 & 22 & 30\end{pmatrix}.$$

如果将生产这 3 种型号计算机的单位利润(单位:万元) 用矩阵表示为

$$\boldsymbol{B}=\begin{pmatrix}0.4\\0.6\\0.8\end{pmatrix},$$

将这两家公司的月利润(单位:万元)记为矩阵 $\boldsymbol{C}$,则有

$$\boldsymbol{C}=\begin{pmatrix}40\times0.4+25\times0.6+20\times0.8\\36\times0.4+22\times0.6+30\times0.8\end{pmatrix}=\begin{pmatrix}47\\51.6\end{pmatrix}.$$

也就是说,甲公司每月的利润为 47 万元,乙公司每月的利润为 51.6 万元.

一般地,我们有下述定义.

定义 1.2.7 已知矩阵

$$\boldsymbol{A}=(a_{ij})_{m\times s}=\begin{pmatrix}\boldsymbol{\alpha}_1^{\mathrm{T}}\\\boldsymbol{\alpha}_2^{\mathrm{T}}\\\vdots\\\boldsymbol{\alpha}_m^{\mathrm{T}}\end{pmatrix},\quad \boldsymbol{B}=(b_{ij})_{s\times n}=(\boldsymbol{\beta}_1,\boldsymbol{\beta}_2,\cdots,\boldsymbol{\beta}_n),$$

规定**矩阵 $\boldsymbol{A}$ 与 $\boldsymbol{B}$ 的乘积 $\boldsymbol{AB}$** 是一个 $m\times n$ 矩阵 $\boldsymbol{C}=(c_{ij})_{m\times n}$,且

$$c_{ij}=(\boldsymbol{\alpha}_i,\boldsymbol{\beta}_j)=a_{i1}b_{1j}+a_{i2}b_{2j}+\cdots+a_{is}b_{sj}\quad(i=1,2,\cdots,m;j=1,2,\cdots,n),$$

即

$$\boldsymbol{C}=\boldsymbol{AB}=\begin{pmatrix}\boldsymbol{\alpha}_1^{\mathrm{T}}\\\boldsymbol{\alpha}_2^{\mathrm{T}}\\\vdots\\\boldsymbol{\alpha}_m^{\mathrm{T}}\end{pmatrix}(\boldsymbol{\beta}_1,\boldsymbol{\beta}_2,\cdots,\boldsymbol{\beta}_n)=\begin{pmatrix}(\boldsymbol{\alpha}_1,\boldsymbol{\beta}_1)&(\boldsymbol{\alpha}_1,\boldsymbol{\beta}_2)&\cdots&(\boldsymbol{\alpha}_1,\boldsymbol{\beta}_n)\\(\boldsymbol{\alpha}_2,\boldsymbol{\beta}_1)&(\boldsymbol{\alpha}_2,\boldsymbol{\beta}_2)&\cdots&(\boldsymbol{\alpha}_2,\boldsymbol{\beta}_n)\\\vdots&\vdots&&\vdots\\(\boldsymbol{\alpha}_m,\boldsymbol{\beta}_1)&(\boldsymbol{\alpha}_m,\boldsymbol{\beta}_2)&\cdots&(\boldsymbol{\alpha}_m,\boldsymbol{\beta}_n)\end{pmatrix}.$$

显然,在定义 1.2.7 中,为了保证内积有意义,向量 $\boldsymbol{\alpha}_i^{\mathrm{T}}$ 与向量 $\boldsymbol{\beta}_j$ 的维数一定要相同,即矩阵 $\boldsymbol{A}$ 的列数与矩阵 $\boldsymbol{B}$ 的行数相等时,$\boldsymbol{AB}$ 才有意义.

根据矩阵乘积的定义,一个 $1\times s$ 矩阵(行向量)$\boldsymbol{\alpha}^{\mathrm{T}}=(a_1,a_2,\cdots,a_s)$ 与一个 $s\times1$ 矩阵(列向量)$\boldsymbol{\beta}=(b_1,b_2,\cdots,b_s)^{\mathrm{T}}$ 的乘积就是数 $(\boldsymbol{\alpha},\boldsymbol{\beta})$,即

$$\boldsymbol{\alpha}^{\mathrm{T}}\boldsymbol{\beta}=(\boldsymbol{\alpha},\boldsymbol{\beta})=a_1b_1+a_2b_2+\cdots+a_sb_s=(\boldsymbol{\beta},\boldsymbol{\alpha})=\boldsymbol{\beta}^{\mathrm{T}}\boldsymbol{\alpha}.$$

所以,定义 1.2.7 中矩阵 $\boldsymbol{A}$ 与 $\boldsymbol{B}$ 的乘积还可以记作

$$\boldsymbol{C}=\boldsymbol{AB}=\begin{pmatrix}\boldsymbol{\alpha}_1^{\mathrm{T}}\\\boldsymbol{\alpha}_2^{\mathrm{T}}\\\vdots\\\boldsymbol{\alpha}_m^{\mathrm{T}}\end{pmatrix}(\boldsymbol{\beta}_1,\boldsymbol{\beta}_2,\cdots,\boldsymbol{\beta}_n)=\begin{pmatrix}\boldsymbol{\alpha}_1^{\mathrm{T}}\boldsymbol{\beta}_1&\boldsymbol{\alpha}_1^{\mathrm{T}}\boldsymbol{\beta}_2&\cdots&\boldsymbol{\alpha}_1^{\mathrm{T}}\boldsymbol{\beta}_n\\\boldsymbol{\alpha}_2^{\mathrm{T}}\boldsymbol{\beta}_1&\boldsymbol{\alpha}_2^{\mathrm{T}}\boldsymbol{\beta}_2&\cdots&\boldsymbol{\alpha}_2^{\mathrm{T}}\boldsymbol{\beta}_n\\\vdots&\vdots&&\vdots\\\boldsymbol{\alpha}_m^{\mathrm{T}}\boldsymbol{\beta}_1&\boldsymbol{\alpha}_m^{\mathrm{T}}\boldsymbol{\beta}_2&\cdots&\boldsymbol{\alpha}_m^{\mathrm{T}}\boldsymbol{\beta}_n\end{pmatrix}.$$

例 1.2.2　设矩阵

$$\boldsymbol{A}=\begin{bmatrix}2&3\\1&4\\5&7\end{bmatrix},\quad \boldsymbol{B}=\begin{pmatrix}2&3&4\\1&0&5\end{pmatrix},$$

则

$$\boldsymbol{AB}=\begin{bmatrix}7&6&23\\6&3&24\\17&15&55\end{bmatrix},\quad \boldsymbol{BA}=\begin{pmatrix}27&46\\27&38\end{pmatrix}.$$

例 1.2.2 表明,矩阵的乘法一般不满足交换律.

例 1.2.3　设矩阵

$$\boldsymbol{A}=\begin{pmatrix}-2&4\\1&-2\end{pmatrix},\quad \boldsymbol{B}=\begin{pmatrix}2&4\\-3&-6\end{pmatrix},$$

则

$$\boldsymbol{AB}=\begin{pmatrix}-16&-32\\8&16\end{pmatrix},\quad \boldsymbol{BA}=\begin{pmatrix}0&0\\0&0\end{pmatrix}.$$

例 1.2.3 表明,两个非零矩阵的乘积可能为零矩阵.

注意　对于 $m\times s$ 矩阵 $\boldsymbol{A}$ 与 $s\times n$ 矩阵 $\boldsymbol{B}$,乘积 $\boldsymbol{AB}$ 有意义,而当 $m\neq n$ 时,乘积 $\boldsymbol{BA}$ 没有意义.当 $m=n$ 时,由例 1.2.2 可知,矩阵 $\boldsymbol{AB}$ 与 $\boldsymbol{BA}$ 可能阶数不一样,即便阶数一样,由例 1.2.3 可知,一般情况下 $\boldsymbol{AB}\neq\boldsymbol{BA}$.因此,矩阵的乘法不满足交换律.

定义 1.2.8　对于两个 n 阶矩阵 $\boldsymbol{A},\boldsymbol{B}$,若其满足 $\boldsymbol{AB}=\boldsymbol{BA}$,则称矩阵 $\boldsymbol{A}$ 与 $\boldsymbol{B}$ 是**可交换**的.

此外,由例 1.2.3 可知,虽然 $\boldsymbol{A}\neq\boldsymbol{O}$,且 $\boldsymbol{B}\neq\boldsymbol{O}$,却有 $\boldsymbol{AB}=\boldsymbol{O}$,故已知 $\boldsymbol{AB}=\boldsymbol{O}$,不能得到 $\boldsymbol{A}=\boldsymbol{O}$ 或 $\boldsymbol{B}=\boldsymbol{O}$.因为由 $\boldsymbol{AB}=\boldsymbol{O}$ 不能得到 $\boldsymbol{A}=\boldsymbol{O}$ 或 $\boldsymbol{B}=\boldsymbol{O}$,所以当 $\boldsymbol{A}\neq\boldsymbol{O}$ 时,由 $\boldsymbol{AB}=\boldsymbol{AC}$ 也不能得到 $\boldsymbol{B}=\boldsymbol{C}$,即矩阵的乘法不满足消去律.

可以证明,矩阵的乘法运算具有下面的性质.

性质 1.2.4　矩阵的乘法运算满足下列规律(假设运算都是可行的,λ 为数):

(1) $(\boldsymbol{AB})\boldsymbol{C}=\boldsymbol{A}(\boldsymbol{BC})$;

(2) $\boldsymbol{A}(\boldsymbol{B}+\boldsymbol{C})=\boldsymbol{AB}+\boldsymbol{AC},(\boldsymbol{B}+\boldsymbol{C})\boldsymbol{A}=\boldsymbol{BA}+\boldsymbol{CA}$;

(3) $\lambda(\boldsymbol{AB})=(\lambda\boldsymbol{A})\boldsymbol{B}=\boldsymbol{A}(\lambda\boldsymbol{B})$;

(4) $(\boldsymbol{AB})^{\mathrm{T}}=\boldsymbol{B}^{\mathrm{T}}\boldsymbol{A}^{\mathrm{T}}$;

(5) 若

$$(\boldsymbol{\eta}_1,\boldsymbol{\eta}_2,\cdots,\boldsymbol{\eta}_s)\begin{pmatrix} b_{11} & b_{12} & \cdots & b_{1n} \\ b_{21} & b_{22} & \cdots & b_{2n} \\ \vdots & \vdots & & \vdots \\ b_{s1} & b_{s2} & \cdots & b_{sn} \end{pmatrix}=(\boldsymbol{\gamma}_1,\boldsymbol{\gamma}_2,\cdots,\boldsymbol{\gamma}_n),$$

则

$$\boldsymbol{\gamma}_i=b_{1i}\boldsymbol{\eta}_1+b_{2i}\boldsymbol{\eta}_2+\cdots+b_{si}\boldsymbol{\eta}_s \quad (i=1,2,\cdots,n);$$

(6) 若

$$\begin{pmatrix} a_{11} & a_{12} & \cdots & a_{1s} \\ a_{21} & a_{22} & \cdots & a_{2s} \\ \vdots & \vdots & & \vdots \\ a_{m1} & a_{m2} & \cdots & a_{ms} \end{pmatrix}\begin{pmatrix} \boldsymbol{\xi}_1^{\mathrm{T}} \\ \boldsymbol{\xi}_2^{\mathrm{T}} \\ \vdots \\ \boldsymbol{\xi}_s^{\mathrm{T}} \end{pmatrix}=\begin{pmatrix} \boldsymbol{\zeta}_1^{\mathrm{T}} \\ \boldsymbol{\zeta}_2^{\mathrm{T}} \\ \vdots \\ \boldsymbol{\zeta}_m^{\mathrm{T}} \end{pmatrix},$$

则

$$\boldsymbol{\zeta}_i^{\mathrm{T}}=a_{i1}\boldsymbol{\xi}_1^{\mathrm{T}}+a_{i2}\boldsymbol{\xi}_2^{\mathrm{T}}+\cdots+a_{is}\boldsymbol{\xi}_s^{\mathrm{T}} \quad (i=1,2,\cdots,m).$$

上述性质(1),(2),(3),(5),(6) 可以直接通过定义验证.下面只证明性质(4).

证明 设矩阵 $\boldsymbol{A}=(a_{ij})_{m\times s}=\begin{pmatrix} \boldsymbol{\alpha}_1^{\mathrm{T}} \\ \boldsymbol{\alpha}_2^{\mathrm{T}} \\ \vdots \\ \boldsymbol{\alpha}_m^{\mathrm{T}} \end{pmatrix}$,$\boldsymbol{B}=(b_{ij})_{s\times n}=(\boldsymbol{\beta}_1,\boldsymbol{\beta}_2,\cdots,\boldsymbol{\beta}_n)$,则

$$\boldsymbol{AB}=\begin{pmatrix} \boldsymbol{\alpha}_1^{\mathrm{T}} \\ \boldsymbol{\alpha}_2^{\mathrm{T}} \\ \vdots \\ \boldsymbol{\alpha}_m^{\mathrm{T}} \end{pmatrix}(\boldsymbol{\beta}_1,\boldsymbol{\beta}_2,\cdots,\boldsymbol{\beta}_n)=\begin{pmatrix} \boldsymbol{\alpha}_1^{\mathrm{T}}\boldsymbol{\beta}_1 & \boldsymbol{\alpha}_1^{\mathrm{T}}\boldsymbol{\beta}_2 & \cdots & \boldsymbol{\alpha}_1^{\mathrm{T}}\boldsymbol{\beta}_n \\ \boldsymbol{\alpha}_2^{\mathrm{T}}\boldsymbol{\beta}_1 & \boldsymbol{\alpha}_2^{\mathrm{T}}\boldsymbol{\beta}_2 & \cdots & \boldsymbol{\alpha}_2^{\mathrm{T}}\boldsymbol{\beta}_n \\ \vdots & \vdots & & \vdots \\ \boldsymbol{\alpha}_m^{\mathrm{T}}\boldsymbol{\beta}_1 & \boldsymbol{\alpha}_m^{\mathrm{T}}\boldsymbol{\beta}_2 & \cdots & \boldsymbol{\alpha}_m^{\mathrm{T}}\boldsymbol{\beta}_n \end{pmatrix},$$

$$(\boldsymbol{AB})^{\mathrm{T}}=\begin{pmatrix} \boldsymbol{\alpha}_1^{\mathrm{T}}\boldsymbol{\beta}_1 & \boldsymbol{\alpha}_1^{\mathrm{T}}\boldsymbol{\beta}_2 & \cdots & \boldsymbol{\alpha}_1^{\mathrm{T}}\boldsymbol{\beta}_n \\ \boldsymbol{\alpha}_2^{\mathrm{T}}\boldsymbol{\beta}_1 & \boldsymbol{\alpha}_2^{\mathrm{T}}\boldsymbol{\beta}_2 & \cdots & \boldsymbol{\alpha}_2^{\mathrm{T}}\boldsymbol{\beta}_n \\ \vdots & \vdots & & \vdots \\ \boldsymbol{\alpha}_m^{\mathrm{T}}\boldsymbol{\beta}_1 & \boldsymbol{\alpha}_m^{\mathrm{T}}\boldsymbol{\beta}_2 & \cdots & \boldsymbol{\alpha}_m^{\mathrm{T}}\boldsymbol{\beta}_n \end{pmatrix}^{\mathrm{T}}=\begin{pmatrix} \boldsymbol{\alpha}_1^{\mathrm{T}}\boldsymbol{\beta}_1 & \boldsymbol{\alpha}_2^{\mathrm{T}}\boldsymbol{\beta}_1 & \cdots & \boldsymbol{\alpha}_m^{\mathrm{T}}\boldsymbol{\beta}_1 \\ \boldsymbol{\alpha}_1^{\mathrm{T}}\boldsymbol{\beta}_2 & \boldsymbol{\alpha}_2^{\mathrm{T}}\boldsymbol{\beta}_2 & \cdots & \boldsymbol{\alpha}_m^{\mathrm{T}}\boldsymbol{\beta}_2 \\ \vdots & \vdots & & \vdots \\ \boldsymbol{\alpha}_1^{\mathrm{T}}\boldsymbol{\beta}_n & \boldsymbol{\alpha}_2^{\mathrm{T}}\boldsymbol{\beta}_n & \cdots & \boldsymbol{\alpha}_m^{\mathrm{T}}\boldsymbol{\beta}_n \end{pmatrix}$$

$$=\begin{pmatrix}\boldsymbol{\beta}_1^{\mathrm T}\boldsymbol{\alpha}_1 & \boldsymbol{\beta}_1^{\mathrm T}\boldsymbol{\alpha}_2 & \cdots & \boldsymbol{\beta}_1^{\mathrm T}\boldsymbol{\alpha}_m\\ \boldsymbol{\beta}_2^{\mathrm T}\boldsymbol{\alpha}_1 & \boldsymbol{\beta}_2^{\mathrm T}\boldsymbol{\alpha}_2 & \cdots & \boldsymbol{\beta}_2^{\mathrm T}\boldsymbol{\alpha}_m\\ \vdots & \vdots & & \vdots\\ \boldsymbol{\beta}_n^{\mathrm T}\boldsymbol{\alpha}_1 & \boldsymbol{\beta}_n^{\mathrm T}\boldsymbol{\alpha}_2 & \cdots & \boldsymbol{\beta}_n^{\mathrm T}\boldsymbol{\alpha}_m\end{pmatrix},$$

$$\boldsymbol{B}^{\mathrm T}\boldsymbol{A}^{\mathrm T}=(\boldsymbol{\beta}_1,\boldsymbol{\beta}_2,\cdots,\boldsymbol{\beta}_n)^{\mathrm T}\begin{pmatrix}\boldsymbol{\alpha}_1^{\mathrm T}\\ \boldsymbol{\alpha}_2^{\mathrm T}\\ \vdots\\ \boldsymbol{\alpha}_m^{\mathrm T}\end{pmatrix}^{\mathrm T}=\begin{pmatrix}\boldsymbol{\beta}_1^{\mathrm T}\\ \boldsymbol{\beta}_2^{\mathrm T}\\ \vdots\\ \boldsymbol{\beta}_n^{\mathrm T}\end{pmatrix}(\boldsymbol{\alpha}_1,\boldsymbol{\alpha}_2,\cdots,\boldsymbol{\alpha}_m)$$

$$=\begin{pmatrix}\boldsymbol{\beta}_1^{\mathrm T}\boldsymbol{\alpha}_1 & \boldsymbol{\beta}_1^{\mathrm T}\boldsymbol{\alpha}_2 & \cdots & \boldsymbol{\beta}_1^{\mathrm T}\boldsymbol{\alpha}_m\\ \boldsymbol{\beta}_2^{\mathrm T}\boldsymbol{\alpha}_1 & \boldsymbol{\beta}_2^{\mathrm T}\boldsymbol{\alpha}_2 & \cdots & \boldsymbol{\beta}_2^{\mathrm T}\boldsymbol{\alpha}_m\\ \vdots & \vdots & & \vdots\\ \boldsymbol{\beta}_n^{\mathrm T}\boldsymbol{\alpha}_1 & \boldsymbol{\beta}_n^{\mathrm T}\boldsymbol{\alpha}_2 & \cdots & \boldsymbol{\beta}_n^{\mathrm T}\boldsymbol{\alpha}_m\end{pmatrix}=(\boldsymbol{AB})^{\mathrm T}.$$

证毕

性质(4) 可推广到有限多个矩阵的情形，即有

$$(\boldsymbol{A}_1\boldsymbol{A}_2\cdots\boldsymbol{A}_k)^{\mathrm T}=\boldsymbol{A}_k^{\mathrm T}\cdots\boldsymbol{A}_2^{\mathrm T}\boldsymbol{A}_1^{\mathrm T}.$$

有了矩阵的乘法，就可以定义 n 阶矩阵的幂. 设 $\boldsymbol{A}$ 是 n 阶矩阵，定义

$$\boldsymbol{A}^1=\boldsymbol{A},\quad \boldsymbol{A}^2=\boldsymbol{AA},\quad \cdots,\quad \boldsymbol{A}^k=\underbrace{\boldsymbol{AA}\cdots\boldsymbol{A}}_{k\text{个}},$$

其中 k 为正整数. 这就是说，$\boldsymbol{A}^k$ 就是 k 个 $\boldsymbol{A}$ 连乘. 显然，矩阵中只有方阵，其幂才有意义，且有下面的性质成立.

性质 1.2.5　方阵的幂具有如下性质($\boldsymbol{A}$ 为 n 阶矩阵，k,l 为正整数)：

(1) $\boldsymbol{A}^k\boldsymbol{A}^l=\boldsymbol{A}^{k+l}=\boldsymbol{A}^l\boldsymbol{A}^k$；

(2) $(\boldsymbol{A}^l)^k=\boldsymbol{A}^{lk}$.

注意　(1) 对于 n 阶矩阵 $\boldsymbol{A},\boldsymbol{B}$，一般有

$$(\boldsymbol{AB})^k\neq\boldsymbol{A}^k\boldsymbol{B}^k,$$

只有矩阵 $\boldsymbol{A},\boldsymbol{B}$ 可交换时，才有 $(\boldsymbol{AB})^k=\boldsymbol{A}^k\boldsymbol{B}^k$. 类似可知，一般情况下，

$$(\boldsymbol{A}\pm\boldsymbol{B})^2\neq\boldsymbol{A}^2\pm2\boldsymbol{AB}+\boldsymbol{B}^2,\quad (\boldsymbol{A}+\boldsymbol{B})(\boldsymbol{A}-\boldsymbol{B})\neq\boldsymbol{A}^2-\boldsymbol{B}^2.$$

当且仅当矩阵 $\boldsymbol{A},\boldsymbol{B}$ 可交换时，这些公式才成立.

(2) 对于单位矩阵 $\boldsymbol{E}$，容易验证

$$\boldsymbol{A}_{m\times n}\boldsymbol{E}_n=\boldsymbol{A}_{m\times n},\quad \boldsymbol{E}_m\boldsymbol{A}_{m\times n}=\boldsymbol{A}_{m\times n}.$$

上式可以简记为 $\boldsymbol{AE}=\boldsymbol{EA}=\boldsymbol{A}$，这里单位矩阵在矩阵乘法中的作用类似于 1 在数的乘法中的作用.

(3) n 阶数量矩阵 $\begin{pmatrix} a & & & \\ & a & & \\ & & \ddots & \\ & & & a \end{pmatrix}$ 可以记为 $a\boldsymbol{E}$. 对于任意 n 阶矩阵 $\boldsymbol{A}$，显然有

$$\boldsymbol{A}(a\boldsymbol{E})=(a\boldsymbol{E})\boldsymbol{A}=a\boldsymbol{A},$$

即数量矩阵与任意同阶矩阵都是可交换的.

例 1.2.4 设矩阵 $\boldsymbol{A}=\begin{pmatrix}1&0\\ \lambda&1\end{pmatrix}$，求 $\boldsymbol{A}^2,\boldsymbol{A}^3,\boldsymbol{A}^n$($n$ 为正整数).

解 $\boldsymbol{A}^2=\begin{pmatrix}1&0\\ \lambda&1\end{pmatrix}\begin{pmatrix}1&0\\ \lambda&1\end{pmatrix}=\begin{pmatrix}1&0\\ 2\lambda&1\end{pmatrix}$,

$$\boldsymbol{A}^3=\boldsymbol{A}^2\boldsymbol{A}=\begin{pmatrix}1&0\\ 2\lambda&1\end{pmatrix}\begin{pmatrix}1&0\\ \lambda&1\end{pmatrix}=\begin{pmatrix}1&0\\ 3\lambda&1\end{pmatrix}.$$

下面利用数学归纳法证明 $\boldsymbol{A}^n=\begin{pmatrix}1&0\\ n\lambda&1\end{pmatrix}$.

当 $n=1$ 时，结论显然成立. 假设当 $n=k$ 时结论成立，则当 $n=k+1$ 时，有

$$\boldsymbol{A}^{k+1}=\boldsymbol{A}^k\boldsymbol{A}=\begin{pmatrix}1&0\\ k\lambda&1\end{pmatrix}\begin{pmatrix}1&0\\ \lambda&1\end{pmatrix}=\begin{pmatrix}1&0\\ (k+1)\lambda&1\end{pmatrix}.$$

故由数学归纳法得 $\boldsymbol{A}^n=\begin{pmatrix}1&0\\ n\lambda&1\end{pmatrix}$.

例 1.2.5 设矩阵

$$\boldsymbol{A}=\begin{pmatrix}a_{11}&a_{12}&\cdots&a_{1n}\\ a_{21}&a_{22}&\cdots&a_{2n}\\ \vdots&\vdots&&\vdots\\ a_{m1}&a_{m2}&\cdots&a_{mn}\end{pmatrix},\quad \boldsymbol{x}=\begin{pmatrix}x_1\\ x_2\\ \vdots\\ x_n\end{pmatrix},\quad \boldsymbol{b}=\begin{pmatrix}b_1\\ b_2\\ \vdots\\ b_m\end{pmatrix}.$$

利用矩阵的乘法，线性方程组

$$\begin{cases}a_{11}x_1+a_{12}x_2+\cdots+a_{1n}x_n=b_1,\\ a_{21}x_1+a_{22}x_2+\cdots+a_{2n}x_n=b_2,\\ \cdots\cdots\\ a_{m1}x_1+a_{m2}x_2+\cdots+a_{mn}x_n=b_m\end{cases}$$

可以写成矩阵形式

$$\boldsymbol{A}\boldsymbol{x}=\boldsymbol{b}.$$

例 1.2.6 某航空公司在 A,B,C,D 这 4 个城市之间开辟了若干条航线,如图 1-2 所示,其中用点表示城市.如果从 A 到 B 有航班,则用线段连接 A 与 B,并在线段上沿从 A 到 B 的方向画一个箭头.

通常还可用一个表格来表示这 4 个城市之间的航班情况(见图 1-3),其中 1 表示有航班,0 表示没有航班.为简便起见,将图 1-3 中的表格表示为矩阵

$$\boldsymbol{A}=(a_{ij}^{(1)})=\begin{pmatrix}0&1&1&1\\0&0&1&0\\1&1&0&1\\1&0&0&0\end{pmatrix},$$

此时这个矩阵就反映了上述 4 个城市之间的航班情况.

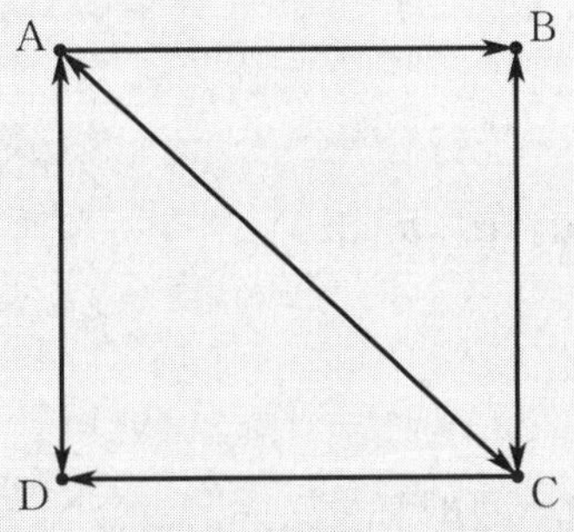

图 1-2

	A	B	C	D
A	0	1	1	1
B	0	0	1	0
C	1	1	0	1
D	1	0	0	0

图 1-3

于是,我们有

$$\boldsymbol{A}^2=(a_{ij}^{(2)})=\begin{pmatrix}0&1&1&1\\0&0&1&0\\1&1&0&1\\1&0&0&0\end{pmatrix}\begin{pmatrix}0&1&1&1\\0&0&1&0\\1&1&0&1\\1&0&0&0\end{pmatrix}=\begin{pmatrix}2&1&1&1\\1&1&0&1\\1&1&2&1\\0&1&1&1\end{pmatrix},$$

其中 $a_{ij}^{(2)}=a_{i1}^{(1)}a_{1j}^{(1)}+a_{i2}^{(1)}a_{2j}^{(1)}+a_{i3}^{(1)}a_{3j}^{(1)}+a_{i4}^{(1)}a_{4j}^{(1)}(i,j=1,2,3,4)$.

矩阵 $\boldsymbol{A}$ 的元素由 0,1 组成,$a_{ij}^{(1)}=1$ 表示从 i 到 j 有航班,$a_{ij}^{(1)}=0$ 表示从 i 到 j 没有航班,其中 $i,j=1,2,3,4$,而 1,2,3,4 分别表示城市 A,B,C,D. 矩阵 $\boldsymbol{A}^2$ 的元素 $a_{ij}^{(2)}(i,j=1,2,3,4)$ 表示从 i 经过 1 次中转到达 j 的线路条数.例如,$a_{11}^{(2)}=2$ 意味着从 A 经过 1 次中转到达 A 的线路有 2 条,即 A→D→A,A→C→A;$a_{32}^{(2)}=1$ 意味着从 C 经过 1 次中转到达 B 的线路有 1 条,即 C→A→B. 类似分析可知,矩阵 $\boldsymbol{A}^k$ 的元素 $a_{ij}^{(k)}(i,j=1,2,3,4)$ 就表示从 i 经过 $k-1(k\geqslant 2)$ 次中转到达 j 的线路条数.

六、分块矩阵

对于行数和列数较多的矩阵，运算时常采用分块法，将大矩阵的运算化为小矩阵的运算. 我们用若干条纵线和横线将矩阵$\boldsymbol{A}$分块成许多小矩阵，每一个小矩阵称为矩阵$\boldsymbol{A}$的子块，以子块为元素的形式上的矩阵称为**分块矩阵**. 同一个矩阵用不同的分块法，可以构成不同的分块矩阵.

例如，对于 3×4 矩阵

$$\boldsymbol{A}=\begin{pmatrix}a_{11}&a_{12}&a_{13}&a_{14}\\a_{21}&a_{22}&a_{23}&a_{24}\\a_{31}&a_{32}&a_{33}&a_{34}\end{pmatrix},$$

可以按照定义，把每一列看成一个子块：

$$\boldsymbol{A}=\left(\begin{array}{c:c:c:c}a_{11}&a_{12}&a_{13}&a_{14}\\a_{21}&a_{22}&a_{23}&a_{24}\\a_{31}&a_{32}&a_{33}&a_{34}\end{array}\right)\triangleq(\boldsymbol{\alpha}_1,\boldsymbol{\alpha}_2,\boldsymbol{\alpha}_3,\boldsymbol{\alpha}_4);$$

也可以把每一行看成一个子块：

$$\boldsymbol{A}=\left(\begin{array}{cccc}a_{11}&a_{12}&a_{13}&a_{14}\\\hdashline a_{21}&a_{22}&a_{23}&a_{24}\\\hdashline a_{31}&a_{32}&a_{33}&a_{34}\end{array}\right)\triangleq\begin{pmatrix}\boldsymbol{\beta}_1^{\mathrm{T}}\\\boldsymbol{\beta}_2^{\mathrm{T}}\\\boldsymbol{\beta}_3^{\mathrm{T}}\end{pmatrix};$$

还可以分块成

$$\boldsymbol{A}=\left(\begin{array}{cc:cc}a_{11}&a_{12}&a_{13}&a_{14}\\a_{21}&a_{22}&a_{23}&a_{24}\\\hdashline a_{31}&a_{32}&a_{33}&a_{34}\end{array}\right)=\begin{pmatrix}\boldsymbol{A}_{11}&\boldsymbol{A}_{12}\\\boldsymbol{A}_{21}&\boldsymbol{A}_{22}\end{pmatrix},$$

其中

$$\boldsymbol{A}_{11}=\begin{pmatrix}a_{11}&a_{12}\\a_{21}&a_{22}\end{pmatrix},\quad\boldsymbol{A}_{12}=\begin{pmatrix}a_{13}&a_{14}\\a_{23}&a_{24}\end{pmatrix},$$

$$\boldsymbol{A}_{21}=(a_{31},a_{32}),\quad\boldsymbol{A}_{22}=(a_{33},a_{34}),$$

即$\boldsymbol{A}_{11},\boldsymbol{A}_{12},\boldsymbol{A}_{21},\boldsymbol{A}_{22}$为矩阵$\boldsymbol{A}$的子块，而矩阵$\boldsymbol{A}$形式上成为以这些子块为元素的分块矩阵.

分块矩阵的运算规则与普通矩阵的运算规则类似.

1. 分块矩阵的加法

设 $\boldsymbol{A}$ 和 $\boldsymbol{B}$ 是同型矩阵,且采用相同的分块法,即

$$\boldsymbol{A}=\begin{pmatrix}\boldsymbol{A}_{11} & \boldsymbol{A}_{12} & \cdots & \boldsymbol{A}_{1s}\\ \boldsymbol{A}_{21} & \boldsymbol{A}_{22} & \cdots & \boldsymbol{A}_{2s}\\ \vdots & \vdots & & \vdots\\ \boldsymbol{A}_{r1} & \boldsymbol{A}_{r2} & \cdots & \boldsymbol{A}_{rs}\end{pmatrix},\quad \boldsymbol{B}=\begin{pmatrix}\boldsymbol{B}_{11} & \boldsymbol{B}_{12} & \cdots & \boldsymbol{B}_{1s}\\ \boldsymbol{B}_{21} & \boldsymbol{B}_{22} & \cdots & \boldsymbol{B}_{2s}\\ \vdots & \vdots & & \vdots\\ \boldsymbol{B}_{r1} & \boldsymbol{B}_{r2} & \cdots & \boldsymbol{B}_{rs}\end{pmatrix},$$

其中子块 $\boldsymbol{A}_{ij}$ 和 $\boldsymbol{B}_{ij}$ $(i=1,2,\cdots,r;j=1,2,\cdots,s)$ 均为同型矩阵,则

$$\boldsymbol{A}+\boldsymbol{B}=\begin{pmatrix}\boldsymbol{A}_{11}+\boldsymbol{B}_{11} & \boldsymbol{A}_{12}+\boldsymbol{B}_{12} & \cdots & \boldsymbol{A}_{1s}+\boldsymbol{B}_{1s}\\ \boldsymbol{A}_{21}+\boldsymbol{B}_{21} & \boldsymbol{A}_{22}+\boldsymbol{B}_{22} & \cdots & \boldsymbol{A}_{2s}+\boldsymbol{B}_{2s}\\ \vdots & \vdots & & \vdots\\ \boldsymbol{A}_{r1}+\boldsymbol{B}_{r1} & \boldsymbol{A}_{r2}+\boldsymbol{B}_{r2} & \cdots & \boldsymbol{A}_{rs}+\boldsymbol{B}_{rs}\end{pmatrix}.$$

2. 分块矩阵的数乘

设 λ 为数,分块矩阵

$$\boldsymbol{A}=\begin{pmatrix}\boldsymbol{A}_{11} & \boldsymbol{A}_{12} & \cdots & \boldsymbol{A}_{1s}\\ \boldsymbol{A}_{21} & \boldsymbol{A}_{22} & \cdots & \boldsymbol{A}_{2s}\\ \vdots & \vdots & & \vdots\\ \boldsymbol{A}_{r1} & \boldsymbol{A}_{r2} & \cdots & \boldsymbol{A}_{rs}\end{pmatrix},$$

则

$$\lambda\boldsymbol{A}=\begin{pmatrix}\lambda\boldsymbol{A}_{11} & \lambda\boldsymbol{A}_{12} & \cdots & \lambda\boldsymbol{A}_{1s}\\ \lambda\boldsymbol{A}_{21} & \lambda\boldsymbol{A}_{22} & \cdots & \lambda\boldsymbol{A}_{2s}\\ \vdots & \vdots & & \vdots\\ \lambda\boldsymbol{A}_{r1} & \lambda\boldsymbol{A}_{r2} & \cdots & \lambda\boldsymbol{A}_{rs}\end{pmatrix}.$$

3. 分块矩阵的转置

设分块矩阵

$$\boldsymbol{A}=\begin{pmatrix}\boldsymbol{A}_{11} & \boldsymbol{A}_{12} & \cdots & \boldsymbol{A}_{1r}\\ \boldsymbol{A}_{21} & \boldsymbol{A}_{22} & \cdots & \boldsymbol{A}_{2r}\\ \vdots & \vdots & & \vdots\\ \boldsymbol{A}_{s1} & \boldsymbol{A}_{s2} & \cdots & \boldsymbol{A}_{sr}\end{pmatrix},$$

则

$$A^{T}=\begin{pmatrix} A_{11}^{T} & A_{21}^{T} & \cdots & A_{s1}^{T} \\ A_{12}^{T} & A_{22}^{T} & \cdots & A_{s2}^{T} \\ \vdots & \vdots & & \vdots \\ A_{1r}^{T} & A_{2r}^{T} & \cdots & A_{sr}^{T} \end{pmatrix}.$$

4. 分块矩阵的乘法

设 $\boldsymbol{A}$ 为 $m\times n$ 矩阵，$\boldsymbol{B}$ 为 $n\times l$ 矩阵，分别分块成

$$\boldsymbol{A}=\begin{pmatrix} \boldsymbol{A}_{11} & \boldsymbol{A}_{12} & \cdots & \boldsymbol{A}_{1s} \\ \boldsymbol{A}_{21} & \boldsymbol{A}_{22} & \cdots & \boldsymbol{A}_{2s} \\ \vdots & \vdots & & \vdots \\ \boldsymbol{A}_{r1} & \boldsymbol{A}_{r2} & \cdots & \boldsymbol{A}_{rs} \end{pmatrix}, \quad \boldsymbol{B}=\begin{pmatrix} \boldsymbol{B}_{11} & \boldsymbol{B}_{12} & \cdots & \boldsymbol{B}_{1t} \\ \boldsymbol{B}_{21} & \boldsymbol{B}_{22} & \cdots & \boldsymbol{B}_{2t} \\ \vdots & \vdots & & \vdots \\ \boldsymbol{B}_{s1} & \boldsymbol{B}_{s2} & \cdots & \boldsymbol{B}_{st} \end{pmatrix},$$

其中子块 $\boldsymbol{A}_{i1},\boldsymbol{A}_{i2},\cdots,\boldsymbol{A}_{is}$ 的列数依次等于子块 $\boldsymbol{B}_{1j},\boldsymbol{B}_{2j},\cdots,\boldsymbol{B}_{sj}$ 的行数，则

$$\boldsymbol{AB}=\begin{pmatrix} \boldsymbol{C}_{11} & \boldsymbol{C}_{12} & \cdots & \boldsymbol{C}_{1t} \\ \boldsymbol{C}_{21} & \boldsymbol{C}_{22} & \cdots & \boldsymbol{C}_{2t} \\ \vdots & \vdots & & \vdots \\ \boldsymbol{C}_{r1} & \boldsymbol{C}_{r2} & \cdots & \boldsymbol{C}_{rt} \end{pmatrix},$$

其中 $\boldsymbol{C}_{ij}=\sum\limits_{k=1}^{s}\boldsymbol{A}_{ik}\boldsymbol{B}_{kj}\,(i=1,2,\cdots,r;j=1,2,\cdots,t)$.

注意　分块矩阵的乘法，只有当左边矩阵 $\boldsymbol{A}$ 的列的分法与右边矩阵 $\boldsymbol{B}$ 的行的分法一致时才能相乘. 在计算 $\boldsymbol{AB}$ 时，把各子块看成矩阵的元素，然后按照通常矩阵的乘法把它们相乘，同时需要注意，要按矩阵 $\boldsymbol{A}$ 的子块在前，矩阵 $\boldsymbol{B}$ 的子块在后的顺序相乘，一般不能交换顺序.

例 1.2.7　设矩阵

$$\boldsymbol{A}=\begin{pmatrix} 1 & 2 & 1 & 0 \\ 0 & 1 & 0 & 1 \\ 0 & 0 & 2 & 1 \\ 0 & 0 & 0 & 3 \end{pmatrix}, \quad \boldsymbol{B}=\begin{pmatrix} 1 & 0 & 3 & 1 \\ 0 & 1 & 2 & -1 \\ 0 & 0 & -2 & 3 \\ 0 & 0 & 0 & -3 \end{pmatrix},$$

求 $\boldsymbol{AB}$.

解　把矩阵 $\boldsymbol{A},\boldsymbol{B}$ 分别分块成

$$\boldsymbol{A}=\left(\begin{array}{cc:cc} 1 & 2 & 1 & 0 \\ 0 & 1 & 0 & 1 \\ \hdashline 0 & 0 & 2 & 1 \\ 0 & 0 & 0 & 3 \end{array}\right)=\begin{pmatrix} \boldsymbol{A}_1 & \boldsymbol{E} \\ \boldsymbol{O} & \boldsymbol{A}_2 \end{pmatrix},$$

$$
\boldsymbol{B}=\left(\begin{array}{cc:cc}1 & 0 & 3 & 1 \\ 0 & 1 & 2 & -1 \\ \hdashline 0 & 0 & -2 & 3 \\ 0 & 0 & 0 & -3\end{array}\right)=\begin{pmatrix}\boldsymbol{E} & \boldsymbol{B}_1 \\ \boldsymbol{O} & \boldsymbol{B}_2\end{pmatrix},
$$

其中 $\boldsymbol{A}_1=\begin{pmatrix}1 & 2 \\ 0 & 1\end{pmatrix}$, $\boldsymbol{A}_2=\begin{pmatrix}2 & 1 \\ 0 & 3\end{pmatrix}$, $\boldsymbol{B}_1=\begin{pmatrix}3 & 1 \\ 2 & -1\end{pmatrix}$, $\boldsymbol{B}_2=\begin{pmatrix}-2 & 3 \\ 0 & -3\end{pmatrix}$,则

$$
\boldsymbol{AB}=\begin{pmatrix}\boldsymbol{A}_1 & \boldsymbol{E} \\ \boldsymbol{O} & \boldsymbol{A}_2\end{pmatrix}\begin{pmatrix}\boldsymbol{E} & \boldsymbol{B}_1 \\ \boldsymbol{O} & \boldsymbol{B}_2\end{pmatrix}=\begin{pmatrix}\boldsymbol{A}_1 & \boldsymbol{A}_1\boldsymbol{B}_1+\boldsymbol{B}_2 \\ \boldsymbol{O} & \boldsymbol{A}_2\boldsymbol{B}_2\end{pmatrix}.
$$

而
$$
\boldsymbol{A}_1\boldsymbol{B}_1+\boldsymbol{B}_2=\begin{pmatrix}5 & 2 \\ 2 & -4\end{pmatrix},\quad \boldsymbol{A}_2\boldsymbol{B}_2=\begin{pmatrix}-4 & 3 \\ 0 & -9\end{pmatrix},
$$

于是

$$
\boldsymbol{AB}=\begin{pmatrix}1 & 2 & 5 & 2 \\ 0 & 1 & 2 & -4 \\ 0 & 0 & -4 & 3 \\ 0 & 0 & 0 & -9\end{pmatrix}.
$$

5. 分块对角矩阵

设 $\boldsymbol{A}$ 为 n 阶矩阵. 若将 $\boldsymbol{A}$ 分块后只在主对角线上有非零子块,其余子块都为零矩阵,且主对角线上的子块都是方阵,即

$$
\boldsymbol{A}=\begin{pmatrix}\boldsymbol{A}_1 & & & \\ & \boldsymbol{A}_2 & & \\ & & \ddots & \\ & & & \boldsymbol{A}_s\end{pmatrix},
$$

其中 $\boldsymbol{A}_i\ (i=1,2,\cdots,s)$ 分别为 n_i 阶矩阵$\left(\sum\limits_{i=1}^{s}n_i=n\right)$,则称 $\boldsymbol{A}$ 为**分块对角矩阵**,记为

$$
\boldsymbol{A}=\operatorname{diag}(\boldsymbol{A}_1,\boldsymbol{A}_2,\cdots,\boldsymbol{A}_s).
$$

例如,将方阵 $\boldsymbol{A}$ 分块成

$$
\boldsymbol{A}=\left(\begin{array}{cc:ccc}-1 & 0 & 0 & 0 & 0 \\ 0 & 2 & 0 & 0 & 0 \\ \hdashline 0 & 0 & 1 & 2 & 1 \\ 0 & 0 & 3 & 2 & 0 \\ 0 & 0 & 5 & 0 & 8\end{array}\right)=\begin{pmatrix}\boldsymbol{A}_1 & \boldsymbol{O} \\ \boldsymbol{O} & \boldsymbol{A}_2\end{pmatrix},
$$

其中 $\boldsymbol{A}_1=\begin{pmatrix}-1 & 0\\ 0 & 2\end{pmatrix}$，$\boldsymbol{A}_2=\begin{bmatrix}1 & 2 & 1\\ 3 & 2 & 0\\ 5 & 0 & 8\end{bmatrix}$. 这样的分块方法就使 $\boldsymbol{A}$ 成为分块对角矩阵.

分块对角矩阵具有类似于对角矩阵的运算性质.

七、矩阵的初等变换和初等矩阵

定义 1.2.9 下面 3 种变换称为矩阵的**初等行变换**：

(1) 对调两行(对调第 i，j 行，记作 $r_i\leftrightarrow r_j$)：

$$\begin{pmatrix}\boldsymbol{\alpha}_1^{\mathrm{T}}\\ \vdots\\ \boldsymbol{\alpha}_i^{\mathrm{T}}\\ \vdots\\ \boldsymbol{\alpha}_j^{\mathrm{T}}\\ \vdots\\ \boldsymbol{\alpha}_n^{\mathrm{T}}\end{pmatrix}\xrightarrow{r_i\leftrightarrow r_j}\begin{pmatrix}\boldsymbol{\alpha}_1^{\mathrm{T}}\\ \vdots\\ \boldsymbol{\alpha}_j^{\mathrm{T}}\\ \vdots\\ \boldsymbol{\alpha}_i^{\mathrm{T}}\\ \vdots\\ \boldsymbol{\alpha}_n^{\mathrm{T}}\end{pmatrix};$$

(2) 以非零数 k 乘以某一行中的所有元素(第 i 行乘以数 k，记作 $r_i\times k$)：

$$\begin{pmatrix}\boldsymbol{\alpha}_1^{\mathrm{T}}\\ \vdots\\ \boldsymbol{\alpha}_i^{\mathrm{T}}\\ \vdots\\ \boldsymbol{\alpha}_n^{\mathrm{T}}\end{pmatrix}\xrightarrow{r_i\times k}\begin{pmatrix}\boldsymbol{\alpha}_1^{\mathrm{T}}\\ \vdots\\ k\boldsymbol{\alpha}_i^{\mathrm{T}}\\ \vdots\\ \boldsymbol{\alpha}_n^{\mathrm{T}}\end{pmatrix};$$

(3) 把某一行元素的 k 倍加到另一行对应的元素上(第 i 行的 k 倍加到第 j 行上，记作 r_j+kr_i)：

$$\begin{pmatrix}\boldsymbol{\alpha}_1^{\mathrm{T}}\\ \vdots\\ \boldsymbol{\alpha}_i^{\mathrm{T}}\\ \vdots\\ \boldsymbol{\alpha}_j^{\mathrm{T}}\\ \vdots\\ \boldsymbol{\alpha}_n^{\mathrm{T}}\end{pmatrix}\xrightarrow{r_j+kr_i}\begin{pmatrix}\boldsymbol{\alpha}_1^{\mathrm{T}}\\ \vdots\\ \boldsymbol{\alpha}_i^{\mathrm{T}}\\ \vdots\\ k\boldsymbol{\alpha}_i^{\mathrm{T}}+\boldsymbol{\alpha}_j^{\mathrm{T}}\\ \vdots\\ \boldsymbol{\alpha}_n^{\mathrm{T}}\end{pmatrix}.$$

把上述 3 种变换中的"行"换成"列"(记号中的 r 换成 c),则对应的 3 种变换称为矩阵的**初等列变换**.

矩阵的初等行变换与初等列变换统称为矩阵的**初等变换**.

例 1.2.8 设矩阵 $\boldsymbol{A}=\begin{pmatrix}2&-1&-1&1&2\\1&1&-2&1&4\\2&-3&1&-1&2\\3&6&-9&7&9\end{pmatrix}$,对矩阵 $\boldsymbol{A}$ 施行初等行变换:

$$\boldsymbol{A}=\begin{pmatrix}2&-1&-1&1&2\\1&1&-2&1&4\\2&-3&1&-1&2\\3&6&-9&7&9\end{pmatrix}\xrightarrow{r_1\leftrightarrow r_2}\begin{pmatrix}1&1&-2&1&4\\2&-1&-1&1&2\\2&-3&1&-1&2\\3&6&-9&7&9\end{pmatrix}$$

$$\xrightarrow[r_4-3r_1]{\substack{r_2-r_3\\r_3-2r_1}}\begin{pmatrix}1&1&-2&1&4\\0&2&-2&2&0\\0&-5&5&-3&-6\\0&3&-3&4&-3\end{pmatrix}\xrightarrow[r_4-3r_2]{\substack{r_2\times\frac{1}{2}\\r_3+5r_2}}\begin{pmatrix}1&1&-2&1&4\\0&1&-1&1&0\\0&0&0&2&-6\\0&0&0&1&-3\end{pmatrix}$$

$$\xrightarrow[r_4-2r_3]{r_3\leftrightarrow r_4}\begin{pmatrix}1&1&-2&1&4\\0&1&-1&1&0\\0&0&0&1&-3\\0&0&0&0&0\end{pmatrix}\xrightarrow[r_2-r_3]{r_1-r_2}\begin{pmatrix}1&0&-1&0&4\\0&1&-1&0&3\\0&0&0&1&-3\\0&0&0&0&0\end{pmatrix}.$$

定义 1.2.10 如果矩阵 $\boldsymbol{A}$ 可以经过有限次初等变换化为矩阵 $\boldsymbol{B}$,则称矩阵 $\boldsymbol{A}$ 与 $\boldsymbol{B}$ **等价**,记作 $\boldsymbol{A}\cong\boldsymbol{B}$.

矩阵之间的等价关系有下面的性质.

(1) 反身性:$\boldsymbol{A}\cong\boldsymbol{A}$;

(2) 对称性:若 $\boldsymbol{A}\cong\boldsymbol{B}$,则 $\boldsymbol{B}\cong\boldsymbol{A}$;

(3) 传递性:若 $\boldsymbol{A}\cong\boldsymbol{B}$,$\boldsymbol{B}\cong\boldsymbol{C}$,则 $\boldsymbol{A}\cong\boldsymbol{C}$.

矩阵的初等变换在后续的求逆矩阵、计算矩阵的秩、解线性方程组、判定向量组的线性相关性等问题中都有非常重要的应用.

定义 1.2.11 单位矩阵 $\boldsymbol{E}$ 经过一次初等变换得到的矩阵称为**初等矩阵**.

具体地,3 种初等行变换对应下列 3 类初等矩阵:

$$(1)\ \boldsymbol{E} \xrightarrow{r_i \leftrightarrow r_j} \boldsymbol{E}(i,j)=\begin{pmatrix}1 &&&&&&& \\ & \ddots &&&&&& \\ && 1 &&&&& \\ &&& 0 & \cdots & 1 &&& \\ &&& \vdots && \vdots &&& \\ &&& 1 & \cdots & 0 &&& \\ &&&&&& 1 && \\ &&&&&&& \ddots & \\ &&&&&&&& 1\end{pmatrix}\begin{matrix}\\ \\ \\ (\text{第 } i \text{ 行}) \\ \\ (\text{第 } j \text{ 行}) \\ \\ \\ \\ \end{matrix};$$

$$(2)\ \boldsymbol{E} \xrightarrow{r_i \times k} \boldsymbol{E}(i(k))=\begin{pmatrix}1 &&&&&& \\ & \ddots &&&&& \\ && 1 &&&& \\ &&& k &&& \\ &&&& 1 && \\ &&&&& \ddots & \\ &&&&&& 1\end{pmatrix}\begin{matrix}\\ \\ \\ (\text{第 } i \text{ 行}); \\ \\ \\ \\ \end{matrix}$$

$$(3)\ \boldsymbol{E} \xrightarrow{r_j + kr_i} \boldsymbol{E}(j,i(k))=\begin{pmatrix}1 &&&&&& \\ & \ddots &&&&& \\ && 1 &&&& \\ && \vdots & \ddots &&& \\ && k & \cdots & 1 && \\ &&&&& \ddots & \\ &&&&&& 1\end{pmatrix}\begin{matrix}\\ \\ (\text{第 } i \text{ 行}) \\ \\ (\text{第 } j \text{ 行}) \\ \\ \\ \end{matrix}.$$

同样,3 种初等列变换 $c_i \leftrightarrow c_j$, kc_i 和 $c_j + kc_i$ 也分别对应着初等矩阵 $\boldsymbol{E}(i,j)$, $\boldsymbol{E}(i(k))$ 和 $\boldsymbol{E}(i,j(k))$.

定理 1.2.1 **对任意 $m \times n$ 矩阵 $\boldsymbol{A}$ 施行一次初等行变换,就相当于给矩阵 $\boldsymbol{A}$ 左乘相应的 m 阶初等矩阵;对矩阵 $\boldsymbol{A}$ 施行一次初等列变换,就相当于给矩阵 $\boldsymbol{A}$ 右乘相应的 n 阶初等矩阵.**

证明 设矩阵 $\boldsymbol{A}=\begin{pmatrix}\boldsymbol{\alpha}_1^{\mathrm{T}} \\ \boldsymbol{\alpha}_2^{\mathrm{T}} \\ \vdots \\ \boldsymbol{\alpha}_m^{\mathrm{T}}\end{pmatrix}$,则利用性质 1.2.4(6) 易得

$$\boldsymbol{E}(i,j)\boldsymbol{A}=\begin{pmatrix}1&&&&&&&&\\&\ddots&&&&&&&\\&&1&&&&&&\\&&&0&\cdots&1&&&\\&&&\vdots&&\vdots&&&\\&&&1&\cdots&0&&&\\&&&&&&1&&\\&&&&&&&\ddots&\\&&&&&&&&1\end{pmatrix}\begin{pmatrix}\boldsymbol{\alpha}_1^{\mathrm{T}}\\\vdots\\\boldsymbol{\alpha}_i^{\mathrm{T}}\\\vdots\\\boldsymbol{\alpha}_j^{\mathrm{T}}\\\vdots\\\boldsymbol{\alpha}_m^{\mathrm{T}}\end{pmatrix}=\begin{pmatrix}\boldsymbol{\alpha}_1^{\mathrm{T}}\\\vdots\\\boldsymbol{\alpha}_j^{\mathrm{T}}\\\vdots\\\boldsymbol{\alpha}_i^{\mathrm{T}}\\\vdots\\\boldsymbol{\alpha}_m^{\mathrm{T}}\end{pmatrix},$$

$$\boldsymbol{E}(i(k))\boldsymbol{A}=\begin{pmatrix}1&&&&\\&\ddots&&&\\&&k&&\\&&&\ddots&\\&&&&1\end{pmatrix}\begin{pmatrix}\boldsymbol{\alpha}_1^{\mathrm{T}}\\\vdots\\\boldsymbol{\alpha}_i^{\mathrm{T}}\\\vdots\\\boldsymbol{\alpha}_m^{\mathrm{T}}\end{pmatrix}=\begin{pmatrix}\boldsymbol{\alpha}_1^{\mathrm{T}}\\\vdots\\k\boldsymbol{\alpha}_i^{\mathrm{T}}\\\vdots\\\boldsymbol{\alpha}_m^{\mathrm{T}}\end{pmatrix},$$

$$\boldsymbol{E}(j,i(k))\boldsymbol{A}=\begin{pmatrix}1&&&&&&\\&\ddots&&&&&\\&&1&&&&\\&&\vdots&\ddots&&&\\&&k&\cdots&1&&\\&&&&&\ddots&\\&&&&&&1\end{pmatrix}\begin{pmatrix}\boldsymbol{\alpha}_1^{\mathrm{T}}\\\vdots\\\boldsymbol{\alpha}_i^{\mathrm{T}}\\\vdots\\\boldsymbol{\alpha}_j^{\mathrm{T}}\\\vdots\\\boldsymbol{\alpha}_m^{\mathrm{T}}\end{pmatrix}=\begin{pmatrix}\boldsymbol{\alpha}_1^{\mathrm{T}}\\\vdots\\\boldsymbol{\alpha}_i^{\mathrm{T}}\\\vdots\\k\boldsymbol{\alpha}_i^{\mathrm{T}}+\boldsymbol{\alpha}_j^{\mathrm{T}}\\\vdots\\\boldsymbol{\alpha}_m^{\mathrm{T}}\end{pmatrix}.$$

类似地，利用性质 1.2.4(5) 可证明对矩阵 $\boldsymbol{A}$ 施行一次初等列变换，相当于给矩阵 $\boldsymbol{A}$ 右乘相应的初等矩阵.

证毕

观察例 1.2.8 中的矩阵

$$\begin{pmatrix}1&1&-2&1&4\\0&1&-1&1&0\\0&0&0&1&-3\\0&0&0&0&0\end{pmatrix}\triangleq\boldsymbol{B},\quad\begin{pmatrix}1&0&-1&0&4\\0&1&-1&0&3\\0&0&0&1&-3\\0&0&0&0&0\end{pmatrix}\triangleq\boldsymbol{B}_1.$$

注意到矩阵 $\boldsymbol{B}$ 与 $\boldsymbol{B}_1$ 有如下特点：

(1) 非零行在零行的上面(**零行**是指元素全为 0 的行)；

(2) 每行非零行的首个非零元素的列标随着行标的增大而严格增大.

我们称具备上述两个特点的矩阵为**行阶梯形矩阵**. 除了上述两个特点，矩阵 $\boldsymbol{B}_1$ 的每行非零行的首个非零元素均为 1，而且其所在列的其余元素都为 0. 我们称这样的行阶梯形矩阵为**行最简形矩阵**.

所以，$\boldsymbol{B}$ 与 $\boldsymbol{B}_1$ 都是行阶梯形矩阵，且 $\boldsymbol{B}_1$ 还是行最简形矩阵.

定理 1.2.2 **对于任意一个 $m\times n$ 矩阵，利用 3 种初等行变换一定可以将它化为行阶梯形矩阵，也一定可以将它化为行最简形矩阵.**

证明略.

对上面的行最简形矩阵 $\boldsymbol{B}_1$ 施行有限次初等列变换，可把它化为左上角为单位矩阵，其余元素全是 0 的矩阵：

$$\boldsymbol{B}_1=\begin{pmatrix}1&0&-1&0&4\\0&1&-1&0&3\\0&0&0&1&-3\\0&0&0&0&0\end{pmatrix}\xrightarrow{\text{初等列变换}}\begin{pmatrix}1&0&0&0&0\\0&1&0&0&0\\0&0&1&0&0\\0&0&0&0&0\end{pmatrix}=\begin{pmatrix}\boldsymbol{E}_3&\boldsymbol{O}\\\boldsymbol{O}&\boldsymbol{O}\end{pmatrix}\triangleq\boldsymbol{F},$$

我们把矩阵 $\boldsymbol{F}$ 称为矩阵 $\boldsymbol{A}$ 的**等价标准形**.

定理 1.2.3 **对于任意一个 $m\times n$ 矩阵，利用 3 种初等变换一定可以把它化为等价标准形**

$$\boldsymbol{F}=\begin{pmatrix}\boldsymbol{E}_r&\boldsymbol{O}\\\boldsymbol{O}&\boldsymbol{O}\end{pmatrix}_{m\times n},$$

而等价标准形由 m,n,r 这 3 个数确定，其中 r 就是行阶梯形矩阵中非零行的行数.

证明略.

例 1.2.9 用初等变换将矩阵 $\boldsymbol{A}=\begin{pmatrix}0&0&0&0\\0&2&6&10\\0&3&8&13\\0&1&2&3\end{pmatrix}$ 化为：(1) 行阶梯形矩阵，(2) 行最简形矩阵，(3) 等价标准形.

解 (1) 施行初等行变换，将矩阵 $\boldsymbol{A}$ 化为行阶梯形矩阵：

$$\boldsymbol{A}=\begin{pmatrix}0&0&0&0\\0&2&6&10\\0&3&8&13\\0&1&2&3\end{pmatrix}\xrightarrow{r_1\leftrightarrow r_4}\begin{pmatrix}0&1&2&3\\0&2&6&10\\0&3&8&13\\0&0&0&0\end{pmatrix}$$

$$\xrightarrow[r_3-3r_1]{r_2-2r_1}\begin{pmatrix}0&1&2&3\\0&0&2&4\\0&0&2&4\\0&0&0&0\end{pmatrix}\xrightarrow{r_3-r_2}\begin{pmatrix}0&1&2&3\\0&0&2&4\\0&0&0&0\\0&0&0&0\end{pmatrix}\triangleq \boldsymbol{B}_1.$$

(2) 进一步施行初等行变换，将矩阵 $\boldsymbol{B}_1$ 化为行最简形矩阵：

$$\boldsymbol{B}_1\xrightarrow[\frac{1}{2}r_2]{r_1-r_2}\begin{pmatrix}0&1&0&-1\\0&0&1&2\\0&0&0&0\\0&0&0&0\end{pmatrix}\triangleq \boldsymbol{B}_2.$$

(3) 要将 $\boldsymbol{B}_2$ 化为等价标准形，注意到只施行初等行变换不能实现，故改为施行初等列变换，将 $\boldsymbol{B}_2$ 化为等价标准形：

$$\boldsymbol{B}_2\xrightarrow[c_4-2c_3]{c_4+c_2}\begin{pmatrix}0&1&0&0\\0&0&1&0\\0&0&0&0\\0&0&0&0\end{pmatrix}$$

$$\xrightarrow[c_2\leftrightarrow c_3]{c_1\leftrightarrow c_2}\begin{pmatrix}1&0&0&0\\0&1&0&0\\0&0&0&0\\0&0&0&0\end{pmatrix}=\begin{pmatrix}\boldsymbol{E}_2&\boldsymbol{O}\\\boldsymbol{O}&\boldsymbol{O}\end{pmatrix}.$$

1.3 行 列 式

一、行列式的定义

1. 二阶行列式与二元线性方程组

对于任意二元线性方程组

$$\begin{cases}a_{11}x_1+a_{12}x_2=b_1,\\a_{21}x_1+a_{22}x_2=b_2,\end{cases}\tag{1.3.1}$$

可使用高斯(Gauss) 消元法求解. 当 $a_{11}a_{22}-a_{12}a_{21}\neq 0$ 时，方程组(1.3.1) 有唯一解，且其解为

$$x_1=\frac{b_1a_{22}-b_2a_{12}}{a_{11}a_{22}-a_{12}a_{21}},\quad x_2=\frac{b_2a_{11}-b_1a_{21}}{a_{11}a_{22}-a_{12}a_{21}}. \tag{1.3.2}$$

为了便于记忆,我们引入二阶行列式的符号简洁地表示这个结果.

定义 1.3.1 设二阶矩阵 $\boldsymbol{A}=\begin{pmatrix}a_{11} & a_{12}\\ a_{21} & a_{22}\end{pmatrix}$,记 $\boldsymbol{A}$ **的行列式**为 $\begin{vmatrix}a_{11} & a_{12}\\ a_{21} & a_{22}\end{vmatrix}$, $|\boldsymbol{A}|$ 或 $\det(\boldsymbol{A})$,称为**二阶行列式**,并规定它等于 $a_{11}a_{22}-a_{12}a_{21}$,即

$$|\boldsymbol{A}|=\det(\boldsymbol{A})=\begin{vmatrix}a_{11} & a_{12}\\ a_{21} & a_{22}\end{vmatrix}=a_{11}a_{22}-a_{12}a_{21}. \tag{1.3.3}$$

上述二阶行列式的定义式(1.3.3)可用**对角线法则**来记忆,即二阶行列式等于主对角线(用实线表示)上的两个元素的乘积减去副对角线(用虚线表示)上的两个元素的乘积,如图 1-4 所示.

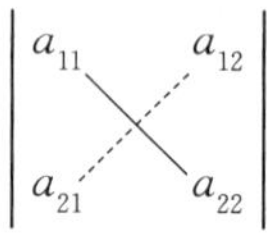

图 1-4

若记二阶行列式

$$D=\begin{vmatrix}a_{11} & a_{12}\\ a_{21} & a_{22}\end{vmatrix}=a_{11}a_{22}-a_{12}a_{21},$$

$$D_1=\begin{vmatrix}b_1 & a_{12}\\ b_2 & a_{22}\end{vmatrix}=b_1a_{22}-b_2a_{12},$$

$$D_2=\begin{vmatrix}a_{11} & b_1\\ a_{21} & b_2\end{vmatrix}=b_2a_{11}-b_1a_{21},$$

则当 $D\neq 0$ 时,方程组(1.3.1)的解可表示为

$$x_1=\frac{D_1}{D},\quad x_2=\frac{D_2}{D}.$$

例 1.3.1 利用行列式求解二元线性方程组

$$\begin{cases}3x_1+7x_2=3,\\ x_1+3x_2=2.\end{cases}$$

解 由于

$$D=\begin{vmatrix}3 & 7\\ 1 & 3\end{vmatrix}=3\times 3-1\times 7=2\neq 0,$$

$$D_1=\begin{vmatrix}3 & 7\\ 2 & 3\end{vmatrix}=-5,\quad D_2=\begin{vmatrix}3 & 3\\ 1 & 2\end{vmatrix}=3,$$

因此原方程组的解为

$$x_1=\frac{D_1}{D}=-\frac{5}{2},\quad x_2=\frac{D_2}{D}=\frac{3}{2}.$$

2. n 阶行列式

对于任意三元线性方程组

$$\begin{cases}a_{11}x_1+a_{12}x_2+a_{13}x_3=b_1,\\ a_{21}x_1+a_{22}x_2+a_{23}x_3=b_2,\\ a_{31}x_1+a_{32}x_2+a_{33}x_3=b_3,\end{cases}\tag{1.3.4}$$

同样可由高斯消元法来求解,但当解存在且唯一时,解的形式较复杂.为了得到简洁的解的表达式,我们引入三阶行列式的定义.

定义 1.3.2 设三阶矩阵 $\boldsymbol{A}=\begin{pmatrix}a_{11} & a_{12} & a_{13}\\ a_{21} & a_{22} & a_{23}\\ a_{31} & a_{32} & a_{33}\end{pmatrix}$,记 $\boldsymbol{A}$ 的行列式为 $\begin{vmatrix}a_{11} & a_{12} & a_{13}\\ a_{21} & a_{22} & a_{23}\\ a_{31} & a_{32} & a_{33}\end{vmatrix}$,$|\boldsymbol{A}|$ 或 $\det(\boldsymbol{A})$,称为**三阶行列式**,并规定它等于 $a_{11}a_{22}a_{33}+a_{12}a_{23}a_{31}+a_{13}a_{21}a_{32}-a_{11}a_{23}a_{32}-a_{12}a_{21}a_{33}-a_{13}a_{22}a_{31}$,即

$$|\boldsymbol{A}|=\det(\boldsymbol{A})=\begin{vmatrix}a_{11} & a_{12} & a_{13}\\ a_{21} & a_{22} & a_{23}\\ a_{31} & a_{32} & a_{33}\end{vmatrix}$$

$$=a_{11}a_{22}a_{33}+a_{12}a_{23}a_{31}+a_{13}a_{21}a_{32}-a_{11}a_{23}a_{32}-a_{12}a_{21}a_{33}-a_{13}a_{22}a_{31}.\tag{1.3.5}$$

上述三阶行列式的定义式(1.3.5)也可以用如下**对角线法则**来记忆:三阶行列式是 6 项的代数和,其中 3 项带正号,3 项带负号,且主对角线上 3 个元素的乘积及平行于主对角线方向上 3 个元素(用实线连接)的乘积都取正号,副对角线上 3 个元素的乘积及平行于副对角线方向上 3 个元素(用虚线连接)的乘积都取负号,如图 1-5 所示.

根据三阶行列式的定义可以验证下面的结论.

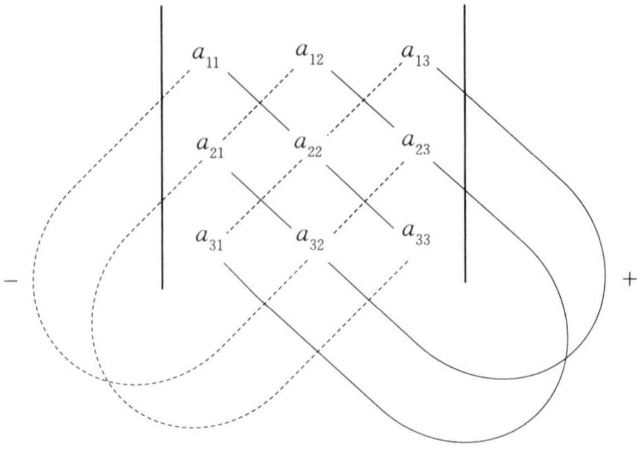

图 1-5

对于三元线性方程组(1.3.4),当 $D=\begin{vmatrix} a_{11} & a_{12} & a_{13} \\ a_{21} & a_{22} & a_{23} \\ a_{31} & a_{32} & a_{33} \end{vmatrix} \neq 0$ 时,它有唯一解

$$x_1=\frac{D_1}{D}, \quad x_2=\frac{D_2}{D}, \quad x_3=\frac{D_3}{D},$$

其中

$$D_1=\begin{vmatrix} b_1 & a_{12} & a_{13} \\ b_2 & a_{22} & a_{23} \\ b_3 & a_{32} & a_{33} \end{vmatrix}, \quad D_2=\begin{vmatrix} a_{11} & b_1 & a_{13} \\ a_{21} & b_2 & a_{23} \\ a_{31} & b_3 & a_{33} \end{vmatrix}, \quad D_3=\begin{vmatrix} a_{11} & a_{12} & b_1 \\ a_{21} & a_{22} & b_2 \\ a_{31} & a_{32} & b_3 \end{vmatrix}.$$

例 1.3.2 利用行列式求解三元线性方程组

$$\begin{cases} 2x_1+3x_2+4x_3=16, \\ x_1+4x_2+2x_3=13, \\ 3x_1+x_2+x_3=7. \end{cases}$$

解 由三阶行列式的对角线法则,得

$$D=\begin{vmatrix} 2 & 3 & 4 \\ 1 & 4 & 2 \\ 3 & 1 & 1 \end{vmatrix}=-25\neq 0, \quad D_1=\begin{vmatrix} 16 & 3 & 4 \\ 13 & 4 & 2 \\ 7 & 1 & 1 \end{vmatrix}=-25,$$

$$D_2=\begin{vmatrix} 2 & 16 & 4 \\ 1 & 13 & 2 \\ 3 & 7 & 1 \end{vmatrix}=-50, \quad D_3=\begin{vmatrix} 2 & 3 & 16 \\ 1 & 4 & 13 \\ 3 & 1 & 7 \end{vmatrix}=-50.$$

因此,原方程组的解为

$$x_1=\frac{D_1}{D}=\frac{-25}{-25}=1, \quad x_2=\frac{D_2}{D}=\frac{-50}{-25}=2, \quad x_3=\frac{D_3}{D}=\frac{-50}{-25}=2.$$

通过观察三阶行列式的展开式

$$\begin{vmatrix} a_{11} & a_{12} & a_{13} \\ a_{21} & a_{22} & a_{23} \\ a_{31} & a_{32} & a_{33} \end{vmatrix} = a_{11}a_{22}a_{33} + a_{12}a_{23}a_{31} + a_{13}a_{21}a_{32}$$

$$- a_{11}a_{23}a_{32} - a_{12}a_{21}a_{33} - a_{13}a_{22}a_{31},$$

可以得到以下结论(请读者自学附录中关于排列的内容)：

(1) 三阶行列式的展开式为带有正号或者负号的 6 项之和.

(2) 展开式中每一项都恰好是 3 个元素的乘积,除去正负号外,每一项都可写成 $a_{1j_1}a_{2j_2}a_{3j_3}$ 的形式,其中 $j_1j_2j_3$ 是数字 1,2,3 的某个排列(注意到数字 1,2,3 的所有不同的排列共有 6 个).

(3) 展开式中各项所带符号的规律为:对于带正号的 3 项,其元素的列标的排列 123,231,312 都是偶排列;而对于带负号的 3 项,其元素的列标的排列 132,213,321 都是奇排列. 如果用 t 表示列标排列 $j_1j_2j_3$ 的逆序数,即 $t=\tau(j_1j_2j_3)$,则各项所带的符号可表示为 $(-1)^t$.

由以上结论,三阶行列式可以写成

$$\begin{vmatrix} a_{11} & a_{12} & a_{13} \\ a_{21} & a_{22} & a_{23} \\ a_{31} & a_{32} & a_{33} \end{vmatrix} = \sum (-1)^t a_{1j_1}a_{2j_2}a_{3j_3},$$

其中 $\sum$ 表示对由数字 1,2,3 组成的所有不同三级排列 $j_1j_2j_3$ 对应的带有符号的乘积项求和. 根据三阶行列式的特点,下面给出 n 阶行列式的定义.

定义 1.3.3 n 阶矩阵 $\boldsymbol{A}=(a_{ij})$ 的行列式记为 $\begin{vmatrix} a_{11} & a_{12} & \cdots & a_{1n} \\ a_{21} & a_{22} & \cdots & a_{2n} \\ \vdots & \vdots & & \vdots \\ a_{n1} & a_{n2} & \cdots & a_{nn} \end{vmatrix}$,$|\boldsymbol{A}|$ 或 $\det(\boldsymbol{A})$,称为 n **阶行列式**(简称**行列式**),并规定其值如下：

$$|\boldsymbol{A}| = \det(\boldsymbol{A}) = \begin{vmatrix} a_{11} & a_{12} & \cdots & a_{1n} \\ a_{21} & a_{22} & \cdots & a_{2n} \\ \vdots & \vdots & & \vdots \\ a_{n1} & a_{n2} & \cdots & a_{nn} \end{vmatrix} = \sum (-1)^t a_{1j_1}a_{2j_2}\cdots a_{nj_n}, \quad (1.3.6)$$

其中 $\sum$ 表示对由数字 $1,2,\cdots,n$ 组成的所有不同 n 级排列 $j_1j_2\cdots j_n$ 对应的带有符号的乘积项求和,即 $n!$ 项的代数和,$t=\tau(j_1j_2\cdots j_n)$ 为列标排列 $j_1j_2\cdots j_n$ 的逆序数.

对照该定义,前面叙述的二阶和三阶行列式与之完全一致.另外,一阶行列式为 $|a_{11}|=a_{11}$.注意不要将一阶行列式与绝对值符号相混淆.

注意 (1) n 阶行列式是 $n!$ 项的代数和,其每一项都是来自不同行、不同列的 n 个元素的乘积 $a_{1j_1}a_{2j_2}\cdots a_{nj_n}$,其中 $j_1j_2\cdots j_n$ 是 $1,2,\cdots,n$ 的一个排列.

(2) 每一项的符号都是由列标排列的奇偶性来确定的.对于 $n(n>1)$ 级排列,奇排列和偶排列各占一半,所以 n 阶行列式中正、负项各占一半.

(3) n 阶矩阵 $\boldsymbol{A}=\begin{pmatrix} a_{11} & a_{12} & \cdots & a_{1n} \\ a_{21} & a_{22} & \cdots & a_{2n} \\ \vdots & \vdots & & \vdots \\ a_{n1} & a_{n2} & \cdots & a_{nn} \end{pmatrix}$ 是一个数表,n 阶矩阵的行列式 $|\boldsymbol{A}|=\begin{vmatrix} a_{11} & a_{12} & \cdots & a_{1n} \\ a_{21} & a_{22} & \cdots & a_{2n} \\ \vdots & \vdots & & \vdots \\ a_{n1} & a_{n2} & \cdots & a_{nn} \end{vmatrix}$ 是一个数.

(4) 可以把 n 阶行列式的定义式(1.3.6)中乘积项元素的列标调成顺序排列 $12\cdots n$,然后根据行标排列的奇偶性来确定该乘积项的正负号,即 n 阶行列式的定义式也可以写成

$$|\boldsymbol{A}|=\det(\boldsymbol{A})=\begin{vmatrix} a_{11} & a_{12} & \cdots & a_{1n} \\ a_{21} & a_{22} & \cdots & a_{2n} \\ \vdots & \vdots & & \vdots \\ a_{n1} & a_{n2} & \cdots & a_{nn} \end{vmatrix}=\sum(-1)^{\tau(i_1i_2\cdots i_n)}a_{i_11}a_{i_22}\cdots a_{i_nn}. \tag{1.3.7}$$

例 1.3.3 计算四阶行列式

$$\begin{vmatrix} 0 & 2 & 0 & 1 \\ 3 & 0 & 0 & 0 \\ 0 & 0 & 4 & 0 \\ 0 & 0 & 0 & 5 \end{vmatrix}.$$

解 由行列式的定义知,四阶行列式的展开式是 $4!=24$ 个乘积项的代数和.注意到在一个乘积项中只要有一个元素为 0,那么该乘积项的值为 0,因此只需要求出不等于 0 的乘积项即可.仔细观察发现,在要计算的行列式中,不等于 0 的乘积项只有 $a_{12}a_{21}a_{33}a_{44}$ 这一项,此项所带的符号为 $(-1)^t$,其中 $t=\tau(2134)=1$.于是

$$\begin{vmatrix} 0 & 2 & 0 & 1 \\ 3 & 0 & 0 & 0 \\ 0 & 0 & 4 & 0 \\ 0 & 0 & 0 & 5 \end{vmatrix} = (-1)^1 \times 2 \times 3 \times 4 \times 5 = -120.$$

例 1.3.4　计算下列行列式：

$$D_1 = \begin{vmatrix} a_{11} & a_{12} & \cdots & a_{1n} \\ 0 & a_{22} & \cdots & a_{2n} \\ \vdots & \vdots & & \vdots \\ 0 & 0 & \cdots & a_{nn} \end{vmatrix},\quad D_2 = \begin{vmatrix} 0 & \cdots & 0 & a_{1n} \\ 0 & \cdots & a_{2,n-1} & a_{2n} \\ \vdots & & \vdots & \vdots \\ a_{n1} & \cdots & a_{n,n-1} & a_{nn} \end{vmatrix}.$$

解　由行列式的定义，在 D_1 的展开式中，不为 0 的乘积项只有 $a_{11}a_{22}\cdots a_{nn}$ 这一项，且此项所带的符号为 $(-1)^t$，其中

$$t = \tau(12\cdots n) = 0,$$

所以

$$D_1 = \begin{vmatrix} a_{11} & a_{12} & \cdots & a_{1n} \\ 0 & a_{22} & \cdots & a_{2n} \\ \vdots & \vdots & & \vdots \\ 0 & 0 & \cdots & a_{nn} \end{vmatrix} = a_{11}a_{22}\cdots a_{nn}.$$

在 D_2 的展开式中，不为 0 的乘积项只有 $a_{1n}a_{2,n-1}\cdots a_{n1}$ 这一项，且此项所带的符号为 $(-1)^t$，其中

$$t = \tau(n(n-1)\cdots 21) = 0 + 1 + \cdots + (n-2) + (n-1) = \frac{(n-1)n}{2},$$

所以

$$D_2 = \begin{vmatrix} 0 & \cdots & 0 & a_{1n} \\ 0 & \cdots & a_{2,n-1} & a_{2n} \\ \vdots & & \vdots & \vdots \\ a_{n1} & \cdots & a_{n,n-1} & a_{nn} \end{vmatrix} = (-1)^{\frac{(n-1)n}{2}} a_{1n}a_{2,n-1}\cdots a_{n1}.$$

我们称 D_1 为**上三角形行列式**. 作为 D_1 的特殊情形，行列式

$$\begin{vmatrix} a_{11} & & & \\ & a_{22} & & \\ & & \ddots & \\ & & & a_{nn} \end{vmatrix} = a_{11}a_{22}\cdots a_{nn}$$

称为**对角行列式**.

类似地,我们有**下三角形行列式**

$$\begin{vmatrix} a_{11} & 0 & \cdots & 0 \\ a_{21} & a_{22} & \cdots & 0 \\ \vdots & \vdots & & \vdots \\ a_{n1} & a_{n2} & \cdots & a_{nn} \end{vmatrix} = a_{11}a_{22}\cdots a_{nn}.$$

上三角形行列式与下三角形行列式统称为**三角形行列式**.由上面的讨论得知,三角形行列式的值等于主对角线上各元素的乘积.

二、行列式的性质

性质 1.3.1 对于 n 阶矩阵 $\boldsymbol{A}=(a_{ij})$,有 $|\boldsymbol{A}|=|\boldsymbol{A}^{\mathrm{T}}|$.

证明 设 $\boldsymbol{A}^{\mathrm{T}}=(b_{ij})$,则 $b_{ij}=a_{ji}(i,j=1,2,\cdots,n)$.按行列式的定义式(1.3.6)可得

$$|\boldsymbol{A}^{\mathrm{T}}|=\sum(-1)^{\tau(j_1j_2\cdots j_n)}b_{1j_1}b_{2j_2}\cdots b_{nj_n}=\sum(-1)^{\tau(j_1j_2\cdots j_n)}a_{j_11}a_{j_22}\cdots a_{j_nn},$$

又按行列式的定义式(1.3.7)可得

$$|\boldsymbol{A}|=\sum(-1)^{\tau(j_1j_2\cdots j_n)}a_{j_11}a_{j_22}\cdots a_{j_nn},$$

因此 $|\boldsymbol{A}|=|\boldsymbol{A}^{\mathrm{T}}|$.

证毕

性质 1.3.1 说明,行列式中的行与列具有对等的地位.因此,行列式凡是对行成立的性质,对列也同样成立,反之亦然.

性质 1.3.2 互换行列式的两列(行),行列式的值改变符号,如

$$|\boldsymbol{\alpha}_1,\cdots,\boldsymbol{\alpha}_i,\cdots,\boldsymbol{\alpha}_j,\cdots,\boldsymbol{\alpha}_n|=-|\boldsymbol{\alpha}_1,\cdots,\boldsymbol{\alpha}_j,\cdots,\boldsymbol{\alpha}_i,\cdots,\boldsymbol{\alpha}_n|.$$

证明 设

$$\boldsymbol{A}=\begin{pmatrix} a_{11} & a_{12} & \cdots & a_{1n} \\ a_{21} & a_{22} & \cdots & a_{2n} \\ \vdots & \vdots & & \vdots \\ a_{n1} & a_{n2} & \cdots & a_{nn} \end{pmatrix} \xrightarrow{c_i \leftrightarrow c_j} \boldsymbol{B}=\begin{pmatrix} b_{11} & b_{12} & \cdots & b_{1n} \\ b_{21} & b_{22} & \cdots & b_{2n} \\ \vdots & \vdots & & \vdots \\ b_{n1} & b_{n2} & \cdots & b_{nn} \end{pmatrix},$$

可见,对于 $k=1,2,\cdots,n$,当 $k\neq i,j$ 时,$b_{pk}=a_{pk}$,而 $b_{pi}=a_{pj}$,$b_{pj}=a_{pi}(p=1,2,\cdots,n)$.于是

$$\begin{aligned}|\boldsymbol{B}|&=\sum(-1)^t b_{p_11}\cdots b_{p_ii}\cdots b_{p_jj}\cdots b_{p_nn}\\&=\sum(-1)^t a_{p_11}\cdots a_{p_ij}\cdots a_{p_ji}\cdots a_{p_nn}\\&=\sum(-1)^t a_{p_11}\cdots a_{p_ji}\cdots a_{p_ij}\cdots a_{p_nn},\end{aligned}$$

其中$1\cdots i\cdots j\cdots n$为顺序排列，$t=\tau(p_1\cdots p_i\cdots p_j\cdots p_n)$. 设$t_1=\tau(p_1\cdots p_j\cdots p_i\cdots p_n)$，则$(-1)^t=-(-1)^{t_1}$，故

$$|\boldsymbol{B}|=-\sum(-1)^{t_1}a_{p_1 1}\cdots a_{p_j i}\cdots a_{p_i j}\cdots a_{p_n n}=-|\boldsymbol{A}|.$$

证毕

推论 1.3.1　如果行列式中某两列(行)的对应元素完全相同，则此行列式的值等于 0.

证明　若n阶矩阵$\boldsymbol{A}$中第i列和第j列的对应元素完全相同，则当$\boldsymbol{A}\xrightarrow{c_i\leftrightarrow c_j}\boldsymbol{B}$时，由性质 1.3.2 可知$|\boldsymbol{A}|=-|\boldsymbol{B}|$. 而显然$|\boldsymbol{A}|=|\boldsymbol{B}|$，故$|\boldsymbol{A}|=0$.

证毕

性质 1.3.3　行列式的某一列(行)中所有的元素都乘以同一个数k，等于用这个数k乘以此行列式，如

$$|\boldsymbol{\alpha}_1,\cdots,k\boldsymbol{\alpha}_i,\cdots,\boldsymbol{\alpha}_n|=k|\boldsymbol{\alpha}_1,\cdots,\boldsymbol{\alpha}_i,\cdots,\boldsymbol{\alpha}_n|.$$

证明　设

$$\boldsymbol{A}=\begin{pmatrix}a_{11}&a_{12}&\cdots&a_{1n}\\a_{21}&a_{22}&\cdots&a_{2n}\\\vdots&\vdots&&\vdots\\a_{n1}&a_{n2}&\cdots&a_{nn}\end{pmatrix}\xrightarrow{kc_i}\boldsymbol{B}=\begin{pmatrix}b_{11}&b_{12}&\cdots&b_{1n}\\b_{21}&b_{22}&\cdots&b_{2n}\\\vdots&\vdots&&\vdots\\b_{n1}&b_{n2}&\cdots&b_{nn}\end{pmatrix}.$$

可见，对于$j=1,2,\cdots,n$，当$j\neq i$时，$b_{pj}=a_{pj}$，而$b_{pi}=ka_{pi}(p=1,2,\cdots,n)$. 于是

$$\begin{aligned}|\boldsymbol{B}|&=\sum(-1)^t b_{p_1 1}\cdots b_{p_i i}\cdots b_{p_j j}\cdots b_{p_n n}\\&=\sum(-1)^t a_{p_1 1}\cdots(ka_{p_i i})\cdots a_{p_j j}\cdots a_{p_n n}\\&=k\sum(-1)^t a_{p_1 1}\cdots a_{p_i i}\cdots a_{p_j j}\cdots a_{p_n n}\\&=k|\boldsymbol{A}|,\end{aligned}$$

其中$1\cdots i\cdots j\cdots n$为顺序排列，$t=\tau(p_1\cdots p_i\cdots p_j\cdots p_n)$.

证毕

例 1.3.5
$$\begin{vmatrix}9&108&27\\4&30&6\\1&12&3\end{vmatrix}=9\begin{vmatrix}1&12&3\\4&30&6\\1&12&3\end{vmatrix}=9\times6\begin{vmatrix}1&2&3\\4&5&6\\1&2&3\end{vmatrix}=0.$$

推论 1.3.2　设$\boldsymbol{A}$为n阶矩阵，则对于任意数k，有$|k\boldsymbol{A}|=k^n|\boldsymbol{A}|$.

推论 1.3.3 如果行列式中某一列(行)的元素全为0,则此行列式的值等于0.

性质 1.3.4 如果行列式中某两列(行)的对应元素成比例,则此行列式的值等于0.

证明 由性质1.3.3和推论1.3.1,结论显然成立.

证毕

性质 1.3.5 若行列式中某一列(行)的元素都是两数之和,则此行列式可以按此列(行)分解为两个行列式之和,如

$$|\boldsymbol{\alpha}_1,\cdots,\boldsymbol{\alpha}_i+\boldsymbol{\beta}_i,\cdots,\boldsymbol{\alpha}_n|=|\boldsymbol{\alpha}_1,\cdots,\boldsymbol{\alpha}_i,\cdots,\boldsymbol{\alpha}_n|+|\boldsymbol{\alpha}_1,\cdots,\boldsymbol{\beta}_i,\cdots,\boldsymbol{\alpha}_n|.$$

性质 1.3.6 把行列式的某一列(行)元素的k倍加到另一列(行)的对应元素上,行列式的值不变,如

$$|\boldsymbol{\alpha}_1,\cdots,\boldsymbol{\alpha}_i,\cdots,\boldsymbol{\alpha}_j,\cdots,\boldsymbol{\alpha}_n|=|\boldsymbol{\alpha}_1,\cdots,\boldsymbol{\alpha}_i,\cdots,k\boldsymbol{\alpha}_i+\boldsymbol{\alpha}_j,\cdots,\boldsymbol{\alpha}_n|.$$

性质1.3.5和性质1.3.6的证明留给读者.

性质1.3.2、性质1.3.3、性质1.3.6分别给出了对方阵施行一次初等行变换$r_i\leftrightarrow r_j$,$r_i\times k$,r_j+kr_i或初等列变换$c_i\leftrightarrow c_j$,$c_i\times k$,c_j+kc_i后,新方阵的行列式与原方阵的行列式的关系.值得注意的是,仅有第3种初等行(列)变换一定不改变方阵的行列式的值.

计算行列式的一个基本方法是利用行列式的性质,把行列式化成上(下)三角形行列式.化简过程中,同矩阵的初等变换一样,以r_i表示行列式的第i行,以c_i表示行列式的第i列,并且互换第i,j行(列),记作$r_i\leftrightarrow r_j(c_i\leftrightarrow c_j)$;第$i$行(列)提出公因子$k\left(乘以数\frac{1}{k}\right)$,记作$r_i\times\frac{1}{k}\left(c_i\times\frac{1}{k}\right)$;第$j$行(列)的$k$倍加到第$i$行(列)上,记作$r_i+kr_j(c_i+kc_j)$.

例 1.3.6 计算行列式

$$D=\begin{vmatrix}3&1&-1&2\\-5&1&3&-4\\2&0&1&-1\\1&-5&3&-3\end{vmatrix}.$$

解 $$D\xlongequal{c_1\leftrightarrow c_2}-\begin{vmatrix}1&3&-1&2\\1&-5&3&-4\\0&2&1&-1\\-5&1&3&-3\end{vmatrix}\xlongequal[r_4+5r_1]{r_2-r_1}-\begin{vmatrix}1&3&-1&2\\0&-8&4&-6\\0&2&1&-1\\0&16&-2&7\end{vmatrix}$$

$$\xlongequal{r_2\leftrightarrow r_3}\begin{vmatrix}1&3&-1&2\\0&2&1&-1\\0&-8&4&-6\\0&16&-2&7\end{vmatrix}\xlongequal[r_4-8r_2]{r_3+4r_2}\begin{vmatrix}1&3&-1&2\\0&2&1&-1\\0&0&8&-10\\0&0&-10&15\end{vmatrix}$$

$$\xlongequal{r_4+\frac{5}{4}r_3}\begin{vmatrix}1&3&-1&2\\0&2&1&-1\\0&0&8&-10\\0&0&0&\frac{5}{2}\end{vmatrix}=1\times2\times8\times\frac{5}{2}=40.$$

注意 例 1.3.6 中为了把行列式化为上三角形行列式而对行、列所做的变换并不是唯一的，读者可自行尝试之.

例 1.3.7 计算行列式

$$D=\begin{vmatrix}3&1&1&1\\1&3&1&1\\1&1&3&1\\1&1&1&3\end{vmatrix}.$$

解 注意到这个行列式的特点是各列 4 个数的和相同，都等于 6. 现把第 2,3,4 行同时加到第 1 行，有

$$D\xlongequal[\substack{r_1+r_3\\r_1+r_4}]{r_1+r_2}\begin{vmatrix}6&6&6&6\\1&3&1&1\\1&1&3&1\\1&1&1&3\end{vmatrix}\xlongequal{r_1\times\frac{1}{6}}6\begin{vmatrix}1&1&1&1\\1&3&1&1\\1&1&3&1\\1&1&1&3\end{vmatrix}$$

$$\xlongequal[\substack{r_3-r_1\\r_4-r_1}]{r_2-r_1}6\begin{vmatrix}1&1&1&1\\0&2&0&0\\0&0&2&0\\0&0&0&2\end{vmatrix}=6\times(1\times2\times2\times2)=48.$$

例 1.3.8 计算行列式

$$D=\begin{vmatrix}a&b&c&d\\a&a+b&a+b+c&a+b+c+d\\a&2a+b&3a+2b+c&4a+3b+2c+d\\a&3a+b&6a+3b+c&10a+6b+3c+d\end{vmatrix}.$$

解 从第 4 行起,后一行减去前一行(相当于前一行乘以 −1 后加到后一行上),有

$$D\xlongequal[r_2-r_1]{\substack{r_4-r_3\\ r_3-r_2}}\begin{vmatrix} a & b & c & d\\ 0 & a & a+b & a+b+c\\ 0 & a & 2a+b & 3a+2b+c\\ 0 & a & 3a+b & 6a+3b+c\end{vmatrix}$$

$$\xlongequal[r_3-r_2]{r_4-r_3}\begin{vmatrix} a & b & c & d\\ 0 & a & a+b & a+b+c\\ 0 & 0 & a & 2a+b\\ 0 & 0 & a & 3a+b\end{vmatrix}$$

$$\xlongequal{r_4-r_3}\begin{vmatrix} a & b & c & d\\ 0 & a & a+b & a+b+c\\ 0 & 0 & a & 2a+b\\ 0 & 0 & 0 & a\end{vmatrix}=a^4.$$

例 1.3.7 和例 1.3.8 表明,计算行列式时要注意观察行列式中各行(列) 元素的特点及结构,并巧妙地加以利用.

注意 上述各例中都用到把几个变换写在一起的省略写法,这里要注意各变换的次序一般不能颠倒. 例如,

$$\begin{vmatrix} a & b\\ c & d\end{vmatrix}\xlongequal{r_1+r_2}\begin{vmatrix} a+c & b+d\\ c & d\end{vmatrix}\xlongequal{r_2-r_1}\begin{vmatrix} a+c & b+d\\ -a & -b\end{vmatrix},$$

$$\begin{vmatrix} a & b\\ c & d\end{vmatrix}\xlongequal{r_2-r_1}\begin{vmatrix} a & b\\ c-a & d-b\end{vmatrix}\xlongequal{r_1+r_2}\begin{vmatrix} c & d\\ c-a & d-b\end{vmatrix}.$$

由此可见,两次变换次序不同时,所得结果一般是不同的.

例 1.3.9 设 $k+n$ 阶矩阵

$$\boldsymbol{M}=\begin{pmatrix} a_{11} & \cdots & a_{1k} & 0 & \cdots & 0\\ \vdots & & \vdots & \vdots & & \vdots\\ a_{k1} & \cdots & a_{kk} & 0 & \cdots & 0\\ c_{11} & \cdots & c_{1k} & b_{11} & \cdots & b_{1n}\\ \vdots & & \vdots & \vdots & & \vdots\\ c_{n1} & \cdots & c_{nk} & b_{n1} & \cdots & b_{nn}\end{pmatrix}=\begin{pmatrix}\boldsymbol{A} & \boldsymbol{O}\\ \boldsymbol{C} & \boldsymbol{B}\end{pmatrix},$$

证明：

$$|\boldsymbol{M}|=|\boldsymbol{A}||\boldsymbol{B}|.$$

证明　对矩阵 $\boldsymbol{A}$ 施行初等行变换，把它化为下三角形矩阵，不妨设所得的下三角形矩阵为 $\begin{pmatrix} p_{11} & & \\ \vdots & \ddots & \\ p_{k1} & \cdots & p_{kk} \end{pmatrix}$，从而

$$|\boldsymbol{A}|=\begin{vmatrix} p_{11} & & \\ \vdots & \ddots & \\ p_{k1} & \cdots & p_{kk} \end{vmatrix}=p_{11}\cdots p_{kk};$$

对矩阵 $\boldsymbol{B}$ 施行初等列变换，把它化为下三角形矩阵，不妨设所得的下三角形矩阵为 $\begin{pmatrix} q_{11} & & \\ \vdots & \ddots & \\ q_{n1} & \cdots & q_{nn} \end{pmatrix}$，从而

$$|\boldsymbol{B}|=\begin{vmatrix} q_{11} & & \\ \vdots & \ddots & \\ q_{n1} & \cdots & q_{nn} \end{vmatrix}=q_{11}\cdots q_{nn}.$$

于是，对矩阵 $\boldsymbol{M}$ 的前 k 行施行与矩阵 $\boldsymbol{A}$ 相同的初等行变换，对后 n 列施行与矩阵 $\boldsymbol{B}$ 相同的初等列变换，就可把矩阵 $\boldsymbol{M}$ 化为下三角形矩阵，且有

$$|\boldsymbol{M}|=\begin{vmatrix} p_{11} & & & & & \\ \vdots & \ddots & & & & \\ p_{k1} & \cdots & p_{kk} & & & \\ c_{11} & \cdots & c_{1k} & q_{11} & & \\ \vdots & & \vdots & \vdots & \ddots & \\ c_{n1} & \cdots & c_{nk} & q_{n1} & \cdots & q_{nn} \end{vmatrix}$$

$$=p_{11}\cdots p_{kk}q_{11}\cdots q_{nn}=|\boldsymbol{A}||\boldsymbol{B}|.$$

证毕

例 1.3.10　已知 $\boldsymbol{A}=(a_{ij})$ 和 $\boldsymbol{B}=(b_{ij})$ 是 n 阶矩阵，证明：

$$|\boldsymbol{AB}|=|\boldsymbol{A}||\boldsymbol{B}|.$$

证明　构造 $2n$ 阶矩阵

$$\boldsymbol{M}=\begin{pmatrix}\boldsymbol{A} & \boldsymbol{O}\\ -\boldsymbol{E} & \boldsymbol{B}\end{pmatrix}=\begin{pmatrix} a_{11} & \cdots & a_{1n} & 0 & \cdots & 0\\ \vdots & & \vdots & \vdots & & \vdots\\ a_{n1} & \cdots & a_{nn} & 0 & \cdots & 0\\ -1 & & & b_{11} & \cdots & b_{1n}\\ & \ddots & & \vdots & & \vdots\\ & & -1 & b_{n1} & \cdots & b_{nn}\end{pmatrix}.$$

由例 1.3.9 可得

$$|\boldsymbol{M}|=|\boldsymbol{A}|\,|\boldsymbol{B}|.$$

记矩阵

$$\boldsymbol{A}=(a_{ij})=\begin{pmatrix}\boldsymbol{\alpha}_1^{\mathrm{T}}\\ \boldsymbol{\alpha}_2^{\mathrm{T}}\\ \vdots\\ \boldsymbol{\alpha}_n^{\mathrm{T}}\end{pmatrix},\quad \boldsymbol{B}=(b_{ij})=(\boldsymbol{\beta}_1,\boldsymbol{\beta}_2,\cdots,\boldsymbol{\beta}_n),$$

则有

$$|\boldsymbol{M}|=\begin{vmatrix} a_{11} & \cdots & a_{1n} & 0 & \cdots & 0\\ \vdots & & \vdots & \vdots & & \vdots\\ a_{n1} & \cdots & a_{nn} & 0 & \cdots & 0\\ -1 & & & b_{11} & \cdots & b_{1n}\\ & \ddots & & \vdots & & \vdots\\ & & -1 & b_{n1} & \cdots & b_{nn}\end{vmatrix}$$

$$\xlongequal[(i=1,2,\cdots,n)]{\substack{r_i+a_{i1}r_{n+1}\\ r_i+a_{i2}r_{n+2}\\ \cdots\cdots\\ r_i+a_{in}r_{2n}}}\begin{vmatrix} 0 & \cdots & 0 & \boldsymbol{\alpha}_1^{\mathrm{T}}\boldsymbol{\beta}_1 & \cdots & \boldsymbol{\alpha}_1^{\mathrm{T}}\boldsymbol{\beta}_n\\ \vdots & & \vdots & \vdots & & \vdots\\ 0 & \cdots & 0 & \boldsymbol{\alpha}_n^{\mathrm{T}}\boldsymbol{\beta}_1 & \cdots & \boldsymbol{\alpha}_n^{\mathrm{T}}\boldsymbol{\beta}_n\\ -1 & & & b_{11} & \cdots & b_{1n}\\ & \ddots & & \vdots & & \vdots\\ & & -1 & b_{n1} & \cdots & b_{nn}\end{vmatrix}$$

$$\xlongequal[(i=1,2,\cdots,n)]{c_i\leftrightarrow c_{n+i}}(-1)^n\begin{vmatrix} \boldsymbol{\alpha}_1^{\mathrm{T}}\boldsymbol{\beta}_1 & \cdots & \boldsymbol{\alpha}_1^{\mathrm{T}}\boldsymbol{\beta}_n & 0 & \cdots & 0\\ \vdots & & \vdots & \vdots & & \vdots\\ \boldsymbol{\alpha}_n^{\mathrm{T}}\boldsymbol{\beta}_1 & \cdots & \boldsymbol{\alpha}_n^{\mathrm{T}}\boldsymbol{\beta}_n & 0 & \cdots & 0\\ b_{11} & \cdots & b_{1n} & -1 & & \\ \vdots & & \vdots & & \ddots & \\ b_{n1} & \cdots & b_{nn} & & & -1\end{vmatrix}$$

$$
=(-1)^n \begin{vmatrix} \boldsymbol{AB} & \boldsymbol{O} \\ \boldsymbol{B} & -\boldsymbol{E} \end{vmatrix}
$$

$$
=(-1)^n |\boldsymbol{AB}| |-\boldsymbol{E}| = |\boldsymbol{AB}|.
$$

故

$$
|\boldsymbol{AB}| = |\boldsymbol{A}| |\boldsymbol{B}|.
$$

证毕

三、行列式的按行(列)展开

对三阶行列式的展开式进行观察,我们发现它可以用二阶行列式来表示,即

$$
\begin{vmatrix} a_{11} & a_{12} & a_{13} \\ a_{21} & a_{22} & a_{23} \\ a_{31} & a_{32} & a_{33} \end{vmatrix} = (a_{11}a_{22}a_{33} - a_{11}a_{23}a_{32}) - (a_{12}a_{21}a_{33} - a_{12}a_{23}a_{31})
$$

$$
+ (a_{13}a_{21}a_{32} - a_{13}a_{22}a_{31})
$$

$$
= a_{11} \begin{vmatrix} a_{22} & a_{23} \\ a_{32} & a_{33} \end{vmatrix} - a_{12} \begin{vmatrix} a_{21} & a_{23} \\ a_{31} & a_{33} \end{vmatrix} + a_{13} \begin{vmatrix} a_{21} & a_{22} \\ a_{31} & a_{32} \end{vmatrix}. \quad (1.3.8)
$$

一般说来,低阶行列式的计算要比高阶行列式的计算简便.下面考虑利用低阶行列式来计算高阶行列式的方法,即把式(1.3.8)推广到n阶行列式的情形.为此,首先引入余子式和代数余子式的概念.

定义 1.3.4　在n阶矩阵

$$
\boldsymbol{A} = \begin{pmatrix} a_{11} & \cdots & a_{1j} & \cdots & a_{1n} \\ \vdots & & \vdots & & \vdots \\ a_{i1} & \cdots & a_{ij} & \cdots & a_{in} \\ \vdots & & \vdots & & \vdots \\ a_{n1} & \cdots & a_{nj} & \cdots & a_{nn} \end{pmatrix}
$$

中划去元素a_{ij}所在的第i行和第j列后,所得到的$n-1$阶矩阵的行列式叫作元素a_{ij}的**余子式**,记作M_{ij}.称$A_{ij}=(-1)^{i+j}M_{ij}$为元素a_{ij}的**代数余子式**.

例如,对于四阶矩阵

$$
\boldsymbol{A} = \begin{pmatrix} a_{11} & a_{12} & a_{13} & a_{14} \\ a_{21} & a_{22} & a_{23} & a_{24} \\ a_{31} & a_{32} & a_{33} & a_{34} \\ a_{41} & a_{42} & a_{43} & a_{44} \end{pmatrix},
$$

元素 a_{23} 的余子式为

$$M_{23}=\begin{vmatrix} a_{11} & a_{12} & a_{14} \\ a_{31} & a_{32} & a_{34} \\ a_{41} & a_{42} & a_{44} \end{vmatrix},$$

代数余子式为

$$A_{23}=(-1)^{2+3}M_{23}=-M_{23}.$$

关于式(1.3.8)的推广,有如下结论.

定理 1.3.1 **行列式等于它的任意一行(列)各元素与其对应的代数余子式的乘积之和,即对于 n 阶矩阵 $\boldsymbol{A}=(a_{ij})$,有**

$$|\boldsymbol{A}|=\begin{cases} a_{i1}A_{i1}+a_{i2}A_{i2}+\cdots+a_{in}A_{in}, \\ a_{1j}A_{1j}+a_{2j}A_{2j}+\cdots+a_{nj}A_{nj}, \end{cases} \quad i,j=1,2,\cdots,n.$$

证明 (1) 若 $a_{11}\neq 0, a_{1j}=0(j=2,3,\cdots,n)$,即

$$|\boldsymbol{A}|=\begin{vmatrix} a_{11} & 0 & \cdots & 0 \\ a_{21} & a_{22} & \cdots & a_{2n} \\ \vdots & \vdots & & \vdots \\ a_{n1} & a_{n2} & \cdots & a_{nn} \end{vmatrix},$$

则根据例 1.3.9($k=1$ 时的情形)可得

$$|\boldsymbol{A}|=a_{11}M_{11}=a_{11}A_{11}+a_{12}A_{12}+\cdots+a_{1n}A_{1n}.$$

这里要注意 $A_{11}=(-1)^{1+1}M_{11}=M_{11}, a_{12}=a_{13}=\cdots=a_{1n}=0$.

(2) 若 $a_{ij}\neq 0, a_{it}=0(t=1,2,\cdots,n$ 且 $t\neq j)$,即

$$|\boldsymbol{A}|=\begin{vmatrix} a_{11} & \cdots & a_{1j} & \cdots & a_{1n} \\ \vdots & & \vdots & & \vdots \\ 0 & \cdots & a_{ij} & \cdots & 0 \\ \vdots & & \vdots & & \vdots \\ a_{n1} & \cdots & a_{nj} & \cdots & a_{nn} \end{vmatrix},$$

则可对 $|\boldsymbol{A}|$ 做如下变换:先把第 i 行依次与第 $i-1, i-2, \cdots, 1$ 行对调,这样 a_{ij} 就调到原来 a_{1j} 的位置上,对调次数为 $i-1$;再把第 j 列依次与第 $j-1, j-2, \cdots, 1$ 列对调,这样 a_{ij} 就调到左上角原来 a_{11} 的位置,对调次数为 $j-1$. 总之,经过 $i+j-2$ 次对调,可把 a_{ij} 调到左上角,所得的行列式为

$$D_1=(-1)^{i+j-2}|\boldsymbol{A}|=(-1)^{i+j}|\boldsymbol{A}|,$$

而元素 a_{ij} 在 D_1 中的余子式仍然是 a_{ij} 在 $|\boldsymbol{A}|$ 中的余子式 M_{ij}. 由于 a_{ij} 位于 D_1 的左上角,利用(1)的结果即有 $D_1=a_{ij}M_{ij}$. 于是

$$|\boldsymbol{A}|=(-1)^{i+j}D_1=(-1)^{i+j}a_{ij}M_{ij}=a_{ij}A_{ij}=a_{i1}A_{i1}+a_{i2}A_{i2}+\cdots+a_{in}A_{in}.$$

(3) 对于最一般的情形，有

$$|\boldsymbol{A}|=\begin{vmatrix} a_{11} & a_{12} & \cdots & a_{1n} \\ \vdots & \vdots & & \vdots \\ a_{i1}+0+\cdots+0 & 0+a_{i2}+\cdots+0 & \cdots & 0+0+\cdots+a_{in} \\ \vdots & \vdots & & \vdots \\ a_{n1} & a_{n2} & \cdots & a_{nn} \end{vmatrix}$$

$$=\begin{vmatrix} a_{11} & a_{12} & \cdots & a_{1n} \\ \vdots & \vdots & & \vdots \\ a_{i1} & 0 & \cdots & 0 \\ \vdots & \vdots & & \vdots \\ a_{n1} & a_{n2} & \cdots & a_{nn} \end{vmatrix}+\begin{vmatrix} a_{11} & a_{12} & \cdots & a_{1n} \\ \vdots & \vdots & & \vdots \\ 0 & a_{i2} & \cdots & 0 \\ \vdots & \vdots & & \vdots \\ a_{n1} & a_{n2} & \cdots & a_{nn} \end{vmatrix}+\cdots+\begin{vmatrix} a_{11} & a_{12} & \cdots & a_{1n} \\ \vdots & \vdots & & \vdots \\ 0 & 0 & \cdots & a_{in} \\ \vdots & \vdots & & \vdots \\ a_{n1} & a_{n2} & \cdots & a_{nn} \end{vmatrix}.$$

根据(2) 即得

$$|\boldsymbol{A}|=a_{i1}A_{i1}+a_{i2}A_{i2}+\cdots+a_{in}A_{in}\quad (i=1,2,\cdots,n).$$

类似地，如果在上述过程中把行换成列，也可得到

$$|\boldsymbol{A}|=a_{1j}A_{1j}+a_{2j}A_{2j}+\cdots+a_{nj}A_{nj}\quad (j=1,2,\cdots,n).$$

证毕

定理 1.3.1 称为行列式按行(列) 展开的法则. 在计算行列式时，常常利用这一展开法则并结合行列式的性质使计算得以简化.

例 1.3.11　计算行列式

$$|\boldsymbol{A}|=\begin{vmatrix} 3 & 1 & -1 & 2 \\ -5 & 1 & 3 & -4 \\ 2 & 0 & 1 & -1 \\ 1 & -5 & 3 & -3 \end{vmatrix}.$$

解　显然，如果按含元素 0 较多的行(列) 展开行列式，往往可使计算得以简化. 为此，可以首先利用行列式的性质把行列式 $|\boldsymbol{A}|$ 的某一行(列) 元素尽可能多地化为 0，然后按该行(列) 展开：

$$|\boldsymbol{A}|\xlongequal[c_4+c_3]{c_1-2c_3}\begin{vmatrix} 5 & 1 & -1 & 1 \\ -11 & 1 & 3 & -1 \\ 0 & 0 & 1 & 0 \\ -5 & -5 & 3 & 0 \end{vmatrix}$$

$$\xlongequal{\text{按第 3 行展开}}1\times(-1)^{3+3}\begin{vmatrix} 5 & 1 & 1 \\ -11 & 1 & -1 \\ -5 & -5 & 0 \end{vmatrix}$$

$$\xlongequal{r_2+r_1}\begin{vmatrix}5 & 1 & 1\\-6 & 2 & 0\\-5 & -5 & 0\end{vmatrix}$$

$$\xlongequal{\text{按第 3 列展开}}1\times(-1)^{1+3}\begin{vmatrix}-6 & 2\\-5 & -5\end{vmatrix}=40.$$

例 1.3.12 计算 $2n$ 阶行列式

$$D_{2n}=\begin{vmatrix}a &&&&&& b\\ & a &&&& b &\\ && \ddots && \iddots &&\\ &&& a\ b &&&\\ &&& c\ d &&&\\ && \iddots && \ddots &&\\ & c &&&& d &\\ c &&&&&& d\end{vmatrix}.$$

解 直接按第 1 行展开,有

$$D_{2n}=a\begin{vmatrix}a & \cdots & 0 & 0 & \cdots & b & 0\\ \vdots & & \vdots & \vdots & & \vdots & \vdots\\ 0 & \cdots & a & b & \cdots & 0 & 0\\ 0 & \cdots & c & d & \cdots & 0 & 0\\ \vdots & & \vdots & \vdots & & \vdots & \vdots\\ c & \cdots & 0 & 0 & \cdots & d & 0\\ 0 & \cdots & 0 & 0 & \cdots & 0 & d\end{vmatrix}$$

$$+(-1)^{1+2n}b\begin{vmatrix}0 & a & \cdots & 0 & 0 & \cdots & b\\ \vdots & \vdots & & \vdots & \vdots & & \vdots\\ 0 & 0 & \cdots & a & b & \cdots & 0\\ 0 & 0 & \cdots & c & d & \cdots & 0\\ \vdots & \vdots & & \vdots & \vdots & & \vdots\\ 0 & c & \cdots & 0 & 0 & \cdots & d\\ c & 0 & \cdots & 0 & 0 & \cdots & 0\end{vmatrix}$$

$$\xlongequal{①}adD_{2(n-1)}-bc(-1)^{2n-1+1}D_{2(n-1)}=(ad-bc)D_{2(n-1)}.$$

① 第 1 个行列式按最后一行或列展开,第 2 个行列式按最后一行或第 1 列展开.

由此递推公式即可得

$$\begin{aligned} D_{2n} &= (ad-bc)D_{2(n-1)} = (ad-bc)^2 D_{2(n-2)} \\ &= \cdots = (ad-bc)^{n-1} D_2 \\ &= (ad-bc)^{n-1}\begin{vmatrix} a & b \\ c & d \end{vmatrix} = (ad-bc)^n. \end{aligned}$$

例 1.3.13 证明：$n(n\geqslant 2)$ 阶**范德蒙德**(Vandermonde) **行列式**

$$D_n = \begin{vmatrix} 1 & 1 & 1 & \cdots & 1 \\ a_1 & a_2 & a_3 & \cdots & a_n \\ a_1^2 & a_2^2 & a_3^2 & \cdots & a_n^2 \\ \vdots & \vdots & \vdots & & \vdots \\ a_1^{n-1} & a_2^{n-1} & a_3^{n-1} & \cdots & a_n^{n-1} \end{vmatrix} = \prod_{1\leqslant j<i\leqslant n}(a_i-a_j), \qquad (1.3.9)$$

其中 $\prod\limits_{1\leqslant j<i\leqslant n}(a_i-a_j)$ 表示由 $a_1,a_2,\cdots,a_n$ 这 n 个数产生的所有可能的差 a_i-a_j $(1\leqslant j<i\leqslant n)$ 的乘积.

证明 用数学归纳法证明.

当 $n=2$ 时，

$$D_2 = \begin{vmatrix} 1 & 1 \\ a_1 & a_2 \end{vmatrix} = a_2-a_1,$$

即式(1.3.9)成立.

假设对于 $n-1$ 阶范德蒙德行列式 D_{n-1}，式(1.3.9)成立，则对于 n 阶范德蒙德行列式 D_n，做如下变换：第 n 行减去第 $n-1$ 行的 a_1 倍，第 $n-1$ 行减去第 $n-2$ 行的 a_1 倍……第 2 行减去第 1 行的 a_1 倍，得到

$$D_n = \begin{vmatrix} 1 & 1 & 1 & \cdots & 1 \\ 0 & a_2-a_1 & a_3-a_1 & \cdots & a_n-a_1 \\ 0 & a_2^2-a_1a_2 & a_3^2-a_1a_3 & \cdots & a_n^2-a_1a_n \\ \vdots & \vdots & \vdots & & \vdots \\ 0 & a_2^{n-1}-a_1a_2^{n-2} & a_3^{n-1}-a_1a_3^{n-2} & \cdots & a_n^{n-1}-a_1a_n^{n-2} \end{vmatrix}.$$

再按第 1 列展开，得

$$D_n = 1\times(-1)^{1+1}\begin{vmatrix} a_2-a_1 & a_3-a_1 & \cdots & a_n-a_1 \\ a_2^2-a_1a_2 & a_3^2-a_1a_3 & \cdots & a_n^2-a_1a_n \\ \vdots & \vdots & & \vdots \\ a_2^{n-1}-a_1a_2^{n-2} & a_3^{n-1}-a_1a_3^{n-2} & \cdots & a_n^{n-1}-a_1a_n^{n-2} \end{vmatrix}$$

$$=(a_2-a_1)(a_3-a_1)\cdots(a_n-a_1)\begin{vmatrix}1 & 1 & \cdots & 1\\ a_2 & a_3 & \cdots & a_n\\ \vdots & \vdots & & \vdots\\ a_2^{n-2} & a_3^{n-2} & \cdots & a_n^{n-2}\end{vmatrix}.$$

最后所得的行列式是一个 $n-1$ 阶范德蒙德行列式，根据归纳假设，它等于所有可能的差 $a_i-a_j(2\leqslant j<i\leqslant n-1)$ 的乘积，因此

$$D_n=(a_2-a_1)(a_3-a_1)\cdots(a_n-a_1)\begin{vmatrix}1 & 1 & \cdots & 1\\ a_2 & a_3 & \cdots & a_n\\ \vdots & \vdots & & \vdots\\ a_2^{n-2} & a_3^{n-2} & \cdots & a_n^{n-2}\end{vmatrix}$$

$$=(a_2-a_1)(a_3-a_1)\cdots(a_n-a_1)\prod_{2\leqslant j<i\leqslant n}(a_i-a_j)$$

$$=\prod_{1\leqslant j<i\leqslant n}(a_i-a_j),$$

即结论对于 n 阶范德蒙德行列式也成立.

综上所述，根据数学归纳法知式(1.3.9) 成立.

证毕

从范德蒙德行列式的计算公式(1.3.9) 可知，范德蒙德行列式等于0的充要条件是 $a_1,a_2,\cdots,a_n$ 这 n 个数中至少有 2 个，它们相等.

值得注意的是，递推法和数学归纳法是计算 n 阶行列式或证明 n 阶行列式相关结论的两种常用方法.

根据行列式的性质，还可得到定理 1.3.1 的一个重要推论.

推论 1.3.4 行列式的某一行(列) 各元素与另一行(列) 对应元素的代数余子式的乘积之和等于 0，即对于 n 阶矩阵 $\boldsymbol{A}=(a_{ij})$，有

$$a_{i1}A_{j1}+a_{i2}A_{j2}+\cdots+a_{in}A_{jn}=0\quad(i,j=1,2,\cdots,n;i\neq j)$$

或

$$a_{1i}A_{1j}+a_{2i}A_{2j}+\cdots+a_{ni}A_{nj}=0\quad(i,j=1,2,\cdots,n;i\neq j).$$

证明 对于 $i,j=1,2,\cdots,n$，当 $i\neq j$ 时，由推论 1.3.1 可得

$$a_{i1}A_{j1}+a_{i2}A_{j2}+\cdots+a_{in}A_{jn}=\begin{vmatrix}a_{11} & a_{12} & \cdots & a_{1n}\\ \vdots & \vdots & & \vdots\\ a_{i1} & a_{i2} & \cdots & a_{in}\\ \vdots & \vdots & & \vdots\\ a_{i1} & a_{i2} & \cdots & a_{in}\\ \vdots & \vdots & & \vdots\\ a_{n1} & a_{n2} & \cdots & a_{nn}\end{vmatrix}\begin{matrix}\\ \\ (\text{第 } i \text{ 行})\\ \\ (\text{第 } j \text{ 行})\\ \\ \\ \end{matrix}=0.$$

同理可证列的情形.

证毕

定理 1.3.1 及推论 1.3.4 的结论合起来可写成

$$
\left.\begin{array}{l}
a_{i1}A_{j1}+a_{i2}A_{j2}+\cdots+a_{in}A_{jn}=\begin{cases}|\boldsymbol{A}|, & i=j,\\ 0, & i\neq j,\end{cases}\\
a_{1i}A_{1j}+a_{2i}A_{2j}+\cdots+a_{ni}A_{nj}=\begin{cases}|\boldsymbol{A}|, & i=j,\\ 0, & i\neq j\end{cases}
\end{array}\right.\quad (i,j=1,2,\cdots,n).
$$

若令 $\delta_{ij}=\begin{cases}1, & i=j,\\ 0, & i\neq j\end{cases}(i,j=1,2,\cdots,n)$,则上述结果也可写成

$$\sum_{k=1}^{n}a_{ik}A_{jk}=\delta_{ij}|\boldsymbol{A}|,\quad \sum_{k=1}^{n}a_{ki}A_{kj}=\delta_{ij}|\boldsymbol{A}|.$$

例 1.3.14 已知 $\boldsymbol{A}=(a_{ij})$ 为 $n(n\geqslant 2)$ 阶矩阵,证明:

$$\boldsymbol{A}\boldsymbol{A}^{*}=\boldsymbol{A}^{*}\boldsymbol{A}=|\boldsymbol{A}|\boldsymbol{E},$$

其中

$$\boldsymbol{A}^{*}=\begin{pmatrix}A_{11} & A_{21} & \cdots & A_{n1}\\ A_{12} & A_{22} & \cdots & A_{n2}\\ \vdots & \vdots & & \vdots\\ A_{1n} & A_{2n} & \cdots & A_{nn}\end{pmatrix}$$

称为 $\boldsymbol{A}$ 的**伴随矩阵**,A_{ij} 是元素 $a_{ij}(i,j=1,2,\cdots,n)$ 的代数余子式.

证明
$$\boldsymbol{A}\boldsymbol{A}^{*}=\begin{pmatrix}a_{11} & a_{12} & \cdots & a_{1n}\\ a_{21} & a_{22} & \cdots & a_{2n}\\ \vdots & \vdots & & \vdots\\ a_{n1} & a_{n2} & \cdots & a_{nn}\end{pmatrix}\begin{pmatrix}A_{11} & A_{21} & \cdots & A_{n1}\\ A_{12} & A_{22} & \cdots & A_{n2}\\ \vdots & \vdots & & \vdots\\ A_{1n} & A_{2n} & \cdots & A_{nn}\end{pmatrix}$$

$$=\begin{pmatrix}|\boldsymbol{A}| & 0 & \cdots & 0\\ 0 & |\boldsymbol{A}| & \cdots & 0\\ \vdots & \vdots & & \vdots\\ 0 & 0 & \cdots & |\boldsymbol{A}|\end{pmatrix}=|\boldsymbol{A}|\boldsymbol{E}.$$

同理可证 $\boldsymbol{A}^{*}\boldsymbol{A}=|\boldsymbol{A}|\boldsymbol{E}$.

证毕

例 1.3.15 已知四阶行列式 $D=\begin{vmatrix}3 & 0 & 4 & 0\\ 2 & 2 & 2 & 2\\ 0 & -7 & 0 & 0\\ 5 & 3 & -2 & 2\end{vmatrix}$,求:

(1) $4A_{14}+2A_{24}-2A_{44}$；　　　(2) $M_{41}+M_{42}+M_{43}+M_{44}$.

解　(1) $4A_{14}+2A_{24}-2A_{44}=4A_{14}+2A_{24}+0A_{34}+(-2)A_{44}$

$$=\begin{vmatrix}3&0&4&4\\2&2&2&2\\0&-7&0&0\\5&3&-2&-2\end{vmatrix}=0.$$

(2) $M_{41}+M_{42}+M_{43}+M_{44}=(-1)A_{41}+1A_{42}+(-1)A_{43}+1A_{44}$

$$=\begin{vmatrix}3&0&4&0\\2&2&2&2\\0&-7&0&0\\-1&1&-1&1\end{vmatrix}$$

$$=(-1)^{3+2}\times(-7)\begin{vmatrix}3&4&0\\2&2&2\\-1&-1&1\end{vmatrix}$$

$$=14\begin{vmatrix}3&4&0\\1&1&1\\0&0&2\end{vmatrix}=(-1)^{3+3}\times14\times2\begin{vmatrix}3&4\\1&1\end{vmatrix}=-28.$$

1.4 逆矩阵

引例　在数的运算中，当数 $a\neq0$ 时，有 $aa^{-1}=a^{-1}a=1$，其中 $a^{-1}=\dfrac{1}{a}$. 设从变量 x_1,x_2,x_3 到变量 y_1,y_2,y_3 的变换为

$$\begin{cases}y_1=x_1+x_2+x_3,\\y_2=x_2+2x_3,\\y_3=x_3\end{cases}\tag{1.4.1}$$

(称为线性变换，参见第五章的 5.1 节)，由其系数构成的系数矩阵(称为线性变换矩阵) 为

$$\boldsymbol{A}=\begin{pmatrix}1&1&1\\0&1&2\\0&0&1\end{pmatrix}.$$

容易推出

$$\begin{cases} x_1 = y_1 - y_2 + y_3, \\ x_2 = y_2 - 2y_3, \\ x_3 = y_3. \end{cases} \tag{1.4.2}$$

线性变换(1.4.2)称为线性变换(1.4.1)的**逆变换**,其系数构成的系数矩阵为

$$\boldsymbol{B} = \begin{pmatrix} 1 & -1 & 1 \\ 0 & 1 & -2 \\ 0 & 0 & 1 \end{pmatrix}.$$

仔细观察,就可以发现一个很有趣的现象:

$$\boldsymbol{AB} = \boldsymbol{BA} = \boldsymbol{E}.$$

由此,我们引入逆矩阵的概念.

一、逆矩阵的定义

定义 1.4.1　对于 n 阶矩阵 $\boldsymbol{A}$,若存在 n 阶矩阵 $\boldsymbol{B}$,使得

$$\boldsymbol{AB} = \boldsymbol{BA} = \boldsymbol{E},$$

则称 $\boldsymbol{A}$ 为**可逆矩阵**,也称矩阵 $\boldsymbol{A}$ **可逆**,并把矩阵 $\boldsymbol{B}$ 称为矩阵 $\boldsymbol{A}$ 的**逆矩阵**(简称**逆阵**).

性质 1.4.1　若 n 阶矩阵 $\boldsymbol{A}$ 可逆,则其逆矩阵是唯一的.

证明　设矩阵 $\boldsymbol{B}, \boldsymbol{C}$ 都是矩阵 $\boldsymbol{A}$ 的逆矩阵,则有

$$\boldsymbol{B} = \boldsymbol{BE} = \boldsymbol{B}(\boldsymbol{AC}) = (\boldsymbol{BA})\boldsymbol{C} = \boldsymbol{EC} = \boldsymbol{C}.$$

证毕

若矩阵 $\boldsymbol{A}$ 可逆,我们通常记矩阵 $\boldsymbol{A}$ 的唯一逆矩阵为 $\boldsymbol{A}^{-1}$,则有

$$\boldsymbol{AA}^{-1} = \boldsymbol{A}^{-1}\boldsymbol{A} = \boldsymbol{E}.$$

例 1.4.1　已知二阶矩阵 $\boldsymbol{A} = \begin{pmatrix} 1 & 1 \\ 0 & 0 \end{pmatrix}$,是否存在二阶矩阵 $\boldsymbol{B}$,使得 $\boldsymbol{AB} = \boldsymbol{E}$?

解　由于对于任意二阶矩阵 $\boldsymbol{B} = \begin{pmatrix} a & b \\ c & d \end{pmatrix}$,都有

$$\boldsymbol{AB} = \begin{pmatrix} a+c & b+d \\ 0 & 0 \end{pmatrix} \neq \begin{pmatrix} 1 & 0 \\ 0 & 1 \end{pmatrix},$$

因此不存在二阶矩阵 $\boldsymbol{B}$,使得 $\boldsymbol{AB} = \boldsymbol{E}$.

通过例 1.4.1 可知,并不是每一个 n 阶矩阵都可逆,于是有一个自然而然的问题:n 阶矩阵满足什么条件才可逆?

下面通过 n 阶矩阵的行列式给出其存在逆矩阵的条件及逆矩阵的求法.

定理 1.4.1 **n 阶矩阵 $\boldsymbol{A}$ 可逆的充要条件是 $|\boldsymbol{A}|\neq 0$,且当矩阵 $\boldsymbol{A}$ 可逆时,有 $\boldsymbol{A}^{-1}=\dfrac{1}{|\boldsymbol{A}|}\boldsymbol{A}^*$.**

证明 必要性.若 n 阶矩阵 $\boldsymbol{A}$ 可逆,则存在 n 阶矩阵 $\boldsymbol{B}$,使得 $\boldsymbol{AB}=\boldsymbol{BA}=\boldsymbol{E}$,从而 $|\boldsymbol{A}||\boldsymbol{B}|=|\boldsymbol{AB}|=|\boldsymbol{E}|=1$.故 $|\boldsymbol{A}|\neq 0$.

充分性.若 $|\boldsymbol{A}|\neq 0$,则由例 1.3.14 中的结论 $\boldsymbol{AA}^*=\boldsymbol{A}^*\boldsymbol{A}=|\boldsymbol{A}|\boldsymbol{E}$,可得

$$\boldsymbol{A}\left(\frac{1}{|\boldsymbol{A}|}\boldsymbol{A}^*\right)=\left(\frac{1}{|\boldsymbol{A}|}\boldsymbol{A}^*\right)\boldsymbol{A}=\boldsymbol{E}.$$

由逆矩阵的定义可知矩阵 $\boldsymbol{A}$ 可逆,且 $\boldsymbol{A}^{-1}=\dfrac{1}{|\boldsymbol{A}|}\boldsymbol{A}^*$.

证毕

通过定理 1.4.1,可以将逆矩阵定义中的条件弱化.

定理 1.4.2 **对于 n 阶矩阵 $\boldsymbol{A}$,若存在 n 阶矩阵 $\boldsymbol{B}$,使得 $\boldsymbol{AB}=\boldsymbol{E}$ 或 $\boldsymbol{BA}=\boldsymbol{E}$,则矩阵 $\boldsymbol{A}$ 可逆,且 $\boldsymbol{A}^{-1}=\boldsymbol{B}$.**

证明 若 $\boldsymbol{AB}=\boldsymbol{E}$,则 $|\boldsymbol{A}|\neq 0$,即矩阵 $\boldsymbol{A}$ 可逆.设矩阵 $\boldsymbol{A}$ 的逆矩阵为 $\boldsymbol{A}^{-1}$,则

$$\boldsymbol{A}^{-1}=\boldsymbol{A}^{-1}\boldsymbol{E}=\boldsymbol{A}^{-1}(\boldsymbol{AB})=(\boldsymbol{A}^{-1}\boldsymbol{A})\boldsymbol{B}=\boldsymbol{EB}=\boldsymbol{B}.$$

显然,对于 $\boldsymbol{BA}=\boldsymbol{E}$,也有一样的结果.

证毕

定义 1.4.2 若 n 阶矩阵 $\boldsymbol{A}$ 的行列式 $|\boldsymbol{A}|\neq 0$,则称 $\boldsymbol{A}$ 为**非奇异矩阵**;否则,称 $\boldsymbol{A}$ 为**奇异矩阵**.

定理 1.4.1 说明,非奇异矩阵就是可逆矩阵.

例 1.4.2 求矩阵 $\boldsymbol{A}=\begin{pmatrix}1&2&3\\2&2&1\\3&4&3\end{pmatrix}$ 的逆矩阵.

解 因为 $|\boldsymbol{A}|=2\neq 0$,所以 $\boldsymbol{A}^{-1}$ 存在.经过计算得

$$A_{11}=2,\quad A_{21}=6,\quad A_{31}=-4,$$
$$A_{12}=-3,\quad A_{22}=-6,\quad A_{32}=5,$$
$$A_{13}=2,\quad A_{23}=2,\quad A_{33}=-2,$$

于是

$$A^{*}=\begin{pmatrix}2 & 6 & -4\\ -3 & -6 & 5\\ 2 & 2 & -2\end{pmatrix}.$$

所以

$$A^{-1}=\frac{1}{|A|}A^{*}=\begin{pmatrix}1 & 3 & -2\\ -\frac{3}{2} & -3 & \frac{5}{2}\\ 1 & 1 & -1\end{pmatrix}.$$

注意 用公式 $A^{-1}=\frac{1}{|A|}A^{*}$ 求逆矩阵,计算量比较大.这个公式主要用于理论推导,以及求低阶矩阵或某些特殊矩阵的逆矩阵.

例 1.4.3 设矩阵 A 满足等式 $A^2-A-2E=O$,证明:$A+2E$ 可逆,并求 $(A+2E)^{-1}$.

解 由 $A^2-A-2E=O$,得

$$(A+2E)(A-3E)=-4E,$$

即

$$(A+2E)\left[-\frac{1}{4}(A-3E)\right]=E,$$

故 $A+2E$ 可逆,且

$$(A+2E)^{-1}=-\frac{1}{4}(A-3E).$$

例 1.4.4 设矩阵 A 满足等式 $A^2+2A-3E=O$,证明:A 可逆,并求 A^{-1}.

解 由 $A^2+2A-3E=O$,得

$$A(A+2E)=3E,\quad 即\quad A\left[\frac{1}{3}(A+2E)\right]=E,$$

故 A 可逆,且

$$A^{-1}=\frac{1}{3}(A+2E).$$

二、逆矩阵的性质

矩阵的逆矩阵具有下列性质.

性质 1.4.2 若矩阵 $\boldsymbol{A}$ 可逆，则矩阵 $\boldsymbol{A}^{-1}$ 也可逆，且

$$(\boldsymbol{A}^{-1})^{-1}=\boldsymbol{A}.$$

性质 1.4.3 若矩阵 $\boldsymbol{A}$ 可逆，数 $\lambda\neq 0$，则矩阵 $\lambda\boldsymbol{A}$ 也可逆，且

$$(\lambda\boldsymbol{A})^{-1}=\frac{1}{\lambda}\boldsymbol{A}^{-1}.$$

性质 1.4.4 若矩阵 $\boldsymbol{A}$ 可逆，则矩阵 $\boldsymbol{A}^{\mathrm{T}}$ 也可逆，且

$$(\boldsymbol{A}^{\mathrm{T}})^{-1}=(\boldsymbol{A}^{-1})^{\mathrm{T}}.$$

性质 1.4.5 若矩阵 $\boldsymbol{A},\boldsymbol{B}$ 为同阶可逆矩阵，则矩阵 $\boldsymbol{AB}$ 也可逆，且

$$(\boldsymbol{AB})^{-1}=\boldsymbol{B}^{-1}\boldsymbol{A}^{-1}.$$

性质 1.4.5 可推广到有限多个矩阵的情形，即若矩阵 $\boldsymbol{A}_1,\boldsymbol{A}_2,\cdots,\boldsymbol{A}_k$ 都是同阶可逆矩阵，则矩阵 $\boldsymbol{A}_1\boldsymbol{A}_2\cdots\boldsymbol{A}_k$ 也可逆，且

$$(\boldsymbol{A}_1\boldsymbol{A}_2\cdots\boldsymbol{A}_k)^{-1}=\boldsymbol{A}_k^{-1}\cdots\boldsymbol{A}_2^{-1}\boldsymbol{A}_1^{-1}.$$

性质 1.4.6 若矩阵 $\boldsymbol{A}$ 可逆，则 $|\boldsymbol{A}^{-1}|=|\boldsymbol{A}|^{-1}$.

性质 1.4.7 (1) 若矩阵 $\boldsymbol{A}$ 可逆，则矩阵 $\boldsymbol{A}^*$ 也可逆，且 $(\boldsymbol{A}^*)^{-1}=\dfrac{1}{|\boldsymbol{A}|}\boldsymbol{A}$.

(2) 设 $\boldsymbol{A}$ 为 n 阶矩阵，则 $|\boldsymbol{A}^*|=|\boldsymbol{A}|^{n-1}$.

例 1.4.5 设 $\boldsymbol{A}$ 为三阶矩阵，且 $|\boldsymbol{A}|=\dfrac{1}{3}$，求 $|(2\boldsymbol{A})^{-1}-3\boldsymbol{A}^*|$.

解 因 $(2\boldsymbol{A})^{-1}-3\boldsymbol{A}^*=\dfrac{1}{2}\boldsymbol{A}^{-1}-3\boldsymbol{A}^*=\dfrac{1}{2}\cdot\dfrac{1}{|\boldsymbol{A}|}\boldsymbol{A}^*-3\boldsymbol{A}^*=-\dfrac{3}{2}\boldsymbol{A}^*$，故

$$|(2\boldsymbol{A})^{-1}-3\boldsymbol{A}^*|=\left|-\frac{3}{2}\boldsymbol{A}^*\right|=\left(-\frac{3}{2}\right)^3|\boldsymbol{A}^*|=\left(-\frac{3}{2}\right)^3|\boldsymbol{A}|^2=-\frac{3}{8}.$$

例 1.4.6 设矩阵 $\boldsymbol{A}=\begin{pmatrix}1&2&3\\0&5&4\\0&0&2\end{pmatrix}$，求 $(\boldsymbol{A}^*)^{-1}$.

解 计算得 $|\boldsymbol{A}|=10\neq 0$，则 $\boldsymbol{A}^*$ 可逆，且

$$(\boldsymbol{A}^*)^{-1}=\frac{1}{|\boldsymbol{A}|}\boldsymbol{A}=\frac{1}{10}\begin{pmatrix}1&2&3\\0&5&4\\0&0&2\end{pmatrix}=\begin{pmatrix}0.1&0.2&0.3\\0&0.5&0.4\\0&0&0.2\end{pmatrix}.$$

性质 1.4.8　对角矩阵可逆的充要条件是其主对角线上的元素均不为 0，且当对角矩阵

$$\boldsymbol{\Lambda}=\begin{pmatrix}a_1 & & & \\ & a_2 & & \\ & & \ddots & \\ & & & a_n\end{pmatrix}$$

可逆时，有

$$\boldsymbol{\Lambda}^{-1}=\begin{pmatrix}a_1^{-1} & & & \\ & a_2^{-1} & & \\ & & \ddots & \\ & & & a_n^{-1}\end{pmatrix}.$$

对于分块对角矩阵 $\boldsymbol{A}=\mathrm{diag}(\boldsymbol{A}_1,\boldsymbol{A}_2,\cdots,\boldsymbol{A}_s)$，有类似的结论：$\boldsymbol{A}$ 可逆的充要条件是 $\boldsymbol{A}_i(i=1,2,\cdots,s)$ 均可逆，且当 $\boldsymbol{A}$ 可逆时，有 $\boldsymbol{A}^{-1}=\mathrm{diag}(\boldsymbol{A}_1^{-1},\boldsymbol{A}_2^{-1},\cdots,\boldsymbol{A}_s^{-1})$.

性质 1.4.9　三角形矩阵可逆的充要条件是其主对角线上的元素均不为 0，且当上（下）三角形矩阵可逆时，其逆矩阵仍为上（下）三角形矩阵，即

$$\begin{pmatrix}a_{11} & a_{12} & \cdots & a_{1n}\\ 0 & a_{22} & \cdots & a_{2n}\\ \vdots & \vdots & & \vdots\\ 0 & 0 & \cdots & a_{nn}\end{pmatrix}^{-1}=\begin{pmatrix}a_{11}^{-1} & * & \cdots & *\\ 0 & a_{22}^{-1} & \cdots & *\\ \vdots & \vdots & & \vdots\\ 0 & 0 & \cdots & a_{nn}^{-1}\end{pmatrix},$$

$$\begin{pmatrix}a_{11} & 0 & \cdots & 0\\ a_{21} & a_{22} & \cdots & 0\\ \vdots & \vdots & & \vdots\\ a_{n1} & a_{n2} & \cdots & a_{nn}\end{pmatrix}^{-1}=\begin{pmatrix}a_{11}^{-1} & 0 & \cdots & 0\\ * & a_{22}^{-1} & \cdots & 0\\ \vdots & \vdots & & \vdots\\ * & * & \cdots & a_{nn}^{-1}\end{pmatrix},$$

其中“$*$”号表示待定元素.

性质 1.4.10　可逆对称矩阵的逆矩阵仍是对称矩阵，可逆反对称矩阵的逆矩阵仍是反对称矩阵，奇数阶反对称矩阵不可逆.

请读者尝试完成性质 1.4.2～1.4.10 的证明.

性质 1.4.11　初等矩阵是可逆矩阵，且其逆矩阵仍是同型初等矩阵.

证明　利用初等矩阵的定义，很容易得到

$$E(i,j)E(i,j)=E,\quad E\left(i\left(\frac{1}{k}\right)\right)E(i(k))=E,$$

$$E(j,i(-k))E(j,i(k))=E,$$

故

$$(E(i,j))^{-1}=E(i,j),\quad (E(i(k)))^{-1}=E\left(i\left(\frac{1}{k}\right)\right),$$

$$(E(j,i(k)))^{-1}=E(j,i(-k)),$$

即初等矩阵的逆矩阵仍是同型初等矩阵.

证毕

三、正交矩阵的定义及性质

例 1.4.7 已知 n 阶矩阵 $A=(\alpha_1,\alpha_2,\cdots,\alpha_n)$ 的列向量均为单位向量,且两两正交,证明:$A^TA=AA^T=E$.

证明 $$A^TA=\begin{pmatrix}\alpha_1^T\\ \alpha_2^T\\ \vdots\\ \alpha_n^T\end{pmatrix}(\alpha_1,\alpha_2,\cdots,\alpha_n)=\begin{pmatrix}\alpha_1^T\alpha_1 & \alpha_1^T\alpha_2 & \cdots & \alpha_1^T\alpha_n\\ \alpha_2^T\alpha_1 & \alpha_2^T\alpha_2 & \cdots & \alpha_2^T\alpha_n\\ \vdots & \vdots & & \vdots\\ \alpha_n^T\alpha_1 & \alpha_n^T\alpha_2 & \cdots & \alpha_n^T\alpha_n\end{pmatrix}=E,$$

故矩阵 A 可逆,且 $A^{-1}=A^T$,从而 $AA^T=AA^{-1}=E$.

证毕

定义 1.4.3 若 n 阶矩阵 A 满足 $AA^T=E$(或 $A^TA=E$),则称 A 为**正交矩阵**.

正交矩阵具有下列性质.

性质 1.4.12 若矩阵 A 是正交矩阵,则 $|A|=1$ 或 $|A|=-1$.

性质 1.4.13 若矩阵 A 是正交矩阵,则 $A^*=A$ 或 $A^*=-A$.

性质 1.4.14 若矩阵 A,B 是正交矩阵,则矩阵 AB 也是正交矩阵.

性质 1.4.15 若矩阵 A 是正交矩阵,则矩阵 A^{-1}(即 A^T),A^* 也是正交矩阵.

性质 1.4.16 矩阵 A 是正交矩阵的充要条件是矩阵 A 的每个列(行)向量都是单位向量,且两两正交.

例 1.4.8 判别下列矩阵是否为正交矩阵：

(1) $\begin{pmatrix} 1 & -\frac{1}{2} & \frac{1}{3} \\ -\frac{1}{2} & 1 & \frac{1}{2} \\ \frac{1}{3} & \frac{1}{2} & 1 \end{pmatrix}$；　　(2) $\begin{pmatrix} \frac{1}{9} & -\frac{8}{9} & -\frac{4}{9} \\ -\frac{8}{9} & \frac{1}{9} & -\frac{4}{9} \\ -\frac{4}{9} & -\frac{4}{9} & \frac{7}{9} \end{pmatrix}$；

(3) $\begin{pmatrix} \frac{1}{2} & -\frac{1}{2} & \frac{1}{2} & -\frac{1}{2} \\ \frac{1}{2} & -\frac{1}{2} & -\frac{1}{2} & \frac{1}{2} \\ \frac{1}{\sqrt{2}} & \frac{1}{\sqrt{2}} & 0 & 0 \\ 0 & 0 & \frac{1}{\sqrt{2}} & \frac{1}{\sqrt{2}} \end{pmatrix}$.

解 (1) 考察该矩阵的第 1 列与第 2 列. 由于

$$1\times\left(-\frac{1}{2}\right)+\left(-\frac{1}{2}\right)\times 1+\frac{1}{3}\times\frac{1}{2}=-\frac{5}{6}\neq 0,$$

因此这两个列向量不正交，从而该矩阵不是正交矩阵.

(2) 由于

$$\begin{pmatrix} \frac{1}{9} & -\frac{8}{9} & -\frac{4}{9} \\ -\frac{8}{9} & \frac{1}{9} & -\frac{4}{9} \\ -\frac{4}{9} & -\frac{4}{9} & \frac{7}{9} \end{pmatrix}^{\mathrm{T}}\begin{pmatrix} \frac{1}{9} & -\frac{8}{9} & -\frac{4}{9} \\ -\frac{8}{9} & \frac{1}{9} & -\frac{4}{9} \\ -\frac{4}{9} & -\frac{4}{9} & \frac{7}{9} \end{pmatrix}=\begin{pmatrix} 1 & 0 & 0 \\ 0 & 1 & 0 \\ 0 & 0 & 1 \end{pmatrix},$$

因此该矩阵是正交矩阵.

(3) 容易看出该矩阵的每个行向量都是单位向量，且两两正交，故它是正交矩阵.

1.5 矩阵的秩

一、矩阵的秩的定义

定义 1.5.1 在 $m\times n$ 矩阵 $\boldsymbol{A}$ 中任取 k 行、k 列（$k\leqslant\min\{m,n\}$），位于这些

行、列交叉处的 k^2 个元素按原来的次序所构成的 k 阶行列式，称为矩阵 $\boldsymbol{A}$ 的 k **阶子式**.

易知，$m\times n$ 矩阵 $\boldsymbol{A}$ 共有 $C_m^k C_n^k$ 个 k 阶子式.

例如，设矩阵

$$\boldsymbol{A}=\begin{pmatrix}1 & 1 & -1 & 2\\ 3 & 0 & 2 & 1\\ -1 & -2 & 3 & 4\end{pmatrix},$$

从矩阵 $\boldsymbol{A}$ 中选取第 1,2 行及第 2,4 列，它们交叉处的元素构成矩阵 $\boldsymbol{A}$ 的一个二阶子式 $\begin{vmatrix}1 & 2\\ 0 & 1\end{vmatrix}=1$；而选取矩阵 $\boldsymbol{A}$ 的第 1,2,3 行及第 1,3,4 列，对应的矩阵 $\boldsymbol{A}$ 的三阶子式为

$$\begin{vmatrix}1 & -1 & 2\\ 3 & 2 & 1\\ -1 & 3 & 4\end{vmatrix}=40.$$

显然，矩阵 $\boldsymbol{A}$ 的每一个元素都是矩阵 $\boldsymbol{A}$ 的一阶子式；当矩阵 $\boldsymbol{A}$ 为 n 阶矩阵时，$|\boldsymbol{A}|$ 是其 n 阶子式.

定义 1.5.2 矩阵 $\boldsymbol{A}$ 中所有非零子式的最高阶数称为矩阵 $\boldsymbol{A}$ 的**秩**，记作 $\mathrm{rank}(\boldsymbol{A})$，简记作 $\mathrm{r}(\boldsymbol{A})$.

规定零矩阵的秩为 0，即 $\mathrm{r}(\boldsymbol{O})=0$.

从前面的例子可以看出，矩阵 $\boldsymbol{A}=\begin{pmatrix}1 & 1 & -1 & 2\\ 3 & 0 & 2 & 1\\ -1 & -2 & 3 & 4\end{pmatrix}$ 有三阶非零子式，且不存在更高阶子式，故 $\mathrm{r}(\boldsymbol{A})=3$.

定义 1.5.3 设 $\boldsymbol{A}$ 是 $m\times n$ 矩阵. 若 $\mathrm{r}(\boldsymbol{A})=m$，则称矩阵 $\boldsymbol{A}$ 为**行满秩矩阵**；若 $\mathrm{r}(\boldsymbol{A})=n$，则称矩阵 $\boldsymbol{A}$ 为**列满秩矩阵**. 特别地，当 $m=n$ 时，若 $\mathrm{r}(\boldsymbol{A})=n$，则称矩阵 $\boldsymbol{A}$ 为**满秩矩阵**.

显然，有下面的定理成立.

定理 1.5.1 **n 阶矩阵 $\boldsymbol{A}$ 为满秩矩阵等价于 $|\boldsymbol{A}|\neq 0$，也等价于矩阵 $\boldsymbol{A}$ 可逆.**

例如，对于三阶矩阵

$$\boldsymbol{A}=\begin{pmatrix}1 & -2 & 1\\ 2 & 1 & 0\\ -2 & 4 & -2\end{pmatrix},$$

容易看出矩阵 $\boldsymbol{A}$ 有一个二阶子式 $\begin{vmatrix} 1 & -2 \\ 2 & 1 \end{vmatrix}=5\neq 0$，而矩阵 $\boldsymbol{A}$ 的唯一的三阶子式 $|\boldsymbol{A}|=0$，所以 $\mathrm{r}(\boldsymbol{A})=2$.

利用定义求高阶矩阵的秩通常是一件比较困难的事情.

二、矩阵的秩的性质

性质 1.5.1　设 $\boldsymbol{A}$ 为 $m\times n$ 矩阵，则

(1) $0\leqslant \mathrm{r}(\boldsymbol{A})\leqslant \min\{m,n\}$；

(2) $\mathrm{r}(\boldsymbol{A})=\mathrm{r}(\boldsymbol{A}^{\mathrm{T}})$.

定理 1.5.2　初等变换不改变矩阵的秩.

证明　对于矩阵 $\boldsymbol{A}=(a_{ij})_{m\times n}$，设 $\boldsymbol{A}\xrightarrow{r_i\leftrightarrow r_j}\boldsymbol{B}$. 若 D 是矩阵 $\boldsymbol{A}$ 的任意 r 阶非零子式 $(r\leqslant\min\{m,n\})$，则矩阵 $\boldsymbol{B}$ 中必存在 r 阶非零子式 D_1，满足 $D_1=D$ 或 $D_1=-D$.

设 $\boldsymbol{A}\xrightarrow{kr_i}\boldsymbol{B}$. 若 D 是矩阵 $\boldsymbol{A}$ 的任意 r 阶非零子式 $(r\leqslant\min\{m,n\})$，则矩阵 $\boldsymbol{B}$ 中必存在 r 阶非零子式 D_1，满足 $D_1=D$ 或 $D_1=kD$.

设 $\boldsymbol{A}\xrightarrow{r_j+kr_i}\boldsymbol{B}$. 若 D 是矩阵 $\boldsymbol{A}$ 的任意 r 阶非零子式 $(r\leqslant\min\{m,n\})$，则当 D 中同时包含第 i,j 行，或者不包含第 j 行时，D 也必是矩阵 $\boldsymbol{B}$ 的 r 阶非零子式；当 D 中不包含第 i 行，但是包含第 j 行时，矩阵 $\boldsymbol{B}$ 中必有 r 阶子式

$$D_1=\begin{vmatrix} \vdots & & \vdots \\ a_{jt_1}+ka_{it_1} & \cdots & a_{jt_r}+ka_{it_r} \\ \vdots & & \vdots \end{vmatrix}=\begin{vmatrix} \vdots & & \vdots \\ a_{jt_1} & \cdots & a_{jt_r} \\ \vdots & & \vdots \end{vmatrix}+k\begin{vmatrix} \vdots & & \vdots \\ a_{it_1} & \cdots & a_{it_r} \\ \vdots & & \vdots \end{vmatrix}$$

$$\triangleq D+kD_2,$$

这里设 D 取自矩阵 $\boldsymbol{A}$ 的第 $t_1,\cdots,t_r$ 列. 注意到矩阵 $\boldsymbol{B}$ 中也存在 r 阶子式 D_2'，满足 $D_2'=D_2$ 或 $D_2'=-D_2$（D_2 可通过互换行化为 D_2'）. 因为 $D\neq 0$，所以 D_1 与 D_2 不会同时为 0. 也就是说，矩阵 $\boldsymbol{B}$ 中至少存在 r 阶非零子式 D_1 或 D_2'.

综上分析，可知 $\mathrm{r}(\boldsymbol{A})\leqslant\mathrm{r}(\boldsymbol{B})$. 而矩阵 $\boldsymbol{B}$ 经过一次初等行变换也可以得到矩阵 $\boldsymbol{A}$，于是有 $\mathrm{r}(\boldsymbol{B})\leqslant\mathrm{r}(\boldsymbol{A})$，故 $\mathrm{r}(\boldsymbol{A})=\mathrm{r}(\boldsymbol{B})$. 显然，这个结论对有限次初等行变换也成立，同理对有限次初等列变换也成立，故初等变换不改变矩阵的秩.

证毕

三、矩阵的初等变换的应用

1. 求矩阵的秩

由定理 1.5.2 可以得到矩阵的初等变换的一个应用 —— 求矩阵的秩.

回顾 1.2 节中的例 1.2.8：

$$A=\begin{pmatrix}2&-1&-1&1&2\\1&1&-2&1&4\\2&-3&1&-1&2\\3&6&-9&7&9\end{pmatrix}\to\begin{pmatrix}1&1&-2&1&4\\0&1&-1&1&0\\0&0&0&1&-3\\0&0&0&0&0\end{pmatrix}\triangleq B.$$

利用定义直接求矩阵 $\boldsymbol{A}$ 的秩比较烦琐，而从行阶梯形矩阵 $\boldsymbol{B}$ 中比较容易找到阶数最高的非零子式 $\begin{vmatrix}1&1&1\\0&1&1\\0&0&1\end{vmatrix}$，它的阶数恰好等于矩阵 $\boldsymbol{B}$ 中非零行的行数 3，故 $\mathrm{r}(\boldsymbol{B})=3$. 再由定理 1.5.2 知，$\mathrm{r}(\boldsymbol{A})=\mathrm{r}(\boldsymbol{B})=3$.

不失一般性，行阶梯形矩阵的最高阶非零子式的阶数就等于其非零行的行数. 由此，我们得到求矩阵的秩的一种方法：对矩阵施行初等行变换，把它化为行阶梯形矩阵，行阶梯形矩阵中非零行的行数就是所求矩阵的秩.

例 1.5.1 利用初等变换求矩阵 $\boldsymbol{A}=\begin{pmatrix}-2&0&1&3\\1&2&2&-1\\0&4&5&1\end{pmatrix}$ 的秩.

解 因为

$$A=\begin{pmatrix}-2&0&1&3\\1&2&2&-1\\0&4&5&1\end{pmatrix}\xrightarrow{r_1\leftrightarrow r_2}\begin{pmatrix}1&2&2&-1\\-2&0&1&3\\0&4&5&1\end{pmatrix}$$

$$\xrightarrow{r_2+2r_1}\begin{pmatrix}1&2&2&-1\\0&4&5&1\\0&4&5&1\end{pmatrix}\xrightarrow{r_3-r_2}\begin{pmatrix}1&2&2&-1\\0&4&5&1\\0&0&0&0\end{pmatrix},$$

所以 $\mathrm{r}(\boldsymbol{A})=2$.

例 1.5.2 利用初等变换求矩阵 $\boldsymbol{A}=\begin{pmatrix}1&1&-2&3&0\\2&1&-6&4&-1\\3&2&a&7&-1\\1&-1&-6&-1&b\end{pmatrix}$ 的秩，其中 a,b 为未知常数.

解 $$\boldsymbol{A}=\begin{pmatrix}1&1&-2&3&0\\2&1&-6&4&-1\\3&2&a&7&-1\\1&-1&-6&-1&b\end{pmatrix}\xrightarrow[r_4-r_1]{\substack{r_2-2r_1\\r_3-3r_1}}\begin{pmatrix}1&1&-2&3&0\\0&-1&-2&-2&-1\\0&-1&a+6&-2&-1\\0&-2&-4&-4&b\end{pmatrix}$$

$$\xrightarrow[r_4-2r_2]{r_3-r_2}\begin{pmatrix}1&1&-2&3&0\\0&-1&-2&-2&-1\\0&0&a+8&0&0\\0&0&0&0&b+2\end{pmatrix}\triangleq\boldsymbol{B}.$$

(1) 当 $a=-8$ 且 $b=-2$ 时，$\boldsymbol{B}=\begin{pmatrix}1&1&-2&3&0\\0&-1&-2&-2&-1\\0&0&0&0&0\\0&0&0&0&0\end{pmatrix}$，所以 $\mathrm{r}(\boldsymbol{A})=2$.

(2) 当 $a\neq-8$ 且 $b=-2$ 时，$\boldsymbol{B}=\begin{pmatrix}1&1&-2&3&0\\0&-1&-2&-2&-1\\0&0&a+8&0&0\\0&0&0&0&0\end{pmatrix}$，所以 $\mathrm{r}(\boldsymbol{A})=3$.

(3) 当 $a=-8$ 且 $b\neq-2$ 时，$\boldsymbol{B}\xrightarrow{r_4\leftrightarrow r_3}\begin{pmatrix}1&1&-2&3&0\\0&-1&-2&-2&-1\\0&0&0&0&b+2\\0&0&0&0&0\end{pmatrix}$，所以 $\mathrm{r}(\boldsymbol{A})=3$.

(4) 当 $a\neq-8$ 且 $b\neq-2$ 时，$\boldsymbol{B}=\begin{pmatrix}1&1&-2&3&0\\0&-1&-2&-2&-1\\0&0&a+8&0&0\\0&0&0&0&b+2\end{pmatrix}$，所以 $\mathrm{r}(\boldsymbol{A})=4$.

定理 1.5.3 矩阵 $\boldsymbol{A}$ 可逆的充要条件是存在有限个初等矩阵 $\boldsymbol{Q}_1,\boldsymbol{Q}_2,\cdots,\boldsymbol{Q}_l$，使得

$$\boldsymbol{A}=\boldsymbol{Q}_1\boldsymbol{Q}_2\cdots\boldsymbol{Q}_l.$$

证明 必要性. 若矩阵 $\boldsymbol{A}$ 可逆，则 $\boldsymbol{A}$ 的行最简形矩阵为 $\boldsymbol{E}$，即存在有限个初等矩阵 $\boldsymbol{P}_1,\boldsymbol{P}_2,\cdots,\boldsymbol{P}_l$，使得

$$\boldsymbol{P}_1\boldsymbol{P}_2\cdots\boldsymbol{P}_l\boldsymbol{A}=\boldsymbol{E},$$

于是

$$A=(P_1P_2\cdots P_l)^{-1}=P_l^{-1}P_{l-1}^{-1}\cdots P_1^{-1}.$$

而初等矩阵的逆矩阵还是初等矩阵，故存在有限个初等矩阵

$$Q_1=P_l^{-1},\quad Q_2=P_{l-1}^{-1},\quad \cdots,\quad Q_l=P_1^{-1},$$

使得

$$A=Q_1Q_2\cdots Q_l.$$

充分性. 若存在有限个初等矩阵 $Q_1,Q_2,\cdots,Q_l$，使得 $A=Q_1Q_2\cdots Q_l$，因有限个可逆矩阵的乘积仍然是可逆矩阵，故矩阵 A 可逆.

证毕

定理 1.5.4 **$m\times n$ 矩阵 A 与 $m\times n$ 矩阵 B 等价的充要条件是存在 m 阶可逆矩阵 P 及 n 阶可逆矩阵 Q，使得 $B=PAQ$.**

证明 必要性. 若 $m\times n$ 矩阵 A 与 $m\times n$ 矩阵 B 等价，则矩阵 A 可经过有限次初等行变换和初等列变换化为矩阵 B，即存在有限个 m 阶初等矩阵 $P_1,P_2,\cdots,P_l$ 及 n 阶初等矩阵 $Q_1,Q_2,\cdots,Q_s$，使得

$$B=P_1P_2\cdots P_lAQ_1Q_2\cdots Q_s.$$

令 $P=P_1P_2\cdots P_l$，$Q=Q_1Q_2\cdots Q_s$，则 P 为 m 阶可逆矩阵，Q 为 n 阶可逆矩阵，且

$$B=PAQ.$$

充分性. 设存在 m 阶可逆矩阵 P 及 n 阶可逆矩阵 Q，使得 $B=PAQ$. 由定理 1.5.3 可知，存在有限个 m 阶初等矩阵 $P_1,P_2,\cdots,P_l$ 及 n 阶初等矩阵 $Q_1,Q_2,\cdots,Q_s$，使得 $P=P_1P_2\cdots P_l$，$Q=Q_1Q_2\cdots Q_s$，故

$$B=P_1P_2\cdots P_lAQ_1Q_2\cdots Q_s.$$

这说明，矩阵 A 可经过有限次初等行变换和初等列变换化为矩阵 B，从而矩阵 A 与矩阵 B 等价.

证毕

2. 求逆矩阵

我们知道，任何一个非零矩阵 $A_{m\times n}$ 都可以经过有限次初等行变换化成行阶梯形矩阵. 如果矩阵 A 可逆，情况又如何呢? 这时，矩阵 A 总可以经过有限次初等行变换化为单位矩阵 E. 由此可导出求逆矩阵的一种方法——**初等变换法**. 下面从理论上进行推导.

若矩阵 A 可逆，则其逆矩阵 A^{-1} 也可逆. 由定理 1.5.3 可知，存在有限个初等矩阵 $P_1,P_2,\cdots,P_l$，使得

$$A^{-1}=P_1P_2\cdots P_l.$$

显然

$$A^{-1}(A \mid E)=(E \mid A^{-1}),$$

于是

$$P_1P_2\cdots P_l(A \mid E)=(E \mid A^{-1}).$$

这可以用初等行变换描述为

$$(A \mid E)\xrightarrow{\text{初等行变换}}(E \mid A^{-1}).$$

由此可知,欲求矩阵 A 的逆矩阵 A^{-1},可构造 $n\times 2n$ 矩阵 $(A \mid E)$,对矩阵 $(A \mid E)$ 施行初等行变换,则将矩阵 A 化成单位矩阵 E 的同时,可将单位矩阵 E 化成矩阵 A 的逆矩阵 A^{-1},从而求得逆矩阵 A^{-1}.

类似地,用初等列变换也可以求逆矩阵,方法为

$$\begin{pmatrix} A \\ \hdashline E \end{pmatrix}\xrightarrow{\text{初等列变换}}\begin{pmatrix} E \\ \hdashline A^{-1} \end{pmatrix}.$$

例 1.5.3　利用初等变换法求矩阵 $A=\begin{pmatrix} 1 & 1 & -1 \\ 2 & -1 & 0 \\ 1 & 0 & 1 \end{pmatrix}$ 的逆矩阵.

解　因为

$$(A \mid E)=\left(\begin{array}{ccc:ccc} 1 & 1 & -1 & 1 & 0 & 0 \\ 2 & -1 & 0 & 0 & 1 & 0 \\ 1 & 0 & 1 & 0 & 0 & 1 \end{array}\right)\xrightarrow[r_3-r_1]{r_2-2r_1}\left(\begin{array}{ccc:ccc} 1 & 1 & -1 & 1 & 0 & 0 \\ 0 & -3 & 2 & -2 & 1 & 0 \\ 0 & -1 & 2 & -1 & 0 & 1 \end{array}\right)$$

$$\xrightarrow[r_2\times(-1)]{r_2\leftrightarrow r_3}\left(\begin{array}{ccc:ccc} 1 & 1 & -1 & 1 & 0 & 0 \\ 0 & 1 & -2 & 1 & 0 & -1 \\ 0 & -3 & 2 & -2 & 1 & 0 \end{array}\right)$$

$$\xrightarrow[r_3+3r_2]{r_1-r_2}\left(\begin{array}{ccc:ccc} 1 & 0 & 1 & 0 & 0 & 1 \\ 0 & 1 & -2 & 1 & 0 & -1 \\ 0 & 0 & -4 & 1 & 1 & -3 \end{array}\right)$$

$$\xrightarrow{r_3\times\left(-\frac{1}{4}\right)}\left(\begin{array}{ccc:ccc} 1 & 0 & 1 & 0 & 0 & 1 \\ 0 & 1 & -2 & 1 & 0 & -1 \\ 0 & 0 & 1 & -\frac{1}{4} & -\frac{1}{4} & \frac{3}{4} \end{array}\right)$$

$$\xrightarrow[r_2+2r_3]{r_1-r_3}\left(\begin{array}{ccc:ccc}1 & 0 & 0 & \frac{1}{4} & \frac{1}{4} & \frac{1}{4} \\ 0 & 1 & 0 & \frac{1}{2} & -\frac{1}{2} & \frac{1}{2} \\ 0 & 0 & 1 & -\frac{1}{4} & -\frac{1}{4} & \frac{3}{4}\end{array}\right)$$

$$=(\boldsymbol{E} \vdots \boldsymbol{A}^{-1}),$$

所以

$$\boldsymbol{A}^{-1}=\begin{pmatrix}\frac{1}{4} & \frac{1}{4} & \frac{1}{4} \\ \frac{1}{2} & -\frac{1}{2} & \frac{1}{2} \\ -\frac{1}{4} & -\frac{1}{4} & \frac{3}{4}\end{pmatrix}=\frac{1}{4}\begin{pmatrix}1 & 1 & 1 \\ 2 & -2 & 2 \\ -1 & -1 & 3\end{pmatrix}.$$

下面介绍利用初等变换法求解矩阵方程(以未知矩阵为未知量的方程).

对于矩阵方程 $\boldsymbol{AX}=\boldsymbol{B}$($\boldsymbol{X}$ 为未知矩阵),若矩阵 $\boldsymbol{A}$ 可逆,则存在有限多个初等矩阵 $\boldsymbol{P}_1,\boldsymbol{P}_2,\cdots,\boldsymbol{P}_l$,使得 $\boldsymbol{A}^{-1}=\boldsymbol{P}_1\boldsymbol{P}_2\cdots\boldsymbol{P}_l$,故

$$\boldsymbol{E}=\boldsymbol{A}^{-1}\boldsymbol{A}=(\boldsymbol{P}_1\boldsymbol{P}_2\cdots\boldsymbol{P}_l)\boldsymbol{A}.$$

又

$$\boldsymbol{X}=\boldsymbol{A}^{-1}\boldsymbol{B}=(\boldsymbol{P}_1\boldsymbol{P}_2\cdots\boldsymbol{P}_l)\boldsymbol{B},$$

由此可知,当用一系列初等行变换将矩阵 $\boldsymbol{A}$ 化成单位矩阵 $\boldsymbol{E}$ 时,利用相同的初等行变换就能将矩阵 $\boldsymbol{B}$ 化成 $\boldsymbol{X}$,即

$$(\boldsymbol{A} \vdots \boldsymbol{B})\xrightarrow{\text{初等行变换}}(\boldsymbol{E} \vdots \boldsymbol{X}).$$

类似地,对于矩阵方程 $\boldsymbol{XA}=\boldsymbol{B}$($\boldsymbol{X}$ 为未知矩阵),若矩阵 $\boldsymbol{A}$ 可逆,则 $\boldsymbol{X}=\boldsymbol{BA}^{-1}$. 仅用初等列变换可求得 $\boldsymbol{X}$,即

$$\begin{pmatrix}\boldsymbol{A} \\ \hdashline \boldsymbol{B}\end{pmatrix}\xrightarrow{\text{初等列变换}}\begin{pmatrix}\boldsymbol{E} \\ \hdashline \boldsymbol{X}\end{pmatrix}.$$

例 1.5.4 利用初等变换法求解矩阵方程 $\boldsymbol{AX}=\boldsymbol{B}$,其中矩阵

$$\boldsymbol{A}=\begin{pmatrix}1 & 2 & 3 \\ 2 & 2 & 1 \\ 3 & 4 & 3\end{pmatrix}, \quad \boldsymbol{B}=\begin{pmatrix}2 & 5 \\ 3 & 1 \\ 4 & 3\end{pmatrix}.$$

解 $(\boldsymbol{A} \vdots \boldsymbol{B})=\left(\begin{array}{ccc:cc}1&2&3&2&5\\2&2&1&3&1\\3&4&3&4&3\end{array}\right)\xrightarrow[r_3-3r_1]{r_2-2r_1}\left(\begin{array}{ccc:cc}1&2&3&2&5\\0&-2&-5&-1&-9\\0&-2&-6&-2&-12\end{array}\right)$

$$\xrightarrow[r_3-r_2]{r_1+r_2}\left(\begin{array}{ccc:cc}1&0&-2&1&-4\\0&-2&-5&-1&-9\\0&0&-1&-1&-3\end{array}\right)$$

$$\xrightarrow[r_2-5r_3]{r_1-2r_3}\left(\begin{array}{ccc:cc}1&0&0&3&2\\0&-2&0&4&6\\0&0&-1&-1&-3\end{array}\right)$$

$$\xrightarrow[-r_3]{\frac{1}{2}r_2}\left(\begin{array}{ccc:cc}1&0&0&3&2\\0&1&0&-2&-3\\0&0&1&1&3\end{array}\right).$$

由此可知矩阵 $\boldsymbol{A}$ 可逆，且

$$\boldsymbol{X}=\boldsymbol{A}^{-1}\boldsymbol{B}=\begin{pmatrix}3&2\\-2&-3\\1&3\end{pmatrix}.$$

阅读材料：张量

习 题 一

1. 已知向量 $\boldsymbol{\alpha}=(1,0,-2)^{\mathrm{T}}$，$\boldsymbol{\beta}=(-4,2,3)^{\mathrm{T}}$.

(1) 求向量 $\boldsymbol{\alpha}$ 的长度及内积 $(\boldsymbol{\alpha},\boldsymbol{\beta})$；

(2) 求向量 $\boldsymbol{\beta}$ 在向量 $\boldsymbol{\alpha}$ 上的射影及射影向量；

(3) 设存在数 k，使得向量 $\boldsymbol{\gamma}=\boldsymbol{\beta}-k\boldsymbol{\alpha}$ 与向量 $\boldsymbol{\alpha}$ 正交，求数 k 与向量 $\boldsymbol{\gamma}$.

2. 设矩阵 $\boldsymbol{A}_1=\begin{pmatrix}4&-2\\-3&0\\1&5\end{pmatrix}$，$\boldsymbol{A}_2=\begin{pmatrix}6&-3\\3&4\\2&1\end{pmatrix}$.

(1) 计算 $2\boldsymbol{A}_1-\boldsymbol{A}_2$；

(2) 计算 $\boldsymbol{A}_1+3\boldsymbol{A}_2$；

(3) 如果 $\boldsymbol{X}+\boldsymbol{A}_1+\boldsymbol{A}_2=\boldsymbol{O}$，试求矩阵 $\boldsymbol{X}$.

3. 设矩阵 $\boldsymbol{A}=\begin{pmatrix}1&1&1\\1&1&-1\\1&-1&1\end{pmatrix}$，$\boldsymbol{B}=\begin{pmatrix}1&2&3\\-1&-2&4\\0&5&1\end{pmatrix}$，求 $3\boldsymbol{AB}-2\boldsymbol{A}$ 及 $\boldsymbol{A}^{\mathrm{T}}\boldsymbol{B}$.

4. 计算下列矩阵的乘积：

(1) $(1,2,3)\begin{pmatrix}3\\2\\1\end{pmatrix}$；

(2) $\begin{pmatrix}2\\1\\3\end{pmatrix}(-1,2,3)$；

(3) $\begin{pmatrix}\lambda_1&0&0\\0&\lambda_2&0\\0&0&\lambda_3\end{pmatrix}\begin{pmatrix}a_{11}&a_{12}&a_{13}\\a_{21}&a_{22}&a_{23}\\a_{31}&a_{32}&a_{33}\end{pmatrix}$；

(4) $\begin{pmatrix}a_{11}&a_{12}&a_{13}\\a_{21}&a_{22}&a_{23}\\a_{31}&a_{32}&a_{33}\end{pmatrix}\begin{pmatrix}\lambda_1&0&0\\0&\lambda_2&0\\0&0&\lambda_3\end{pmatrix}$；

(5) $(3,6,9)\begin{pmatrix}2&1\\3&-6\\-2&6\end{pmatrix}$；

(6) $(x_1,x_2,x_3)\begin{pmatrix}a_{11}&a_{12}&a_{13}\\a_{21}&a_{22}&a_{23}\\a_{31}&a_{32}&a_{33}\end{pmatrix}\begin{pmatrix}x_1\\x_2\\x_3\end{pmatrix}$；

(7) $\begin{pmatrix}1&1&1\\1&0&-1\\1&-2&1\end{pmatrix}\begin{pmatrix}1&1&1\\1&0&-2\\1&-1&1\end{pmatrix}$；

(8) $\begin{pmatrix}1&1&1&1\\1&1&-1&-1\\1&-1&1&-1\\1&-1&-1&1\end{pmatrix}^2$；

(9) $\begin{pmatrix}\cos\theta&-\sin\theta\\\sin\theta&\cos\theta\end{pmatrix}^k$（$k$ 为正整数）；

(10) $\begin{pmatrix}1&0&0&0\\0&1&0&0\\2&-1&1&0\\0&-1&0&1\end{pmatrix}\begin{pmatrix}1&0&1&0\\2&1&0&1\\1&0&4&1\\1&-1&-1&1\end{pmatrix}$.

5. 设矩阵 $\boldsymbol{A}=\begin{pmatrix}1&2\\1&3\end{pmatrix}$，$\boldsymbol{B}=\begin{pmatrix}1&0\\1&2\end{pmatrix}$，判断下列等式是否成立：

(1) $\boldsymbol{AB}=\boldsymbol{BA}$；

(2) $(\boldsymbol{A}+\boldsymbol{B})^2=\boldsymbol{A}^2+2\boldsymbol{AB}+\boldsymbol{B}^2$;

(3) $(\boldsymbol{A}+\boldsymbol{B})(\boldsymbol{A}-\boldsymbol{B})=\boldsymbol{A}^2-\boldsymbol{B}^2$.

6. 举反例说明下列命题是错误的:

(1) 若 $\boldsymbol{A}^2=\boldsymbol{O}$,则 $\boldsymbol{A}=\boldsymbol{O}$;

(2) 若 $\boldsymbol{A}^2=\boldsymbol{A}$,则 $\boldsymbol{A}=\boldsymbol{O}$ 或 $\boldsymbol{A}=\boldsymbol{E}$;

(3) 若 $\boldsymbol{AX}=\boldsymbol{AY}$,且 $\boldsymbol{A}\neq\boldsymbol{O}$,则 $\boldsymbol{X}=\boldsymbol{Y}$.

7. 设矩阵 $\boldsymbol{A}=\begin{pmatrix}\lambda & 0 & 0\\ 1 & \lambda & 0\\ 0 & 1 & \lambda\end{pmatrix}$,求 $\boldsymbol{A}^2,\boldsymbol{A}^3,\boldsymbol{A}^k$($k$ 为正整数).

8. 对于任意 $m\times n$ 矩阵 $\boldsymbol{A}$,证明:

(1) $\boldsymbol{AA}^{\mathrm{T}}$ 为对称矩阵;

(2) 若 $\boldsymbol{AA}^{\mathrm{T}}=\boldsymbol{O}$,则 $\boldsymbol{A}=\boldsymbol{O}$.

9. 设 $\boldsymbol{A},\boldsymbol{B}$ 是同阶对称矩阵,证明:$\boldsymbol{AB}$ 是对称矩阵当且仅当矩阵 $\boldsymbol{A}$ 与 $\boldsymbol{B}$ 可交换.

10. 用矩阵的初等变换把下列矩阵化成等价标准形,并利用初等矩阵的乘积表示变化过程:

(1) $\begin{pmatrix}2 & -1 & 1 & 0 & 2\\ 1 & 1 & -2 & 1 & 3\\ 3 & 0 & 4 & -3 & 5\end{pmatrix}$;　　(2) $\begin{pmatrix}1 & 2 & 1\\ 1 & 3 & 5\\ 2 & -1 & -2\end{pmatrix}$.

11. 计算下列行列式:

(1) $\begin{vmatrix}x & y & x+y\\ y & x+y & x\\ x+y & x & y\end{vmatrix}$;

(2) $\begin{vmatrix}a & b & c & d\\ a^2 & b^2 & c^2 & d^2\\ a^3 & b^3 & c^3 & d^3\\ a+b+c+d & a+b+c+d & a+b+c+d & a+b+c+d\end{vmatrix}$;

(3) $\begin{vmatrix}4 & 1 & 2 & 4\\ 1 & 2 & 0 & 2\\ 10 & 5 & 2 & 0\\ 0 & 1 & 1 & 7\end{vmatrix}$;　　(4) $\begin{vmatrix}8 & 5 & 4 & 3\\ 5 & 3 & 2 & 1\\ 0 & 0 & 5 & 6\\ 0 & 0 & 4 & 5\end{vmatrix}$;

(5) $\begin{vmatrix} x & a_1 & a_2 & \cdots & a_n \\ a_1 & x & a_2 & \cdots & a_n \\ a_1 & a_2 & x & \cdots & a_n \\ \vdots & \vdots & \vdots & & \vdots \\ a_1 & a_2 & a_3 & \cdots & x \end{vmatrix}$；　　(6) $\begin{vmatrix} 2 & 1 & 0 & \cdots & 0 & 0 \\ 1 & 2 & 1 & \cdots & 0 & 0 \\ 0 & 1 & 2 & \cdots & 0 & 0 \\ \vdots & \vdots & \vdots & & \vdots & \vdots \\ 0 & 0 & 0 & \cdots & 2 & 1 \\ 0 & 0 & 0 & \cdots & 1 & 2 \end{vmatrix}$；

(7) $\begin{vmatrix} a_0 & 1 & 1 & \cdots & 1 \\ 1 & a_1 & 1 & \cdots & 1 \\ 1 & 1 & a_2 & \cdots & 1 \\ \vdots & \vdots & \vdots & & \vdots \\ 1 & 1 & 1 & \cdots & a_n \end{vmatrix}$ $(a_i \neq 1, i=0,1,2,\cdots,n)$.

12. 设行列式 $D=\begin{vmatrix} 1 & 2 & 3 & 4 \\ 5 & 6 & 7 & 8 \\ -1 & -2 & 2 & 1 \\ 8 & 7 & 6 & 5 \end{vmatrix}$ 中第 i 行第 j 列元素 a_{ij} 的余子式和代数余子式分别为 M_{ij} 和 $A_{ij}(i,j=1,2,3,4)$，计算

$$M_{11}+M_{12}+M_{13}+M_{14} \quad 及 \quad 4A_{14}+3A_{24}+2A_{34}+A_{44}.$$

13. (1) 设矩阵 $\boldsymbol{A}=(a_{ij})_{3\times3}$. 在行列式 $|\boldsymbol{A}|$ 中，元素 a_{ij} 的代数余子式记为 $A_{ij}(i,j=1,2,3)$，并记矩阵 $\boldsymbol{C}=(A_{ij})_{3\times3}$. 试证：

$$\boldsymbol{AC}^{\mathrm{T}}=\begin{pmatrix} |\boldsymbol{A}| & 0 & 0 \\ 0 & |\boldsymbol{A}| & 0 \\ 0 & 0 & |\boldsymbol{A}| \end{pmatrix}.$$

(2) 设 $\boldsymbol{A},\boldsymbol{B}$ 为 n 阶矩阵，且 $\boldsymbol{A}$ 为对称矩阵，证明：$\boldsymbol{B}^{\mathrm{T}}\boldsymbol{AB}$ 也是对称矩阵.

14. 求下列矩阵的逆矩阵：

(1) $\begin{pmatrix} \cos\theta & -\sin\theta \\ \sin\theta & \cos\theta \end{pmatrix}$；　　(2) $\begin{pmatrix} 1 & 2 & 1 \\ 3 & 1 & 0 \\ 0 & 2 & 1 \end{pmatrix}$；

(3) $\begin{pmatrix} 1 & 2 & 0 & 4 \\ 0 & 1 & 0 & 2 \\ -2 & 0 & 1 & 0 \\ 2 & 4 & 0 & 9 \end{pmatrix}$；　　(4) $\begin{pmatrix} 6 & 8 & 0 & 0 \\ -8 & 6 & 0 & 0 \\ 0 & 0 & 1 & 0 \\ 0 & 0 & 0 & 5 \end{pmatrix}$.

15. 解下列矩阵方程：

(1) $\begin{pmatrix} 1 & 4 \\ -1 & 2 \end{pmatrix} \boldsymbol{X} \begin{pmatrix} 2 & 0 \\ -1 & 1 \end{pmatrix} = \begin{pmatrix} 3 & 1 \\ 0 & -1 \end{pmatrix}$； (2) $\boldsymbol{X} \begin{pmatrix} 1 & -1 & 2 \\ 1 & 2 & 1 \\ 2 & 0 & 3 \end{pmatrix} = \begin{pmatrix} 1 & 1 & 1 \\ 1 & 0 & 1 \end{pmatrix}$；

(3) $\begin{pmatrix} 2 & 5 \\ 1 & 3 \end{pmatrix} \boldsymbol{X} = \begin{pmatrix} 4 & -6 \\ 2 & 1 \end{pmatrix}$.

16. 若 n 阶矩阵 $\boldsymbol{A}$ 满足 $\boldsymbol{A}^2 + 2\boldsymbol{A} + 3\boldsymbol{E} = \boldsymbol{O}$，证明：矩阵 $\boldsymbol{A}$ 与 $\boldsymbol{A} + \boldsymbol{E}$ 都是可逆矩阵，并求出它们的逆矩阵.

17. 设 $\boldsymbol{A}^k = \boldsymbol{O}$，其中 k 是正整数，证明：矩阵 $\boldsymbol{E} - \boldsymbol{A}$ 与 $\boldsymbol{E} + \boldsymbol{A}$ 都是可逆矩阵，并求 $(\boldsymbol{E} - \boldsymbol{A})^{-1}$ 与 $(\boldsymbol{E} + \boldsymbol{A})^{-1}$.

18. 设 n 阶矩阵 $\boldsymbol{A}, \boldsymbol{B}$ 满足 $\boldsymbol{A} + \boldsymbol{B} = \boldsymbol{AB}$.

(1) 证明：矩阵 $\boldsymbol{A} - \boldsymbol{E}$ 可逆；

(2) 已知矩阵 $\boldsymbol{B} = \begin{pmatrix} 7 & -3 & 0 \\ 0 & 2 & 0 \\ 0 & 0 & 3 \end{pmatrix}$，求 $(\boldsymbol{A} - \boldsymbol{E})^{-1}$.

19. 求下列矩阵的秩：

(1) $\begin{pmatrix} 3 & 1 & 0 & 2 \\ 1 & -1 & 2 & 4 \\ 3 & 1 & 2 & -1 \end{pmatrix}$； (2) $\begin{pmatrix} 2 & 1 & 8 & 3 & 7 \\ 2 & -1 & 4 & 2 & 4 \\ 1 & 0 & 2 & -3 & 4 \\ 3 & -2 & 4 & 1 & 0 \end{pmatrix}$.

20. 设矩阵 $\boldsymbol{A} = \begin{pmatrix} 1 & -2 & 3\lambda \\ -1 & 2\lambda & -3 \\ \lambda & -2 & 3 \end{pmatrix}$，求 λ 的值，使得

(1) $\mathrm{r}(\boldsymbol{A}) = 1$； (2) $\mathrm{r}(\boldsymbol{A}) = 2$；

(3) $\mathrm{r}(\boldsymbol{A}) = 3$.

21. 设矩阵 $\boldsymbol{A} = \begin{pmatrix} 1 & 2 & -1 & 1 \\ 1 & -1 & 1 & 0 \\ 2 & 1 & 0 & 1 \end{pmatrix}$ 与 $\boldsymbol{B} = \begin{pmatrix} 1 & -1 & 2 & 3 \\ 2 & 0 & 1 & -1 \\ 5 & -3 & a & 8 \end{pmatrix}$ 等价，求 a 的值.

22. 设 n 阶矩阵 $\boldsymbol{A}$ 满足 $\boldsymbol{A}^2=\boldsymbol{A}$，证明：$\mathrm{r}(\boldsymbol{A})+\mathrm{r}(\boldsymbol{E}-\boldsymbol{A})=n$.

23. 设 n 阶矩阵 $\boldsymbol{A}$ 满足 $\boldsymbol{A}^2=\boldsymbol{E}$，证明：$\mathrm{r}(\boldsymbol{E}+\boldsymbol{A})+\mathrm{r}(\boldsymbol{E}-\boldsymbol{A})=n$.

24. 设 $\boldsymbol{A}$ 为 $m\times n$ 矩阵，$\boldsymbol{B}$ 为 $n\times s$ 矩阵. 若 $\mathrm{r}(\boldsymbol{A})=n$，证明：$\mathrm{r}(\boldsymbol{AB})=\mathrm{r}(\boldsymbol{B})$.

参考答案与提示

第二章 向 量 组

向量组的线性相关性是线性代数的一个重要概念，它可以用来分析多变量之间的关系. 本章将介绍向量组的线性相关性、向量组的秩、向量组的秩与矩阵的秩的关系、n 维向量空间及线性变换等内容.

2.1 向量组的线性表示

定义 2.1.1 若干个同维列(行) 向量所组成的集合称为一个**向量组**.

根据第一章中关于矩阵的定义,矩阵 $\boldsymbol{A}=(\boldsymbol{\alpha}_1,\boldsymbol{\alpha}_2,\cdots,\boldsymbol{\alpha}_n)$ 的全体列向量就是一个向量组,当然矩阵 $\boldsymbol{A}$ 的全体行向量也是一个向量组. 反之,给定一个含有有限个列(行) 向量的有序向量组,也可以构造一个矩阵. 于是,我们可以通过矩阵来研究向量组的性质.

线性相关性是向量组的一个重要性质,而向量组的线性相关性是通过向量组的线性组合来定义的.

例 2.1.1 如图 2-1 所示,向量 $\overrightarrow{AE}$ 可以表示为

$$\overrightarrow{AE}=\overrightarrow{AB}+\overrightarrow{BD}+\overrightarrow{DE}.$$

根据 $\overrightarrow{AB}\parallel\boldsymbol{\alpha}$,$\overrightarrow{BD}\parallel\boldsymbol{\beta}$,$\overrightarrow{DE}\parallel\boldsymbol{\gamma}$ 可以知道,存在一组数 k_1,k_2,k_3,使得

$$\overrightarrow{AB}=k_1\boldsymbol{\alpha},\quad \overrightarrow{BD}=k_2\boldsymbol{\beta},\quad \overrightarrow{DE}=k_3\boldsymbol{\gamma},$$

于是向量 $\overrightarrow{AE}$ 也可以表示为

$$\overrightarrow{AE}=k_1\boldsymbol{\alpha}+k_2\boldsymbol{\beta}+k_3\boldsymbol{\gamma}.$$

这时,我们说向量 $\overrightarrow{AE}$ 是向量组 $\boldsymbol{\alpha},\boldsymbol{\beta},\boldsymbol{\gamma}$ 的线性组合.

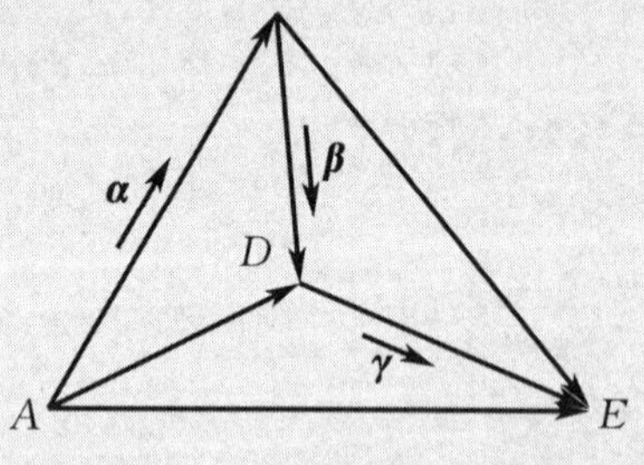

图 2-1

定义 2.1.2 设 $\boldsymbol{\alpha}_1,\boldsymbol{\alpha}_2,\cdots,\boldsymbol{\alpha}_m$ 是一个 n 维向量组,对于任意一组数 k_1,$k_2,\cdots,k_m$,向量

$$k_1\boldsymbol{\alpha}_1+k_2\boldsymbol{\alpha}_2+\cdots+k_m\boldsymbol{\alpha}_m$$

称为向量组$\boldsymbol{\alpha}_1,\boldsymbol{\alpha}_2,\cdots,\boldsymbol{\alpha}_m$的一个**线性组合**,其中$k_1,k_2,\cdots,k_m$称为该线性组合的系数.

定义 2.1.3 对于向量组$\boldsymbol{\alpha}_1,\boldsymbol{\alpha}_2,\cdots,\boldsymbol{\alpha}_m$和向量$\boldsymbol{\beta}$,如果存在一组数$k_1,k_2,\cdots,k_m$,使得

$$\boldsymbol{\beta}=k_1\boldsymbol{\alpha}_1+k_2\boldsymbol{\alpha}_2+\cdots+k_m\boldsymbol{\alpha}_m,$$

则称向量$\boldsymbol{\beta}$是向量组$\boldsymbol{\alpha}_1,\boldsymbol{\alpha}_2,\cdots,\boldsymbol{\alpha}_m$的一个线性组合,也称向量$\boldsymbol{\beta}$可由向量组$\boldsymbol{\alpha}_1,\boldsymbol{\alpha}_2,\cdots,\boldsymbol{\alpha}_m$**线性表示**.

根据矩阵的性质,若在定义2.1.3中向量$\boldsymbol{\alpha}_1,\boldsymbol{\alpha}_2,\cdots,\boldsymbol{\alpha}_m,\boldsymbol{\beta}$都是列向量,则向量$\boldsymbol{\beta}$可以表示为

$$\boldsymbol{\beta}=k_1\boldsymbol{\alpha}_1+k_2\boldsymbol{\alpha}_2+\cdots+k_m\boldsymbol{\alpha}_m=(\boldsymbol{\alpha}_1,\boldsymbol{\alpha}_2,\cdots,\boldsymbol{\alpha}_m)\begin{pmatrix}k_1\\k_2\\\vdots\\k_m\end{pmatrix}.$$

也可以说,向量$\boldsymbol{\beta}$可由矩阵$\boldsymbol{A}=(\boldsymbol{\alpha}_1,\boldsymbol{\alpha}_2,\cdots,\boldsymbol{\alpha}_m)$的列向量组线性表示.

若在定义2.1.3中向量$\boldsymbol{\alpha}_1,\boldsymbol{\alpha}_2,\cdots,\boldsymbol{\alpha}_m,\boldsymbol{\beta}$都是行向量,则向量$\boldsymbol{\beta}$也可以表示为

$$\boldsymbol{\beta}=k_1\boldsymbol{\alpha}_1+k_2\boldsymbol{\alpha}_2+\cdots+k_m\boldsymbol{\alpha}_m=(k_1,k_2,\cdots,k_m)\begin{pmatrix}\boldsymbol{\alpha}_1\\\boldsymbol{\alpha}_2\\\vdots\\\boldsymbol{\alpha}_m\end{pmatrix}.$$

也可以说,向量$\boldsymbol{\beta}$可由矩阵$\boldsymbol{B}=\begin{pmatrix}\boldsymbol{\alpha}_1\\\boldsymbol{\alpha}_2\\\vdots\\\boldsymbol{\alpha}_m\end{pmatrix}$的行向量组线性表示.

例 2.1.2 设向量$\boldsymbol{\beta}=(-1,-2,-2,1,-4)^{\mathrm{T}},\boldsymbol{\alpha}_1=(1,2,-1,2,1)^{\mathrm{T}},\boldsymbol{\alpha}_2=(2,4,1,1,5)^{\mathrm{T}}$.因为$\boldsymbol{\beta}=\boldsymbol{\alpha}_1-\boldsymbol{\alpha}_2$,所以向量$\boldsymbol{\beta}$是向量组$\boldsymbol{\alpha}_1,\boldsymbol{\alpha}_2$的一个线性组合.

例 2.1.3 因为$\boldsymbol{0}=0\boldsymbol{\alpha}_1+0\boldsymbol{\alpha}_2+\cdots+0\boldsymbol{\alpha}_m$,所以零向量是任何(同维)向量组$\boldsymbol{\alpha}_1,\boldsymbol{\alpha}_2,\cdots,\boldsymbol{\alpha}_m$的一个线性组合,即零向量可以由任何向量组$\boldsymbol{\alpha}_1,\boldsymbol{\alpha}_2,\cdots,\boldsymbol{\alpha}_m$线性表示.

例 2.1.4 设$\boldsymbol{\beta}=(b_1,b_2,\cdots,b_n)$是任意一个$n$维向量,又设$n$维向量

$$\boldsymbol{\varepsilon}_1=(1,0,\cdots,0),\quad \boldsymbol{\varepsilon}_2=(0,1,\cdots,0),\quad \cdots,\quad \boldsymbol{\varepsilon}_n=(0,0,\cdots,1).$$

因为向量 $\boldsymbol{\beta}=(b_1,b_2,\cdots,b_n)$ 可以表示成

$$\boldsymbol{\beta}=b_1\boldsymbol{\varepsilon}_1+b_2\boldsymbol{\varepsilon}_2+\cdots+b_n\boldsymbol{\varepsilon}_n,$$

所以向量 $\boldsymbol{\beta}$ 是向量组 $\boldsymbol{\varepsilon}_1,\boldsymbol{\varepsilon}_2,\cdots,\boldsymbol{\varepsilon}_n$ 的一个线性组合.

例 2.1.4 说明,任何 n 维向量 $\boldsymbol{\beta}$ 都可以由向量组 $\boldsymbol{\varepsilon}_1,\boldsymbol{\varepsilon}_2,\cdots,\boldsymbol{\varepsilon}_n$ 线性表示. 向量组 $\boldsymbol{\varepsilon}_1,\boldsymbol{\varepsilon}_2,\cdots,\boldsymbol{\varepsilon}_n$ 称为 n **维基本单位向量组**(简称**基本单位向量组**). 相应地,对于列向量,也有 n 维基本单位向量组,并且在不引起混淆的情况下,也用 $\boldsymbol{\varepsilon}_1,\boldsymbol{\varepsilon}_2,\cdots,\boldsymbol{\varepsilon}_n$ 表示.

定义 2.1.4 如果向量组 $\boldsymbol{\alpha}_1,\boldsymbol{\alpha}_2,\cdots,\boldsymbol{\alpha}_m$ 中的每一个向量 $\boldsymbol{\alpha}_i(i=1,2,\cdots,m)$ 都可以由向量组 $\boldsymbol{\beta}_1,\boldsymbol{\beta}_2,\cdots,\boldsymbol{\beta}_s$ 线性表示,则称向量组 $\boldsymbol{\alpha}_1,\boldsymbol{\alpha}_2,\cdots,\boldsymbol{\alpha}_m$ 可以由向量组 $\boldsymbol{\beta}_1,\boldsymbol{\beta}_2,\cdots,\boldsymbol{\beta}_s$ **线性表示**. 如果两个向量组可以互相线性表示,则称它们是**等价**的.

很容易验证向量组之间的等价也是一种特殊的等价关系,它满足下列性质:

(1) 反身性:每一个向量组都与它自身等价.

(2) 对称性:如果向量组 $\boldsymbol{\alpha}_1,\boldsymbol{\alpha}_2,\cdots,\boldsymbol{\alpha}_m$ 与向量组 $\boldsymbol{\beta}_1,\boldsymbol{\beta}_2,\cdots,\boldsymbol{\beta}_s$ 等价,则向量组 $\boldsymbol{\beta}_1,\boldsymbol{\beta}_2,\cdots,\boldsymbol{\beta}_s$ 与向量组 $\boldsymbol{\alpha}_1,\boldsymbol{\alpha}_2,\cdots,\boldsymbol{\alpha}_m$ 等价.

(3) 传递性:如果向量组 $\boldsymbol{\alpha}_1,\boldsymbol{\alpha}_2,\cdots,\boldsymbol{\alpha}_m$ 与向量组 $\boldsymbol{\beta}_1,\boldsymbol{\beta}_2,\cdots,\boldsymbol{\beta}_s$ 等价,向量组 $\boldsymbol{\beta}_1,\boldsymbol{\beta}_2,\cdots,\boldsymbol{\beta}_s$ 与向量组 $\boldsymbol{\gamma}_1,\boldsymbol{\gamma}_2,\cdots,\boldsymbol{\gamma}_t$ 等价,则向量组 $\boldsymbol{\alpha}_1,\boldsymbol{\alpha}_2,\cdots,\boldsymbol{\alpha}_m$ 与向量组 $\boldsymbol{\gamma}_1,\boldsymbol{\gamma}_2,\cdots,\boldsymbol{\gamma}_t$ 等价.

设 $\boldsymbol{\alpha}_1,\boldsymbol{\alpha}_2,\cdots,\boldsymbol{\alpha}_m,\boldsymbol{\beta}_1,\boldsymbol{\beta}_2,\cdots,\boldsymbol{\beta}_s$ 都是 n 维列向量,向量组 $\boldsymbol{\alpha}_1,\boldsymbol{\alpha}_2,\cdots,\boldsymbol{\alpha}_m$ 可以由向量组 $\boldsymbol{\beta}_1,\boldsymbol{\beta}_2,\cdots,\boldsymbol{\beta}_s$ 线性表示,即对于 $\boldsymbol{\alpha}_i(i=1,2,\cdots,m)$,存在一组数 $k_{1i},k_{2i},\cdots,k_{si}$,使得

$$\boldsymbol{\alpha}_i=k_{1i}\boldsymbol{\beta}_1+k_{2i}\boldsymbol{\beta}_2+\cdots+k_{si}\boldsymbol{\beta}_s.$$

若令矩阵 $\boldsymbol{A}=(\boldsymbol{\alpha}_1,\boldsymbol{\alpha}_2,\cdots,\boldsymbol{\alpha}_m)$,$\boldsymbol{B}=(\boldsymbol{\beta}_1,\boldsymbol{\beta}_2,\cdots,\boldsymbol{\beta}_s)$,则向量组 $\boldsymbol{\alpha}_1,\boldsymbol{\alpha}_2,\cdots,\boldsymbol{\alpha}_m$ 可以由向量组 $\boldsymbol{\beta}_1,\boldsymbol{\beta}_2,\cdots,\boldsymbol{\beta}_s$ 线性表示,也可以描述为存在矩阵

$$\boldsymbol{K}=\begin{pmatrix} k_{11} & k_{12} & \cdots & k_{1m} \\ k_{21} & k_{22} & \cdots & k_{2m} \\ \vdots & \vdots & & \vdots \\ k_{s1} & k_{s2} & \cdots & k_{sm} \end{pmatrix},$$

使得 $\boldsymbol{A}=\boldsymbol{B}\boldsymbol{K}$.

若 $\boldsymbol{\alpha}_1,\boldsymbol{\alpha}_2,\cdots,\boldsymbol{\alpha}_m,\boldsymbol{\beta}_1,\boldsymbol{\beta}_2,\cdots,\boldsymbol{\beta}_s$ 都是 n 维行向量,且矩阵

$$\boldsymbol{A}'=\begin{pmatrix} \boldsymbol{\alpha}_1 \\ \boldsymbol{\alpha}_2 \\ \vdots \\ \boldsymbol{\alpha}_m \end{pmatrix},\quad \boldsymbol{B}'=\begin{pmatrix} \boldsymbol{\beta}_1 \\ \boldsymbol{\beta}_2 \\ \vdots \\ \boldsymbol{\beta}_s \end{pmatrix},$$

则向量组 $\boldsymbol{\alpha}_1,\boldsymbol{\alpha}_2,\cdots,\boldsymbol{\alpha}_m$ 可以由向量组 $\boldsymbol{\beta}_1,\boldsymbol{\beta}_2,\cdots,\boldsymbol{\beta}_s$ 线性表示，也可以描述为存在矩阵

$$\boldsymbol{K}'=\begin{pmatrix} k_{11} & k_{12} & \cdots & k_{1s} \\ k_{21} & k_{22} & \cdots & k_{2s} \\ \vdots & \vdots & & \vdots \\ k_{m1} & k_{m2} & \cdots & k_{ms} \end{pmatrix},$$

使得 $\boldsymbol{A}'=\boldsymbol{K}'\boldsymbol{B}'$.

2.2 向量组的线性相关性

定义 2.2.1 设有向量组 $\boldsymbol{\alpha}_1,\boldsymbol{\alpha}_2,\cdots,\boldsymbol{\alpha}_m$. 若存在一组不全为 0 的数 $k_1,k_2,\cdots,k_m$，使得

$$k_1\boldsymbol{\alpha}_1+k_2\boldsymbol{\alpha}_2+\cdots+k_m\boldsymbol{\alpha}_m=\mathbf{0},$$

则称向量组 $\boldsymbol{\alpha}_1,\boldsymbol{\alpha}_2,\cdots,\boldsymbol{\alpha}_m$ **线性相关**；否则，称向量组 $\boldsymbol{\alpha}_1,\boldsymbol{\alpha}_2,\cdots,\boldsymbol{\alpha}_m$ **线性无关**.

由定义 2.2.1 可知，向量组 $\boldsymbol{\alpha}_1,\boldsymbol{\alpha}_2,\cdots,\boldsymbol{\alpha}_m$ 线性无关的充要条件是当且仅当 $k_1=k_2=\cdots=k_m=0$ 时，$k_1\boldsymbol{\alpha}_1+k_2\boldsymbol{\alpha}_2+\cdots+k_m\boldsymbol{\alpha}_m=\mathbf{0}$ 才成立.

例 2.2.1 设有向量组 $\boldsymbol{\alpha}_1=(2,-1,3,1)^{\mathrm{T}},\boldsymbol{\alpha}_2=(4,-2,6,2)^{\mathrm{T}},\boldsymbol{\alpha}_3=(2,-1,4,-1)^{\mathrm{T}}$，判断向量组 $\boldsymbol{\alpha}_1,\boldsymbol{\alpha}_2,\boldsymbol{\alpha}_3$ 的线性相关性.

解 因为存在一组不全为 0 的数 $2,-1,0$，使得

$$2\boldsymbol{\alpha}_1-\boldsymbol{\alpha}_2+0\boldsymbol{\alpha}_3=\mathbf{0},$$

所以向量组 $\boldsymbol{\alpha}_1,\boldsymbol{\alpha}_2,\boldsymbol{\alpha}_3$ 线性相关.

例 2.2.2 在几何空间中，两个向量平行(共线)的充要条件是这两个向量线性相关，三个向量共面的充要条件是这三个向量线性相关.

例 2.2.3 证明：n 维基本单位向量组 $\boldsymbol{\varepsilon}_1,\boldsymbol{\varepsilon}_2,\cdots,\boldsymbol{\varepsilon}_n$ 线性无关.

证明 设存在一组数 $k_1,k_2,\cdots,k_n$，使得

$$k_1\boldsymbol{\varepsilon}_1+k_2\boldsymbol{\varepsilon}_2+\cdots+k_n\boldsymbol{\varepsilon}_n=\mathbf{0},$$

则由向量线性运算和向量相等的定义易得 $k_1=k_2=\cdots=k_n=0$. 故向量组 $\boldsymbol{\varepsilon}_1,\boldsymbol{\varepsilon}_2,\cdots,\boldsymbol{\varepsilon}_n$ 线性无关.

证毕

例 2.2.4 设 $\boldsymbol{\alpha}=(a_1,a_2,\cdots,a_n)^{\mathrm{T}}$ 为任意一个 n 维向量，则向量组 $\boldsymbol{\varepsilon}_1,\boldsymbol{\varepsilon}_2,\cdots,\boldsymbol{\varepsilon}_n,\boldsymbol{\alpha}$ 线性相关.

由向量组线性相关性的定义，容易得到以下结论：

(1) 零向量是线性相关的.

事实上，总存在非零常数 k，使得 $k\mathbf{0}=\mathbf{0}$.

(2) 任意一个非零向量线性无关.

事实上，当 $\boldsymbol{\alpha}\neq\mathbf{0}$ 时，要使 $k\boldsymbol{\alpha}=\mathbf{0}$，只有 $k=0$.

(3) 包含零向量的向量组是线性相关的.

(4) 两个向量线性相关的充要条件是它们的对应分量成比例.

结论(3) 与(4) 留给读者自己证明.

以下我们给出向量组线性相关性的几个判别定理.

定理 2.2.1 **向量组 $\boldsymbol{\alpha}_1,\boldsymbol{\alpha}_2,\cdots,\boldsymbol{\alpha}_m(m\geqslant 2)$ 线性相关的充要条件是这个向量组中至少有一个向量，它可由其余 $m-1$ 个向量线性表示.**

证明 充分性. 设向量组 $\boldsymbol{\alpha}_1,\boldsymbol{\alpha}_2,\cdots,\boldsymbol{\alpha}_m$ 中有一个向量 $\boldsymbol{\alpha}_i$，它可以由其余向量线性表示，即存在一组数 $k_1,\cdots,k_{i-1},k_{i+1},\cdots,k_m$，使得

$$\boldsymbol{\alpha}_i=k_1\boldsymbol{\alpha}_1+\cdots+k_{i-1}\boldsymbol{\alpha}_{i-1}+k_{i+1}\boldsymbol{\alpha}_{i+1}+\cdots+k_m\boldsymbol{\alpha}_m,$$

所以

$$k_1\boldsymbol{\alpha}_1+\cdots+k_{i-1}\boldsymbol{\alpha}_{i-1}-\boldsymbol{\alpha}_i+k_{i+1}\boldsymbol{\alpha}_{i+1}+\cdots+k_m\boldsymbol{\alpha}_m=\mathbf{0}.$$

因 $k_1,\cdots,k_{i-1},-1,k_{i+1},\cdots,k_m$ 不全为 0，故向量组 $\boldsymbol{\alpha}_1,\boldsymbol{\alpha}_2,\cdots,\boldsymbol{\alpha}_m$ 线性相关.

必要性. 若向量组 $\boldsymbol{\alpha}_1,\boldsymbol{\alpha}_2,\cdots,\boldsymbol{\alpha}_m$ 线性相关，则存在一组不全为 0 的数 $k_1,k_2,\cdots,k_m$，使得

$$k_1\boldsymbol{\alpha}_1+k_2\boldsymbol{\alpha}_2+\cdots+k_m\boldsymbol{\alpha}_m=\mathbf{0}.$$

因 $k_1,k_2,\cdots,k_m$ 不全为 0，不妨设 $k_1\neq 0$，则由上式可得

$$\boldsymbol{\alpha}_1=\left(-\frac{k_2}{k_1}\right)\boldsymbol{\alpha}_2+\left(-\frac{k_3}{k_1}\right)\boldsymbol{\alpha}_3+\cdots+\left(-\frac{k_m}{k_1}\right)\boldsymbol{\alpha}_m,$$

即 $\boldsymbol{\alpha}_1$ 可由其余向量 $\boldsymbol{\alpha}_2,\boldsymbol{\alpha}_3,\cdots,\boldsymbol{\alpha}_m$ 线性表示.

证毕

由定理 2.2.1 可知，向量组 $\boldsymbol{\alpha}_1,\boldsymbol{\alpha}_2,\cdots,\boldsymbol{\alpha}_m(m\geqslant 2)$ 线性无关的充要条件是其中任何一个向量都不能由其余 $m-1$ 个向量线性表示.

定理 2.2.2 **若向量组 $\boldsymbol{\alpha}_1,\boldsymbol{\alpha}_2,\cdots,\boldsymbol{\alpha}_m(m\geqslant 2)$ 有一个线性相关的部分组**

(由该向量组的部分向量所组成的集合),则该向量组也线性相关.

证明 不妨设向量组 $\boldsymbol{\alpha}_1,\boldsymbol{\alpha}_2,\cdots,\boldsymbol{\alpha}_m$ 的部分组 $\boldsymbol{\alpha}_1,\boldsymbol{\alpha}_2,\cdots,\boldsymbol{\alpha}_r(r<m)$ 线性相关(必要时可将向量重新编号以做到这一点),于是存在一组不全为 0 的数 $k_1,k_2,\cdots,k_r$,使得

$$k_1\boldsymbol{\alpha}_1+k_2\boldsymbol{\alpha}_2+\cdots+k_r\boldsymbol{\alpha}_r=\mathbf{0},$$

从而存在一组不全为 0 的数 $k_1,k_2,\cdots,k_r,0,\cdots,0$,使得

$$k_1\boldsymbol{\alpha}_1+k_2\boldsymbol{\alpha}_2+\cdots+k_r\boldsymbol{\alpha}_r+0\boldsymbol{\alpha}_{r+1}+\cdots+0\boldsymbol{\alpha}_m=\mathbf{0}.$$

故向量组 $\boldsymbol{\alpha}_1,\boldsymbol{\alpha}_2,\cdots,\boldsymbol{\alpha}_m$ 线性相关.

证毕

推论 2.2.1 若向量组 $\boldsymbol{\alpha}_1,\boldsymbol{\alpha}_2,\cdots,\boldsymbol{\alpha}_m$ 线性无关,则其任何部分组都线性无关.

定理 2.2.3 **设向量组 $\boldsymbol{\alpha}_1,\boldsymbol{\alpha}_2,\cdots,\boldsymbol{\alpha}_m$ 线性无关,而向量组 $\boldsymbol{\alpha}_1,\boldsymbol{\alpha}_2,\cdots,\boldsymbol{\alpha}_m,\boldsymbol{\beta}$ 线性相关,则向量 $\boldsymbol{\beta}$ 可以由向量组 $\boldsymbol{\alpha}_1,\boldsymbol{\alpha}_2,\cdots,\boldsymbol{\alpha}_m$ 线性表示,且表示法是唯一的.**

证明 因向量组 $\boldsymbol{\alpha}_1,\boldsymbol{\alpha}_2,\cdots,\boldsymbol{\alpha}_m,\boldsymbol{\beta}$ 线性相关,故存在一组不全为 0 的数 $k_1,k_2,\cdots,k_m,k$,使得

$$k_1\boldsymbol{\alpha}_1+k_2\boldsymbol{\alpha}_2+\cdots+k_m\boldsymbol{\alpha}_m+k\boldsymbol{\beta}=\mathbf{0}.$$

要证向量 $\boldsymbol{\beta}$ 可以由向量组 $\boldsymbol{\alpha}_1,\boldsymbol{\alpha}_2,\cdots,\boldsymbol{\alpha}_m$ 线性表示,只需证 $k\neq 0$ 即可.用反证法,假设 $k=0$,则有

$$k_1\boldsymbol{\alpha}_1+k_2\boldsymbol{\alpha}_2+\cdots+k_m\boldsymbol{\alpha}_m=\mathbf{0}.$$

而已知 $k_1,k_2,\cdots,k_m$ 不全为0,这与向量组 $\boldsymbol{\alpha}_1,\boldsymbol{\alpha}_2,\cdots,\boldsymbol{\alpha}_m$ 线性无关矛盾,所以 $k\neq 0$.

再证唯一性.设向量 $\boldsymbol{\beta}$ 有两个表示式

$$\boldsymbol{\beta}=\lambda_1\boldsymbol{\alpha}_1+\lambda_2\boldsymbol{\alpha}_2+\cdots+\lambda_m\boldsymbol{\alpha}_m$$

及

$$\boldsymbol{\beta}=l_1\boldsymbol{\alpha}_1+l_2\boldsymbol{\alpha}_2+\cdots+l_m\boldsymbol{\alpha}_m.$$

两式相减,得

$$(\lambda_1-l_1)\boldsymbol{\alpha}_1+(\lambda_2-l_2)\boldsymbol{\alpha}_2+\cdots+(\lambda_m-l_m)\boldsymbol{\alpha}_m=\mathbf{0}.$$

因向量组 $\boldsymbol{\alpha}_1,\boldsymbol{\alpha}_2,\cdots,\boldsymbol{\alpha}_m$ 线性无关,故

$$\lambda_i-l_i=0,\quad 即\quad \lambda_i=l_i\quad (i=1,2,\cdots,m).$$

证毕

定理 2.2.4 **设向量组 $\boldsymbol{\beta}_1,\boldsymbol{\beta}_2,\cdots,\boldsymbol{\beta}_s$ 可以由向量组 $\boldsymbol{\alpha}_1,\boldsymbol{\alpha}_2,\cdots,\boldsymbol{\alpha}_r$ 线性表示,且 $s>r$,则向量组 $\boldsymbol{\beta}_1,\boldsymbol{\beta}_2,\cdots,\boldsymbol{\beta}_s$ 线性相关.**

证明略.

推论 2.2.2 设向量组 $\boldsymbol{\beta}_1,\boldsymbol{\beta}_2,\cdots,\boldsymbol{\beta}_s$ 可以由向量组 $\boldsymbol{\alpha}_1,\boldsymbol{\alpha}_2,\cdots,\boldsymbol{\alpha}_r$ 线性表示,且向量组 $\boldsymbol{\beta}_1,\boldsymbol{\beta}_2,\cdots,\boldsymbol{\beta}_s$ 线性无关,则 $s\leqslant r$.

例 2.2.5 设向量组 $\boldsymbol{\alpha}_1,\boldsymbol{\alpha}_2,\boldsymbol{\alpha}_3$ 线性相关，向量组 $\boldsymbol{\alpha}_2,\boldsymbol{\alpha}_3,\boldsymbol{\alpha}_4$ 线性无关. 问：

(1) 向量 $\boldsymbol{\alpha}_1$ 能否由向量组 $\boldsymbol{\alpha}_2,\boldsymbol{\alpha}_3$ 线性表示？

(2) 向量 $\boldsymbol{\alpha}_4$ 能否由向量组 $\boldsymbol{\alpha}_1,\boldsymbol{\alpha}_2,\boldsymbol{\alpha}_3$ 线性表示？

解 (1) 能. 因向量组 $\boldsymbol{\alpha}_2,\boldsymbol{\alpha}_3,\boldsymbol{\alpha}_4$ 线性无关，故其部分组 $\boldsymbol{\alpha}_2,\boldsymbol{\alpha}_3$ 线性无关. 又因向量组 $\boldsymbol{\alpha}_1,\boldsymbol{\alpha}_2,\boldsymbol{\alpha}_3$ 线性相关，故由定理 2.2.3 可得向量 $\boldsymbol{\alpha}_1$ 能由向量组 $\boldsymbol{\alpha}_2,\boldsymbol{\alpha}_3$ 线性表示.

(2) 不能. 事实上，如果向量 $\boldsymbol{\alpha}_4$ 能由向量组 $\boldsymbol{\alpha}_1,\boldsymbol{\alpha}_2,\boldsymbol{\alpha}_3$ 线性表示，而由(1)可知向量 $\boldsymbol{\alpha}_1$ 能由向量组 $\boldsymbol{\alpha}_2,\boldsymbol{\alpha}_3$ 线性表示，那么向量 $\boldsymbol{\alpha}_4$ 也能由向量组 $\boldsymbol{\alpha}_2,\boldsymbol{\alpha}_3$ 线性表示，即向量组 $\boldsymbol{\alpha}_2,\boldsymbol{\alpha}_3,\boldsymbol{\alpha}_4$ 线性相关，这与已知矛盾.

2.3 向量组的秩

定义 2.3.1 若向量组 $\boldsymbol{\alpha}_1,\boldsymbol{\alpha}_2,\cdots,\boldsymbol{\alpha}_m$ 的部分组 $\boldsymbol{\alpha}_{i_1},\boldsymbol{\alpha}_{i_2},\cdots,\boldsymbol{\alpha}_{i_r}$ 满足：

(1) 部分组 $\boldsymbol{\alpha}_{i_1},\boldsymbol{\alpha}_{i_2},\cdots,\boldsymbol{\alpha}_{i_r}$ 线性无关；

(2) 向量组 $\boldsymbol{\alpha}_1,\boldsymbol{\alpha}_2,\cdots,\boldsymbol{\alpha}_m$ 中每一个向量均可由部分组 $\boldsymbol{\alpha}_{i_1},\boldsymbol{\alpha}_{i_2},\cdots,\boldsymbol{\alpha}_{i_r}$ 线性表示，

则称部分组 $\boldsymbol{\alpha}_{i_1},\boldsymbol{\alpha}_{i_2},\cdots,\boldsymbol{\alpha}_{i_r}$ 为向量组 $\boldsymbol{\alpha}_1,\boldsymbol{\alpha}_2,\cdots,\boldsymbol{\alpha}_m$ 的一个**极大线性无关组**(简称**极大无关组**).

例 2.3.1 求向量组 $\boldsymbol{\alpha}_1=(2,-1,3,1)^{\mathrm{T}},\boldsymbol{\alpha}_2=(4,-2,6,2)^{\mathrm{T}},\boldsymbol{\alpha}_3=(2,-1,4,-1)^{\mathrm{T}}$ 的一个极大无关组.

解 显然，部分组 $\boldsymbol{\alpha}_2,\boldsymbol{\alpha}_3$ 线性无关，而向量组 $\boldsymbol{\alpha}_1,\boldsymbol{\alpha}_2,\boldsymbol{\alpha}_3$ 线性相关. 由定理 2.2.3 和定义 2.3.1 可得，部分组 $\boldsymbol{\alpha}_2,\boldsymbol{\alpha}_3$ 为向量组 $\boldsymbol{\alpha}_1,\boldsymbol{\alpha}_2,\boldsymbol{\alpha}_3$ 的一个极大无关组. 此外，部分组 $\boldsymbol{\alpha}_1,\boldsymbol{\alpha}_3$ 也是向量组 $\boldsymbol{\alpha}_1,\boldsymbol{\alpha}_2,\boldsymbol{\alpha}_3$ 的一个极大无关组.

根据极大无关组的定义，我们有下面一些结论.

性质 2.3.1 一个线性无关的向量组的极大无关组就是这个向量组本身.

性质 2.3.2 只有零向量的向量组没有极大无关组.

性质 2.3.3 向量组的任意一个极大无关组都与向量组本身等价.

性质 2.3.4 向量组的任意两个极大无关组都是等价的,且所含的向量个数也相等.

性质 2.3.4 可由性质 2.3.3 和推论 2.2.2 得到.

性质 2.3.4 表明,一个向量组虽然可能有几个极大无关组,但每一个极大无关组所含的向量个数都是一样的,与极大无关组的选择无关. 这直接反映了向量组本身的性质,从而引出下面的定义.

定义 2.3.2 向量组的极大无关组所含的向量个数称为向量组的**秩**.

规定只含零向量的向量组的秩为 0. 通常用 $\mathrm{r}\{\boldsymbol{\alpha}_1,\boldsymbol{\alpha}_2,\cdots,\boldsymbol{\alpha}_m\}$ 表示向量组 $\boldsymbol{\alpha}_1,\boldsymbol{\alpha}_2,\cdots,\boldsymbol{\alpha}_m$ 的秩.

利用向量组的秩可以得到向量组线性相关性的一个判别方法.

定理 2.3.1 **向量组 $\boldsymbol{\alpha}_1,\boldsymbol{\alpha}_2,\cdots,\boldsymbol{\alpha}_m$ 线性无关的充要条件是**

$$\mathrm{r}\{\boldsymbol{\alpha}_1,\boldsymbol{\alpha}_2,\cdots,\boldsymbol{\alpha}_m\}=m.$$

证明 必要性. 若向量组 $\boldsymbol{\alpha}_1,\boldsymbol{\alpha}_2,\cdots,\boldsymbol{\alpha}_m$ 线性无关,则向量组 $\boldsymbol{\alpha}_1,\boldsymbol{\alpha}_2,\cdots,\boldsymbol{\alpha}_m$ 的极大无关组就是其本身. 于是

$$\mathrm{r}\{\boldsymbol{\alpha}_1,\boldsymbol{\alpha}_2,\cdots,\boldsymbol{\alpha}_m\}=m.$$

充分性. 若 $\mathrm{r}\{\boldsymbol{\alpha}_1,\boldsymbol{\alpha}_2,\cdots,\boldsymbol{\alpha}_m\}=m$,则向量组 $\boldsymbol{\alpha}_1,\boldsymbol{\alpha}_2,\cdots,\boldsymbol{\alpha}_m$ 的一个极大无关组中含有 m 个向量,从而极大无关组就是其本身. 于是,向量组 $\boldsymbol{\alpha}_1,\boldsymbol{\alpha}_2,\cdots,\boldsymbol{\alpha}_m$ 线性无关.

证毕

由于证明较烦琐,因此我们不加证明地给出下面的定理.

定理 2.3.2 **矩阵的秩等于其列向量组的秩,也等于其行向量组的秩.**

推论 2.3.1 记 m 阶矩阵 $\boldsymbol{A}=(\boldsymbol{\alpha}_1,\boldsymbol{\alpha}_2,\cdots,\boldsymbol{\alpha}_m)$,则 m 维向量组 $\boldsymbol{\alpha}_1,\boldsymbol{\alpha}_2,\cdots,\boldsymbol{\alpha}_m$ 线性无关的充要条件是 $|\boldsymbol{A}|\neq 0$.

推论 2.3.2 若矩阵 $\boldsymbol{A}=(\boldsymbol{\alpha}_1,\boldsymbol{\alpha}_2,\cdots,\boldsymbol{\alpha}_m)$ 的列向量组线性无关,设矩阵 $\boldsymbol{B}=(\boldsymbol{\beta}_1,\boldsymbol{\beta}_2,\cdots,\boldsymbol{\beta}_m)$,则矩阵 $\boldsymbol{C}=\begin{pmatrix}\boldsymbol{A}\\\boldsymbol{B}\end{pmatrix}$ 的列向量组也线性无关.

推论 2.3.3 m 个 $n(m>n)$ 维向量组成的向量组必线性相关.

定理 2.3.3 **若矩阵 $\boldsymbol{A}$ 经过初等行变换后化为矩阵 $\boldsymbol{B}$,则矩阵 $\boldsymbol{A}$ 的列向量组和矩阵 $\boldsymbol{B}$ 的列向量组有相同的线性组合关系.**

证明 设矩阵 $\boldsymbol{A}=(\boldsymbol{\alpha}_1,\boldsymbol{\alpha}_2,\cdots,\boldsymbol{\alpha}_n)$,$\boldsymbol{B}=(\boldsymbol{\beta}_1,\boldsymbol{\beta}_2,\cdots,\boldsymbol{\beta}_n)$. 因为对矩阵 $\boldsymbol{A}$ 施行初

等行变换得到矩阵 $\boldsymbol{B}$,所以存在可逆矩阵 $\boldsymbol{P}$,使得 $\boldsymbol{PA}=\boldsymbol{B}$,即

$$\boldsymbol{PA}=\boldsymbol{P}(\boldsymbol{\alpha}_1,\boldsymbol{\alpha}_2,\cdots,\boldsymbol{\alpha}_n)=(\boldsymbol{P\alpha}_1,\boldsymbol{P\alpha}_2,\cdots,\boldsymbol{P\alpha}_n)=(\boldsymbol{\beta}_1,\boldsymbol{\beta}_2,\cdots,\boldsymbol{\beta}_n)=\boldsymbol{B},$$

可得 $\boldsymbol{\beta}_i=\boldsymbol{P\alpha}_i(i=1,2,\cdots,n)$. 假设向量组 $\boldsymbol{\alpha}_1,\boldsymbol{\alpha}_2,\cdots,\boldsymbol{\alpha}_n$ 的线性组合关系可表示为

$$k_1\boldsymbol{\alpha}_1+k_2\boldsymbol{\alpha}_2+\cdots+k_n\boldsymbol{\alpha}_n=\boldsymbol{0},$$

上式两边左乘矩阵 $\boldsymbol{P}$,得

$$k_1\boldsymbol{P\alpha}_1+k_2\boldsymbol{P\alpha}_2+\cdots+k_n\boldsymbol{P\alpha}_n=\boldsymbol{0},$$

即

$$k_1\boldsymbol{\beta}_1+k_2\boldsymbol{\beta}_2+\cdots+k_n\boldsymbol{\beta}_n=\boldsymbol{0}.$$

由此说明,向量组 $\boldsymbol{\alpha}_1,\boldsymbol{\alpha}_2,\cdots,\boldsymbol{\alpha}_n$ 与向量组 $\boldsymbol{\beta}_1,\boldsymbol{\beta}_2,\cdots,\boldsymbol{\beta}_n$ 有相同的线性组合关系.

例 2.3.2 讨论下列向量组的线性相关性:

(1) $\boldsymbol{\alpha}_1=(1,-1,1),\boldsymbol{\alpha}_2=(2,1,-1),\boldsymbol{\alpha}_3=(5,-2,2)$;

(2) $\boldsymbol{\alpha}_1=(4,-1,2),\boldsymbol{\alpha}_2=(2,3,4)$;

(3) $\boldsymbol{\alpha}_1=(9,-2,3),\boldsymbol{\alpha}_2=(0,-1,-7),\boldsymbol{\alpha}_3=(2,-6,1),\boldsymbol{\alpha}_4=(1,1,1)$.

解 (1) 设矩阵

$$\boldsymbol{A}=\begin{pmatrix}\boldsymbol{\alpha}_1\\ \boldsymbol{\alpha}_2\\ \boldsymbol{\alpha}_3\end{pmatrix}=\begin{pmatrix}1&-1&1\\2&1&-1\\5&-2&2\end{pmatrix}.$$

由于

$$|\boldsymbol{A}|=\begin{vmatrix}1&-1&1\\2&1&-1\\5&-2&2\end{vmatrix}=0,$$

因此 $\mathrm{r}(\boldsymbol{A})<3$,从而向量组 $\boldsymbol{\alpha}_1,\boldsymbol{\alpha}_2,\boldsymbol{\alpha}_3$ 线性相关.

(2) 设矩阵 $\boldsymbol{A}=\begin{pmatrix}\boldsymbol{\alpha}_1\\ \boldsymbol{\alpha}_2\end{pmatrix}=\begin{pmatrix}4&-1&2\\2&3&4\end{pmatrix}$. 由于矩阵 $\boldsymbol{A}$ 中有一个二阶子式 $\begin{vmatrix}4&-1\\2&3\end{vmatrix}=14\neq 0$,因此 $\mathrm{r}(\boldsymbol{A})=2$,从而向量组 $\boldsymbol{\alpha}_1,\boldsymbol{\alpha}_2$ 线性无关.

(3) 由推论 2.3.3 知,向量组 $\boldsymbol{\alpha}_1,\boldsymbol{\alpha}_2,\boldsymbol{\alpha}_3,\boldsymbol{\alpha}_4$ 线性相关.

根据定理 2.3.2 可知,要求列向量组 $\boldsymbol{\alpha}_1,\boldsymbol{\alpha}_2,\cdots,\boldsymbol{\alpha}_m$ 的秩,只需求矩阵 $\boldsymbol{A}=(\boldsymbol{\alpha}_1,\boldsymbol{\alpha}_2,\cdots,\boldsymbol{\alpha}_m)$ 的秩,而这可以通过初等行变换来实现,且同时也可得到该向量组的一个极大无关组. 下面通过举例说明.

例 2.3.3 求下列向量组的秩和一个极大无关组,并将其余向量用该极大无关组线性表示:

$$\boldsymbol{\alpha}_1=(1,5,4,-1)^{\mathrm{T}},\quad \boldsymbol{\alpha}_2=(1,2,1,-1)^{\mathrm{T}},\quad \boldsymbol{\alpha}_3=(0,1,1,-1)^{\mathrm{T}},$$

$$\boldsymbol{\alpha}_4=(1,3,2,-1)^{\mathrm{T}},\quad \boldsymbol{\alpha}_5=(2,6,4,-1)^{\mathrm{T}}.$$

解 令矩阵 $\boldsymbol{A}=(\boldsymbol{\alpha}_1,\boldsymbol{\alpha}_2,\boldsymbol{\alpha}_3,\boldsymbol{\alpha}_4,\boldsymbol{\alpha}_5)$,对矩阵 $\boldsymbol{A}$ 施行初等行变换,将其化为行最简形矩阵:

$$\boldsymbol{A}=\begin{pmatrix}1&1&0&1&2\\5&2&1&3&6\\4&1&1&2&4\\-1&-1&-1&-1&-1\end{pmatrix}\xrightarrow[r_4+r_1]{\substack{r_2-5r_1\\r_3-4r_1}}\begin{pmatrix}1&1&0&1&2\\0&-3&1&-2&-4\\0&-3&1&-2&-4\\0&0&-1&0&1\end{pmatrix}$$

$$\xrightarrow[r_4-r_2]{r_3\leftrightarrow r_4}\begin{pmatrix}1&1&0&1&2\\0&-3&1&-2&-4\\0&0&-1&0&1\\0&0&0&0&0\end{pmatrix}\xrightarrow[r_3\times(-1)]{\substack{r_2+r_3\\r_2\times\left(-\frac{1}{3}\right)}}\begin{pmatrix}1&1&0&1&2\\0&1&0&\frac{2}{3}&1\\0&0&1&0&-1\\0&0&0&0&0\end{pmatrix}$$

$$\xrightarrow{r_1-r_2}\begin{pmatrix}1&0&0&\frac{1}{3}&1\\0&1&0&\frac{2}{3}&1\\0&0&1&0&-1\\0&0&0&0&0\end{pmatrix}\triangleq\boldsymbol{B}.$$

由此可知 $\mathrm{r}(\boldsymbol{A})=3$,从而其列向量组的极大无关组中有3个向量. 取第1,2,3列,由于

$$(\boldsymbol{\alpha}_1,\boldsymbol{\alpha}_2,\boldsymbol{\alpha}_3)\xrightarrow{\text{初等行变换}}\begin{pmatrix}1&0&0\\0&1&0\\0&0&1\\0&0&0\end{pmatrix},$$

因此向量组 $\boldsymbol{\alpha}_1,\boldsymbol{\alpha}_2,\boldsymbol{\alpha}_3$ 为矩阵 $\boldsymbol{A}$ 的列向量组的一个极大无关组,且由最后得到的行最简形矩阵 $\boldsymbol{B}$ 不难看出

$$\boldsymbol{\alpha}_4=\frac{1}{3}\boldsymbol{\alpha}_1+\frac{2}{3}\boldsymbol{\alpha}_2,\quad \boldsymbol{\alpha}_5=\boldsymbol{\alpha}_1+\boldsymbol{\alpha}_2-\boldsymbol{\alpha}_3.$$

由定理 2.3.2 可得到下面的定理.

定理 2.3.4 矩阵 $\boldsymbol{A}$ 的秩等于 r 的充要条件是矩阵 $\boldsymbol{A}$ 中有 r 个行(列)向量

线性无关,但任意 $r+1$ 个行(列)向量(如果存在的话)都线性相关.

2.4 n 维向量空间

定义 2.4.1 设 V 是非空的 n 维向量集合. 若 V 对向量的加法及数乘这两种运算封闭,则称 V 是一个**向量空间**.

所谓对向量的加法及数乘运算封闭,分别是指对于任意的 $\boldsymbol{\alpha} \in V, \boldsymbol{\beta} \in V$,有 $\boldsymbol{\alpha}+\boldsymbol{\beta} \in V$;对于任意的数 λ 及 $\boldsymbol{\alpha} \in V$,有 $\lambda\boldsymbol{\alpha} \in V$.

注意 向量空间又被称为线性空间,是线性代数中一个最基本的概念. 前面我们将有序数组称为向量,这里可以把向量的概念推广,使向量及向量空间的概念更具一般性. 值得注意的是,推广后的向量不一定是有序数组;向量空间的加法和数乘运算也不一定是有序数组的加法和数乘运算.

例 2.4.1 n 维向量的全体所组成的集合 $\mathbf{R}^n$ 是一个向量空间,它是 $\mathbf{R}^2$ 和 $\mathbf{R}^3$ 的推广.

例 2.4.2 集合 $V_1=\{(0,x_2,\cdots,x_n) \mid x_2,\cdots,x_n \in \mathbf{R}\}$ 是一个向量空间,因为对于任意的 $\boldsymbol{\alpha}=(0,x_2,\cdots,x_n), \boldsymbol{\beta}=(0,y_2,\cdots,y_n) \in V_1, \lambda \in \mathbf{R}$,有 $\boldsymbol{\alpha}+\boldsymbol{\beta}=(0,x_2+y_2,\cdots,x_n+y_n) \in V_1, \lambda\boldsymbol{\alpha}=(0,\lambda x_2,\cdots,\lambda x_n) \in V_1$.

例 2.4.3 集合 $V_2=\{(1,x_2,\cdots,x_n) \mid x_2,\cdots,x_n \in \mathbf{R}\}$ 不是向量空间,因为对于任意的 $\boldsymbol{\alpha}=(1,x_2,\cdots,x_n) \in V_2$,有 $2\boldsymbol{\alpha}=(2,2x_2,\cdots,2x_n) \notin V_2$.

例 2.4.4 设 $\boldsymbol{A}$ 为 $m \times n$ 矩阵,令 $V=\{\boldsymbol{x} \mid \boldsymbol{A}\boldsymbol{x}=\boldsymbol{0}, \boldsymbol{x}$ 为 n 维列向量$\}$,则 V 对向量的加法和数乘运算封闭,从而 V 是一个向量空间.

例 2.4.5 次数不超过 n 的多项式全体

$$P[x]_n=\{a_nx^n+a_{n-1}x^{n-1}+\cdots+a_1x+a_0 \mid a_n,a_{n-1},\cdots,a_1,a_0 \in \mathbf{R}\}$$

对多项式的加法与数乘(数与多项式的乘法)运算封闭,所以 $P[x]_n$ 是一个向量空间. 这里把向量的概念推广到了多项式,向量的加法与数乘推广到了多项式的加法与数乘.

例 2.4.6 已知 n 维向量 $\boldsymbol{\alpha}_1,\boldsymbol{\alpha}_2,\cdots,\boldsymbol{\alpha}_m$,集合

$$V=\{\boldsymbol{\alpha}=\lambda_1\boldsymbol{\alpha}_1+\lambda_2\boldsymbol{\alpha}_2+\cdots+\lambda_m\boldsymbol{\alpha}_m \mid \lambda_1,\lambda_2,\cdots,\lambda_m \in \mathbf{R}\},$$

证明：V 是一个向量空间.

证明 对于任意的 $\boldsymbol{\alpha},\boldsymbol{\beta}\in V$，存在数 $\lambda_i,\mu_i(i=1,2,\cdots,m)$，使得

$$\boldsymbol{\alpha}=\lambda_1\boldsymbol{\alpha}_1+\lambda_2\boldsymbol{\alpha}_2+\cdots+\lambda_m\boldsymbol{\alpha}_m,$$
$$\boldsymbol{\beta}=\mu_1\boldsymbol{\alpha}_1+\mu_2\boldsymbol{\alpha}_2+\cdots+\mu_m\boldsymbol{\alpha}_m,$$

于是

$$\boldsymbol{\alpha}+\boldsymbol{\beta}=(\lambda_1+\mu_1)\boldsymbol{\alpha}_1+(\lambda_2+\mu_2)\boldsymbol{\alpha}_2+\cdots+(\lambda_m+\mu_m)\boldsymbol{\alpha}_m\in V.$$

又对于任意的数 k，有

$$k\boldsymbol{\alpha}=(k\lambda_1)\boldsymbol{\alpha}_1+(k\lambda_2)\boldsymbol{\alpha}_2+\cdots+(k\lambda_m)\boldsymbol{\alpha}_m\in V.$$

因此，V 是一个向量空间.

证毕

定义 2.4.2 设有 m 个 n 维向量 $\boldsymbol{\alpha}_1,\boldsymbol{\alpha}_2,\cdots,\boldsymbol{\alpha}_m$，它们的一切线性组合所构成的向量空间

$$V=\{\boldsymbol{\alpha}=\lambda_1\boldsymbol{\alpha}_1+\lambda_2\boldsymbol{\alpha}_2+\cdots+\lambda_m\boldsymbol{\alpha}_m\mid\lambda_1,\lambda_2,\cdots,\lambda_m\in\mathbf{R}\},$$

称为**由向量 $\boldsymbol{\alpha}_1,\boldsymbol{\alpha}_2,\cdots,\boldsymbol{\alpha}_m$ 所生成的向量空间**，记作 $L(\boldsymbol{\alpha}_1,\boldsymbol{\alpha}_2,\cdots,\boldsymbol{\alpha}_m)$，即

$$L(\boldsymbol{\alpha}_1,\boldsymbol{\alpha}_2,\cdots,\boldsymbol{\alpha}_m)=V=\{\boldsymbol{\alpha}=\lambda_1\boldsymbol{\alpha}_1+\lambda_2\boldsymbol{\alpha}_2+\cdots+\lambda_m\boldsymbol{\alpha}_m\mid\lambda_1,\lambda_2,\cdots,\lambda_m\in\mathbf{R}\}.$$

定义 2.4.3 设 V 为一个向量空间. 若向量 $\boldsymbol{\alpha}_1,\boldsymbol{\alpha}_2,\cdots,\boldsymbol{\alpha}_r\in V$，并满足：

(1) 向量组 $\boldsymbol{\alpha}_1,\boldsymbol{\alpha}_2,\cdots,\boldsymbol{\alpha}_r$ 线性无关；

(2) 对于任意的 $\boldsymbol{\alpha}\in V$，$\boldsymbol{\alpha}$ 都可由向量组 $\boldsymbol{\alpha}_1,\boldsymbol{\alpha}_2,\cdots,\boldsymbol{\alpha}_r$ 线性表示，

则称向量组 $\boldsymbol{\alpha}_1,\boldsymbol{\alpha}_2,\cdots,\boldsymbol{\alpha}_r$ 为向量空间 V 的一个**基**，称 r 为 V 的**维数**，记作 $\dim(V)=r$，并称 V 为 r **维向量空间**.

若把向量空间视为向量组，则向量空间的基就是向量组的一个极大无关组，其维数就是向量组的秩. 因此，向量空间的基可能不是唯一的，但维数却是唯一确定的.

只含零向量的向量空间没有基，其维数规定为 0，即为 0 维向量空间.

定义 2.4.4 设有向量空间 V_1,V_2. 若 $V_1\subset V_2$，则称 V_1 是 V_2 的**子空间**.

若 V 是向量空间，$\mathbf{0}$ 是 V 中的零向量，则 V 与 $\{\mathbf{0}\}$ 都是 V 的子空间. 这两个子空间称为 V 的**平凡子空间**，V 的其他子空间称为**非平凡子空间**.

例 2.4.7 设有三维向量 $\boldsymbol{\alpha}_1=(1,0,0)^{\mathrm{T}},\boldsymbol{\alpha}_2=(0,1,0)^{\mathrm{T}},\boldsymbol{\alpha}_3=(0,0,1)^{\mathrm{T}}$ 及向量空间

$$V_1=\{\boldsymbol{x}=\lambda_1\boldsymbol{\alpha}_1 \mid \lambda_1\in\mathbf{R}\},$$
$$V_2=\{\boldsymbol{x}=\lambda_1\boldsymbol{\alpha}_1+\lambda_2\boldsymbol{\alpha}_2 \mid \lambda_1,\lambda_2\in\mathbf{R}\},$$
$$V_3=\{\boldsymbol{x}=\lambda_1\boldsymbol{\alpha}_1+\lambda_2\boldsymbol{\alpha}_2+\lambda_3\boldsymbol{\alpha}_3 \mid \lambda_1,\lambda_2,\lambda_3\in\mathbf{R}\}.$$

如果把三维向量看作几何空间中的向量，那么 V_1 是 x 轴上的全体向量所构成的一维向量空间，V_2 是 xOy 平面上的全体向量所构成的二维向量空间，$V_3=\mathbf{R}^3$，且 V_1，V_2 都是 V_3 的子空间.

一般地，对于任意的向量 $\boldsymbol{\alpha}_1,\boldsymbol{\alpha}_2,\cdots,\boldsymbol{\alpha}_m\in\mathbf{R}^n$，由它们所生成的向量空间 $L(\boldsymbol{\alpha}_1,\boldsymbol{\alpha}_2,\cdots,\boldsymbol{\alpha}_m)$ 是 $\mathbf{R}^n$ 的子空间.

定义 2.4.5 如果在 r 维向量空间 V 中取定一个基 $\boldsymbol{\alpha}_1,\boldsymbol{\alpha}_2,\cdots,\boldsymbol{\alpha}_r$，那么 V 中任意一个向量 $\boldsymbol{\beta}$ 可唯一地表示为如下形式：

$$\boldsymbol{\beta}=x_1\boldsymbol{\alpha}_1+x_2\boldsymbol{\alpha}_2+\cdots+x_r\boldsymbol{\alpha}_r.$$

这时称 $(x_1,x_2,\cdots,x_r)^{\mathrm{T}}$ 为向量 $\boldsymbol{\beta}$ 在基 $\boldsymbol{\alpha}_1,\boldsymbol{\alpha}_2,\cdots,\boldsymbol{\alpha}_r$ 下的**坐标**.

特别地，若在 n 维向量空间 $\mathbf{R}^n$ 中取基本单位向量组 $\boldsymbol{\varepsilon}_1,\boldsymbol{\varepsilon}_2,\cdots,\boldsymbol{\varepsilon}_n$ 为基，则以 x_1，$x_2,\cdots,x_n$ 为分量的向量 $\boldsymbol{x}$ 可表示为 $\boldsymbol{x}=x_1\boldsymbol{\varepsilon}_1+x_2\boldsymbol{\varepsilon}_2+\cdots+x_n\boldsymbol{\varepsilon}_n$，即 $\boldsymbol{x}$ 的坐标就是 $(x_1,x_2,\cdots,x_n)^{\mathrm{T}}$. 因此，$\boldsymbol{\varepsilon}_1,\boldsymbol{\varepsilon}_2,\cdots,\boldsymbol{\varepsilon}_n$ 称为向量空间 $\mathbf{R}^n$ 的**自然基**.

例 2.4.8 设向量 $\boldsymbol{\alpha}_1=\begin{pmatrix}1\\1\\1\end{pmatrix}$，$\boldsymbol{\alpha}_2=\begin{pmatrix}0\\1\\1\end{pmatrix}$，$\boldsymbol{\alpha}_3=\begin{pmatrix}0\\0\\1\end{pmatrix}$，$\boldsymbol{\beta}=\begin{pmatrix}5\\6\\7\end{pmatrix}$.

(1) 证明：向量组 $\boldsymbol{\alpha}_1,\boldsymbol{\alpha}_2,\boldsymbol{\alpha}_3$ 是 $\mathbf{R}^3$ 的一个基；

(2) 求向量 $\boldsymbol{\beta}$ 在基 $\boldsymbol{\alpha}_1,\boldsymbol{\alpha}_2,\boldsymbol{\alpha}_3$ 下的坐标.

解 (1) 记 $\boldsymbol{A}=(\boldsymbol{\alpha}_1,\boldsymbol{\alpha}_2,\boldsymbol{\alpha}_3)$. 由于

$$|\boldsymbol{A}|=\begin{vmatrix}1&0&0\\1&1&0\\1&1&1\end{vmatrix}=1\neq 0,$$

而 $\dim(\mathbf{R}^3)=3$，因此向量组 $\boldsymbol{\alpha}_1,\boldsymbol{\alpha}_2,\boldsymbol{\alpha}_3$ 是 $\mathbf{R}^3$ 的一个基.

(2) 由

$$(\boldsymbol{\alpha}_1,\boldsymbol{\alpha}_2,\boldsymbol{\alpha}_3,\boldsymbol{\beta})=\begin{pmatrix}1&0&0&5\\1&1&0&6\\1&1&1&7\end{pmatrix}\xrightarrow{\text{初等行变换}}\begin{pmatrix}1&0&0&5\\0&1&0&1\\0&0&1&1\end{pmatrix},$$

得 $\boldsymbol{\beta}=5\boldsymbol{\alpha}_1+\boldsymbol{\alpha}_2+\boldsymbol{\alpha}_3$，即 $\boldsymbol{\beta}$ 在基 $\boldsymbol{\alpha}_1,\boldsymbol{\alpha}_2,\boldsymbol{\alpha}_3$ 下的坐标为 $(5,1,1)^{\mathrm{T}}$.

定义 2.4.6 在 r 维向量空间 V 中取一个基 $\boldsymbol{\eta}_1,\boldsymbol{\eta}_2,\cdots,\boldsymbol{\eta}_r$，再取另一个基为 $\boldsymbol{\xi}_1,\boldsymbol{\xi}_2,\cdots,\boldsymbol{\xi}_r$，则用基 $\boldsymbol{\eta}_1,\boldsymbol{\eta}_2,\cdots,\boldsymbol{\eta}_r$ 表示基 $\boldsymbol{\xi}_1,\boldsymbol{\xi}_2,\cdots,\boldsymbol{\xi}_r$ 的表达式

$$(\boldsymbol{\xi}_1,\boldsymbol{\xi}_2,\cdots,\boldsymbol{\xi}_r)=(\boldsymbol{\eta}_1,\boldsymbol{\eta}_2,\cdots,\boldsymbol{\eta}_r)\boldsymbol{T}$$

称为**从基 $\boldsymbol{\eta}_1,\boldsymbol{\eta}_2,\cdots,\boldsymbol{\eta}_r$ 到基 $\boldsymbol{\xi}_1,\boldsymbol{\xi}_2,\cdots,\boldsymbol{\xi}_r$ 的变换公式**(简称**基变换公式**)，其中矩阵 $\boldsymbol{T}$ 称为从基 $\boldsymbol{\eta}_1,\boldsymbol{\eta}_2,\cdots,\boldsymbol{\eta}_r$ 到基 $\boldsymbol{\xi}_1,\boldsymbol{\xi}_2,\cdots,\boldsymbol{\xi}_r$ 的**过渡矩阵**(显然，过渡矩阵 $\boldsymbol{T}$ 是可逆的).

对于向量空间 V 中的任意一个向量 $\boldsymbol{x}$，设其在基 $\boldsymbol{\eta}_1,\boldsymbol{\eta}_2,\cdots,\boldsymbol{\eta}_r$ 下的坐标为 $(x_1,x_2,\cdots,x_r)^{\mathrm{T}}$，在基 $\boldsymbol{\xi}_1,\boldsymbol{\xi}_2,\cdots,\boldsymbol{\xi}_r$ 下的坐标为 $(y_1,y_2,\cdots,y_r)^{\mathrm{T}}$，即

$$\boldsymbol{x}=x_1\boldsymbol{\eta}_1+x_2\boldsymbol{\eta}_2+\cdots+x_r\boldsymbol{\eta}_r=(\boldsymbol{\eta}_1,\boldsymbol{\eta}_2,\cdots,\boldsymbol{\eta}_r)\begin{pmatrix}x_1\\x_2\\\vdots\\x_r\end{pmatrix},$$

$$\boldsymbol{x}=y_1\boldsymbol{\xi}_1+y_2\boldsymbol{\xi}_2+\cdots+y_r\boldsymbol{\xi}_r=(\boldsymbol{\xi}_1,\boldsymbol{\xi}_2,\cdots,\boldsymbol{\xi}_r)\begin{pmatrix}y_1\\y_2\\\vdots\\y_r\end{pmatrix},$$

则

$$\boldsymbol{x}=(\boldsymbol{\eta}_1,\boldsymbol{\eta}_2,\cdots,\boldsymbol{\eta}_r)\begin{pmatrix}x_1\\x_2\\\vdots\\x_r\end{pmatrix}=(\boldsymbol{\xi}_1,\boldsymbol{\xi}_2,\cdots,\boldsymbol{\xi}_r)\begin{pmatrix}y_1\\y_2\\\vdots\\y_r\end{pmatrix}=(\boldsymbol{\eta}_1,\boldsymbol{\eta}_2,\cdots,\boldsymbol{\eta}_r)\boldsymbol{T}\begin{pmatrix}y_1\\y_2\\\vdots\\y_r\end{pmatrix}.$$

根据向量 $\boldsymbol{x}$ 在基 $\boldsymbol{\eta}_1,\boldsymbol{\eta}_2,\cdots,\boldsymbol{\eta}_r$ 下的坐标的唯一性，可得

$$\begin{pmatrix}x_1\\x_2\\\vdots\\x_r\end{pmatrix}=\boldsymbol{T}\begin{pmatrix}y_1\\y_2\\\vdots\\y_r\end{pmatrix}$$

或

$$\begin{pmatrix} y_1 \\ y_2 \\ \vdots \\ y_r \end{pmatrix} = \boldsymbol{T}^{-1} \begin{pmatrix} x_1 \\ x_2 \\ \vdots \\ x_r \end{pmatrix},$$

称之为从基 $\boldsymbol{\eta}_1, \boldsymbol{\eta}_2, \cdots, \boldsymbol{\eta}_r$ 到基 $\boldsymbol{\xi}_1, \boldsymbol{\xi}_2, \cdots, \boldsymbol{\xi}_r$ 的**坐标变换公式**.

例 2.4.9 设 $\mathbf{R}^4$ 中有两个基:

(1) $\boldsymbol{\alpha}_1 = (1, 2, -1, 0)^{\mathrm{T}}, \boldsymbol{\alpha}_2 = (1, -1, 1, 1)^{\mathrm{T}},$

$\boldsymbol{\alpha}_3 = (-1, 2, 1, 1)^{\mathrm{T}}, \boldsymbol{\alpha}_4 = (-1, -1, 0, 1)^{\mathrm{T}};$

(2) $\boldsymbol{\beta}_1 = (2, 1, 0, 1)^{\mathrm{T}}, \boldsymbol{\beta}_2 = (0, 1, 2, 2)^{\mathrm{T}},$

$\boldsymbol{\beta}_3 = (-2, 1, 1, 2)^{\mathrm{T}}, \boldsymbol{\beta}_4 = (1, 3, 1, 2)^{\mathrm{T}},$

求从基(1) 到基(2) 的过渡矩阵,并求坐标变换公式.

解 取 $\mathbf{R}^4$ 的第三个基:$\boldsymbol{\varepsilon}_1, \boldsymbol{\varepsilon}_2, \boldsymbol{\varepsilon}_3, \boldsymbol{\varepsilon}_4$(基本单位向量组),则有

$$(\boldsymbol{\alpha}_1, \boldsymbol{\alpha}_2, \boldsymbol{\alpha}_3, \boldsymbol{\alpha}_4) = (\boldsymbol{\varepsilon}_1, \boldsymbol{\varepsilon}_2, \boldsymbol{\varepsilon}_3, \boldsymbol{\varepsilon}_4)\boldsymbol{A},$$

$$(\boldsymbol{\beta}_1, \boldsymbol{\beta}_2, \boldsymbol{\beta}_3, \boldsymbol{\beta}_4) = (\boldsymbol{\varepsilon}_1, \boldsymbol{\varepsilon}_2, \boldsymbol{\varepsilon}_3, \boldsymbol{\varepsilon}_4)\boldsymbol{B},$$

其中

$$\boldsymbol{A} = \begin{pmatrix} 1 & 1 & -1 & -1 \\ 2 & -1 & 2 & -1 \\ -1 & 1 & 1 & 0 \\ 0 & 1 & 1 & 1 \end{pmatrix}, \quad \boldsymbol{B} = \begin{pmatrix} 2 & 0 & -2 & 1 \\ 1 & 1 & 1 & 3 \\ 0 & 2 & 1 & 1 \\ 1 & 2 & 2 & 2 \end{pmatrix},$$

于是

$$(\boldsymbol{\varepsilon}_1, \boldsymbol{\varepsilon}_2, \boldsymbol{\varepsilon}_3, \boldsymbol{\varepsilon}_4) = (\boldsymbol{\alpha}_1, \boldsymbol{\alpha}_2, \boldsymbol{\alpha}_3, \boldsymbol{\alpha}_4)\boldsymbol{A}^{-1},$$

$$(\boldsymbol{\beta}_1, \boldsymbol{\beta}_2, \boldsymbol{\beta}_3, \boldsymbol{\beta}_4) = (\boldsymbol{\alpha}_1, \boldsymbol{\alpha}_2, \boldsymbol{\alpha}_3, \boldsymbol{\alpha}_4)\boldsymbol{A}^{-1}\boldsymbol{B}.$$

所以,从基 $\boldsymbol{\alpha}_1, \boldsymbol{\alpha}_2, \boldsymbol{\alpha}_3, \boldsymbol{\alpha}_4$ 到基 $\boldsymbol{\beta}_1, \boldsymbol{\beta}_2, \boldsymbol{\beta}_3, \boldsymbol{\beta}_4$ 的过渡矩阵为 $\boldsymbol{P} = \boldsymbol{A}^{-1}\boldsymbol{B}$. 经计算得

$$\boldsymbol{P} = \begin{pmatrix} 1 & 0 & 0 & 1 \\ 1 & 1 & 0 & 1 \\ 0 & 1 & 1 & 1 \\ 0 & 0 & 1 & 0 \end{pmatrix},$$

从而

$$\boldsymbol{P}^{-1}=\begin{pmatrix}0&1&-1&1\\-1&1&0&0\\0&0&0&1\\1&-1&1&-1\end{pmatrix}.$$

设向量$\boldsymbol{\alpha}$在基(1)下的坐标为$(x_1,x_2,x_3,x_4)^{\mathrm{T}}$,在基(2)下的坐标为$(y_1,y_2,y_3,y_4)^{\mathrm{T}}$,则坐标变换公式为

$$\begin{pmatrix}y_1\\y_2\\y_3\\y_4\end{pmatrix}=\boldsymbol{P}^{-1}\begin{pmatrix}x_1\\x_2\\x_3\\x_4\end{pmatrix},$$

即

$$\begin{cases}y_1=x_2-x_3+x_4,\\y_2=-x_1+x_2,\\y_3=x_4,\\y_4=x_1-x_2+x_3-x_4.\end{cases}$$

定义 2.4.7 设V是一个n维向量空间. 若对于V中任意两个向量$\boldsymbol{\alpha}=(a_1,a_2,\cdots,a_n)$,$\boldsymbol{\beta}=(b_1,b_2,\cdots,b_n)$,定义了内积

$$(\boldsymbol{\alpha},\boldsymbol{\beta})=a_1b_1+a_2b_2+\cdots+a_nb_n,$$

则称V为**欧几里得**(Euclid)**空间**(简称**欧氏空间**).

定义 2.4.8 如果欧氏空间V中一组非零向量两两正交,则称该向量组为**正交向量组**.

特别地,规定由一个非零向量组成的向量组是正交向量组.

定理 2.4.1 **正交向量组是线性无关的.**

证明 已知正交向量组$\boldsymbol{\alpha}_1,\boldsymbol{\alpha}_2,\cdots,\boldsymbol{\alpha}_r$,设存在一组数$k_1,k_2,\cdots,k_r$,使得

$$k_1\boldsymbol{\alpha}_1+k_2\boldsymbol{\alpha}_2+\cdots+k_r\boldsymbol{\alpha}_r=\mathbf{0}.$$

用向量$\boldsymbol{\alpha}_i(i=1,2,\cdots,r)$与等式两边做内积,可得

$$k_i(\boldsymbol{\alpha}_i,\boldsymbol{\alpha}_i)=0.$$

由于$\boldsymbol{\alpha}_i\neq\mathbf{0}$,因此$(\boldsymbol{\alpha}_i,\boldsymbol{\alpha}_i)>0$,从而$k_i=0(i=1,2,\cdots,r)$,即正交向量组$\boldsymbol{\alpha}_1,\boldsymbol{\alpha}_2,\cdots,\boldsymbol{\alpha}_r$线性无关.

证毕

定义 2.4.9 在 n 维欧氏空间中，由 n 个向量组成的正交向量组构成一个基，称为**正交基**；由单位向量组成的正交基称为**标准正交基**.

定理 2.4.2 **对于 r 维欧氏空间 V 中的任意一个基 $\boldsymbol{\eta}_1,\boldsymbol{\eta}_2,\cdots,\boldsymbol{\eta}_r$，都可以找到一个标准正交基 $\boldsymbol{\alpha}_1,\boldsymbol{\alpha}_2,\cdots,\boldsymbol{\alpha}_r$，使得**

$$L(\boldsymbol{\eta}_1,\boldsymbol{\eta}_2,\cdots,\boldsymbol{\eta}_r)=L(\boldsymbol{\alpha}_1,\boldsymbol{\alpha}_2,\cdots,\boldsymbol{\alpha}_r).$$

证明 考虑向量组

$$\boldsymbol{\xi}_1=\boldsymbol{\eta}_1,$$

$$\boldsymbol{\xi}_2=\boldsymbol{\eta}_2-\mathrm{pr}_{\boldsymbol{\xi}_1}\boldsymbol{\eta}_2=\boldsymbol{\eta}_2-\frac{(\boldsymbol{\eta}_2,\boldsymbol{\xi}_1)}{(\boldsymbol{\xi}_1,\boldsymbol{\xi}_1)}\boldsymbol{\xi}_1,$$

$$\boldsymbol{\xi}_3=\boldsymbol{\eta}_3-\mathrm{pr}_{\boldsymbol{\xi}_1}\boldsymbol{\eta}_3-\mathrm{pr}_{\boldsymbol{\xi}_2}\boldsymbol{\eta}_3=\boldsymbol{\eta}_3-\frac{(\boldsymbol{\eta}_3,\boldsymbol{\xi}_1)}{(\boldsymbol{\xi}_1,\boldsymbol{\xi}_1)}\boldsymbol{\xi}_1-\frac{(\boldsymbol{\eta}_3,\boldsymbol{\xi}_2)}{(\boldsymbol{\xi}_2,\boldsymbol{\xi}_2)}\boldsymbol{\xi}_2,$$

……

$$\begin{aligned}\boldsymbol{\xi}_r&=\boldsymbol{\eta}_r-\mathrm{pr}_{\boldsymbol{\xi}_1}\boldsymbol{\eta}_r-\mathrm{pr}_{\boldsymbol{\xi}_2}\boldsymbol{\eta}_r-\cdots-\mathrm{pr}_{\boldsymbol{\xi}_{r-1}}\boldsymbol{\eta}_r\\&=\boldsymbol{\eta}_r-\frac{(\boldsymbol{\eta}_r,\boldsymbol{\xi}_1)}{(\boldsymbol{\xi}_1,\boldsymbol{\xi}_1)}\boldsymbol{\xi}_1-\frac{(\boldsymbol{\eta}_r,\boldsymbol{\xi}_2)}{(\boldsymbol{\xi}_2,\boldsymbol{\xi}_2)}\boldsymbol{\xi}_2-\cdots-\frac{(\boldsymbol{\eta}_r,\boldsymbol{\xi}_{r-1})}{(\boldsymbol{\xi}_{r-1},\boldsymbol{\xi}_{r-1})}\boldsymbol{\xi}_{r-1},\end{aligned}$$

很容易验证，向量组 $\boldsymbol{\xi}_1,\boldsymbol{\xi}_2,\cdots,\boldsymbol{\xi}_r$ 是与向量组 $\boldsymbol{\eta}_1,\boldsymbol{\eta}_2,\cdots,\boldsymbol{\eta}_r$ 等价的一个正交向量组.

再令

$$\boldsymbol{\alpha}_i=\frac{1}{\|\boldsymbol{\xi}_i\|}\boldsymbol{\xi}_i\quad(i=1,2,\cdots,r),$$

于是向量组 $\boldsymbol{\alpha}_1,\boldsymbol{\alpha}_2,\cdots,\boldsymbol{\alpha}_r$ 是与向量组 $\boldsymbol{\eta}_1,\boldsymbol{\eta}_2,\cdots,\boldsymbol{\eta}_r$ 等价的一个标准正交基.

证毕

这里由一个基得到一个标准正交基的方法称为**施密特**(Schmidt) **正交化过程**.

例 2.4.10 设有向量组

$$\boldsymbol{\alpha}_1=\begin{pmatrix}1\\2\\-1\end{pmatrix},\quad\boldsymbol{\alpha}_2=\begin{pmatrix}-1\\3\\1\end{pmatrix},\quad\boldsymbol{\alpha}_3=\begin{pmatrix}4\\-1\\0\end{pmatrix},$$

试通过施密特正交化过程将这一向量组化为 $\mathbf{R}^3$ 的一个标准正交基.

解 先将向量组 $\boldsymbol{\alpha}_1,\boldsymbol{\alpha}_2,\boldsymbol{\alpha}_3$ 正交化，取

$$\boldsymbol{\xi}_1=\boldsymbol{\alpha}_1=\begin{pmatrix}1\\2\\-1\end{pmatrix},\quad \boldsymbol{\xi}_2=\boldsymbol{\alpha}_2-\frac{(\boldsymbol{\alpha}_2,\boldsymbol{\xi}_1)}{(\boldsymbol{\xi}_1,\boldsymbol{\xi}_1)}\boldsymbol{\xi}_1=\begin{pmatrix}-1\\3\\1\end{pmatrix}-\frac{4}{6}\begin{pmatrix}1\\2\\-1\end{pmatrix}=\frac{5}{3}\begin{pmatrix}-1\\1\\1\end{pmatrix},$$

$$\boldsymbol{\xi}_3=\boldsymbol{\alpha}_3-\frac{(\boldsymbol{\alpha}_3,\boldsymbol{\xi}_1)}{(\boldsymbol{\xi}_1,\boldsymbol{\xi}_1)}\boldsymbol{\xi}_1-\frac{(\boldsymbol{\alpha}_3,\boldsymbol{\xi}_2)}{(\boldsymbol{\xi}_2,\boldsymbol{\xi}_2)}\boldsymbol{\xi}_2=\begin{pmatrix}4\\-1\\0\end{pmatrix}-\frac{1}{3}\begin{pmatrix}1\\2\\-1\end{pmatrix}+\frac{5}{3}\begin{pmatrix}-1\\1\\1\end{pmatrix}=2\begin{pmatrix}1\\0\\1\end{pmatrix}.$$

再将向量组 $\boldsymbol{\xi}_1,\boldsymbol{\xi}_2,\boldsymbol{\xi}_3$ 单位化，取

$$\boldsymbol{\beta}_1=\frac{\boldsymbol{\xi}_1}{\|\boldsymbol{\xi}_1\|}=\frac{\sqrt{6}}{6}\begin{pmatrix}1\\2\\-1\end{pmatrix},\quad \boldsymbol{\beta}_2=\frac{\boldsymbol{\xi}_2}{\|\boldsymbol{\xi}_2\|}=\frac{\sqrt{3}}{3}\begin{pmatrix}-1\\1\\1\end{pmatrix},\quad \boldsymbol{\beta}_3=\frac{\boldsymbol{\xi}_3}{\|\boldsymbol{\xi}_3\|}=\frac{\sqrt{2}}{2}\begin{pmatrix}1\\0\\1\end{pmatrix},$$

则向量组 $\boldsymbol{\beta}_1,\boldsymbol{\beta}_2,\boldsymbol{\beta}_3$ 即为所求.

2.5 线性变换

一、线性变换的定义及性质

定义 2.5.1 设 V 与 V' 是两个向量空间，$T:V\to V'$ 是一个映射. 如果映射 T 保持线性运算，即对于任意的 $\boldsymbol{\alpha},\boldsymbol{\beta}\in V$ 及数 k，映射 T 满足：

(1) $T(\boldsymbol{\alpha}+\boldsymbol{\beta})=T(\boldsymbol{\alpha})+T(\boldsymbol{\beta})$；

(2) $T(k\boldsymbol{\alpha})=kT(\boldsymbol{\alpha})$，

则称 T 为 V 到 V' 的**线性映射**. 特别地，如果 $V=V'$，则称 T 为 V 上的**线性变换**；如果 V' 为数域 P，则称 T 为 V 上的**线性函数**.

例 2.5.1 设 V 是向量空间，由定义 2.5.1 易知：

(1) 零变换 T(对于任意的 $\boldsymbol{\alpha}\in V$，有 $T(\boldsymbol{\alpha})=\boldsymbol{0}$) 是 V 上的线性变换；

(2) 单位变换 T(对于任意的 $\boldsymbol{\alpha}\in V$，有 $T(\boldsymbol{\alpha})=\boldsymbol{\alpha}$) 是 V 上的线性变换.

例 2.5.2 在向量空间 $P[x]_n$ 中,设变换 D 为

$$\mathrm{D}(f(x))=\frac{\mathrm{d}}{\mathrm{d}x}f(x) \quad (f(x)\in P[x]_n),$$

则 D 是 $P[x]_n$ 上的线性变换.

线性变换有如下性质.

性质 2.5.1 设 V 是向量空间,T 是 V 上的一个线性变换,则

(1) 线性变换 T 把零向量映射成零向量,把负向量映射成负向量,即

$$T(\mathbf{0})=\mathbf{0}, \quad T(-\boldsymbol{\alpha})=-T(\boldsymbol{\alpha});$$

(2) 对于 V 中的有限个向量 $\boldsymbol{\alpha}_1,\boldsymbol{\alpha}_2,\cdots,\boldsymbol{\alpha}_r$,以及任意的数 $k_1,k_2,\cdots,k_r$,有

$$T(k_1\boldsymbol{\alpha}_1+k_2\boldsymbol{\alpha}_2+\cdots+k_r\boldsymbol{\alpha}_r)=k_1T(\boldsymbol{\alpha}_1)+k_2T(\boldsymbol{\alpha}_2)+\cdots+k_rT(\boldsymbol{\alpha}_r),$$

即线性变换 T 保持线性关系;

(3) 线性变换 T 把线性相关的向量组映射成线性相关的向量组.

以上性质请读者自己证明.

性质 2.5.2 设 T 是向量空间 V 上的一个线性变换,则该线性变换的像集 $T(V)=\{T(\boldsymbol{\alpha})\mid \boldsymbol{\alpha}\in V\}$ 是 V 的子空间. 这个子空间称为线性变换 T 的**像空间**,其维数称为线性变换 T 的**秩**.

证明 设 $\boldsymbol{\beta}_1,\boldsymbol{\beta}_2\in T(V)$,则存在 $\boldsymbol{\alpha}_1,\boldsymbol{\alpha}_2\in V$,使得

$$\boldsymbol{\beta}_1=T(\boldsymbol{\alpha}_1), \quad \boldsymbol{\beta}_2=T(\boldsymbol{\alpha}_2),$$

从而

$$\boldsymbol{\beta}_1+\boldsymbol{\beta}_2=T(\boldsymbol{\alpha}_1)+T(\boldsymbol{\alpha}_2)=T(\boldsymbol{\alpha}_1+\boldsymbol{\alpha}_2)\in T(V) \quad (\text{因 } \boldsymbol{\alpha}_1+\boldsymbol{\alpha}_2\in V),$$

$$k\boldsymbol{\beta}_1=kT(\boldsymbol{\alpha}_1)=T(k\boldsymbol{\alpha}_1)\in T(V) \quad (\text{因 } k\boldsymbol{\alpha}_1\in V),$$

其中 k 为任意的数. 因此,$T(V)$ 是 V 的子空间.

证毕

性质 2.5.3 设 T 是向量空间 V 上的一个线性变换,则 V 的零向量在线性变换 T 下的原像集 $T^{-1}(\mathbf{0})=\{\boldsymbol{\alpha}\in V\mid T(\boldsymbol{\alpha})=\mathbf{0}\}$ 是 V 的子空间. 这个子空间称为线性变换 T 的**核空间**,其维数称为线性变换 T 的**零度**.

证明 设 $\boldsymbol{\alpha}_1,\boldsymbol{\alpha}_2\in T^{-1}(\mathbf{0})$,则有 $T(\boldsymbol{\alpha}_1)=T(\boldsymbol{\alpha}_2)=\mathbf{0}$,从而

$$T(\boldsymbol{\alpha}_1+\boldsymbol{\alpha}_2)=T(\boldsymbol{\alpha}_1)+T(\boldsymbol{\alpha}_2)=\mathbf{0}+\mathbf{0}=\mathbf{0}, \quad \text{即} \quad \boldsymbol{\alpha}_1+\boldsymbol{\alpha}_2\in T^{-1}(\mathbf{0}),$$

$$T(k\boldsymbol{\alpha}_1)=kT(\boldsymbol{\alpha}_1)=k\cdot\mathbf{0}=\mathbf{0}, \quad \text{即} \quad k\boldsymbol{\alpha}_1\in T^{-1}(\mathbf{0}),$$

其中 k 为任意的数. 因此,$T^{-1}(\mathbf{0})$ 是 V 的子空间.

证毕

二、线性变换的矩阵表示

定义 2.5.2 设 V 是 n 维向量空间，T 是 V 上的一个线性变换. 取 V 的一个基 $\boldsymbol{\eta}_1,\boldsymbol{\eta}_2,\cdots,\boldsymbol{\eta}_n$，则 $T(\boldsymbol{\eta}_i)\in V(i=1,2,\cdots,n)$，故存在数 $a_{ij}(i,j=1,2,\cdots,n)$，使得

$$\begin{cases}T(\boldsymbol{\eta}_1)=a_{11}\boldsymbol{\eta}_1+a_{21}\boldsymbol{\eta}_2+\cdots+a_{n1}\boldsymbol{\eta}_n,\\T(\boldsymbol{\eta}_2)=a_{12}\boldsymbol{\eta}_1+a_{22}\boldsymbol{\eta}_2+\cdots+a_{n2}\boldsymbol{\eta}_n,\\\qquad\qquad\cdots\cdots\\T(\boldsymbol{\eta}_n)=a_{1n}\boldsymbol{\eta}_1+a_{2n}\boldsymbol{\eta}_2+\cdots+a_{nn}\boldsymbol{\eta}_n.\end{cases}$$

上式也可写成

$$(T(\boldsymbol{\eta}_1),T(\boldsymbol{\eta}_2),\cdots,T(\boldsymbol{\eta}_n))=(\boldsymbol{\eta}_1,\boldsymbol{\eta}_2,\cdots,\boldsymbol{\eta}_n)\boldsymbol{A},$$

其中

$$\boldsymbol{A}=\begin{pmatrix}a_{11}&a_{12}&\cdots&a_{1n}\\a_{21}&a_{22}&\cdots&a_{2n}\\\vdots&\vdots&&\vdots\\a_{n1}&a_{n2}&\cdots&a_{nn}\end{pmatrix}.$$

称 $\boldsymbol{A}$ 为线性变换 T 在基 $\boldsymbol{\eta}_1,\boldsymbol{\eta}_2,\cdots,\boldsymbol{\eta}_n$ 下的矩阵.

根据定义 2.5.2，在给定了向量空间 V 的一个基后，线性变换 T 与矩阵 $\boldsymbol{A}$ 是一一对应关系. 因此，在向量空间中取定一个基后，线性变换即可用矩阵表示，从而对线性变换的讨论可以转化为对其在取定基下的矩阵的研究.

定理 2.5.1 **设 V 是 n 维向量空间，T 是 V 上的一个线性变换，且它在基 $\boldsymbol{\eta}_1,\boldsymbol{\eta}_2,\cdots,\boldsymbol{\eta}_n$ 下的矩阵为 $\boldsymbol{A}$. 对于任意的 $\boldsymbol{\alpha}\in V$，若向量 $\boldsymbol{\alpha}$ 在基 $\boldsymbol{\eta}_1,\boldsymbol{\eta}_2,\cdots,\boldsymbol{\eta}_n$ 下的坐标是**

$$\boldsymbol{x}=(x_1,x_2,\cdots,x_n)^{\mathrm{T}},$$

则向量 $T(\boldsymbol{\alpha})$ 在基 $\boldsymbol{\eta}_1,\boldsymbol{\eta}_2,\cdots,\boldsymbol{\eta}_n$ 下的坐标为 $\boldsymbol{Ax}$.

证明 因为

$$\boldsymbol{\alpha}=x_1\boldsymbol{\eta}_1+x_2\boldsymbol{\eta}_2+\cdots+x_n\boldsymbol{\eta}_n=(\boldsymbol{\eta}_1,\boldsymbol{\eta}_2,\cdots,\boldsymbol{\eta}_n)\begin{pmatrix}x_1\\x_2\\\vdots\\x_n\end{pmatrix},$$

所以

$$T(\boldsymbol{\alpha})=T(x_1\boldsymbol{\eta}_1+x_2\boldsymbol{\eta}_2+\cdots+x_n\boldsymbol{\eta}_n)=x_1T(\boldsymbol{\eta}_1)+x_2T(\boldsymbol{\eta}_2)+\cdots+x_nT(\boldsymbol{\eta}_n)$$

$$=(T(\boldsymbol{\eta}_1),T(\boldsymbol{\eta}_2),\cdots,T(\boldsymbol{\eta}_n))\begin{pmatrix}x_1\\x_2\\\vdots\\x_n\end{pmatrix}=(\boldsymbol{\eta}_1,\boldsymbol{\eta}_2,\cdots,\boldsymbol{\eta}_n)\boldsymbol{Ax},$$

从而向量 $T(\boldsymbol{\alpha})$ 在基 $\boldsymbol{\eta}_1,\boldsymbol{\eta}_2,\cdots,\boldsymbol{\eta}_n$ 下的坐标为 $\boldsymbol{Ax}$.

证毕

以后,记 $T(\boldsymbol{\eta}_1,\boldsymbol{\eta}_2,\cdots,\boldsymbol{\eta}_n)=(T(\boldsymbol{\eta}_1),T(\boldsymbol{\eta}_2),\cdots,T(\boldsymbol{\eta}_n))$.

例 2.5.3 设向量组 $\boldsymbol{\alpha}_1,\boldsymbol{\alpha}_2,\boldsymbol{\alpha}_3$ 是 $\mathbf{R}^3$ 的一个基,T 是 $\mathbf{R}^3$ 上的一个线性变换,且 $T(\boldsymbol{\alpha}_1)=\boldsymbol{\alpha}_3$,$T(\boldsymbol{\alpha}_2)=\boldsymbol{\alpha}_2$,$T(\boldsymbol{\alpha}_3)=\boldsymbol{\alpha}_1$. 若向量 $\boldsymbol{\alpha}$ 在基 $\boldsymbol{\alpha}_1,\boldsymbol{\alpha}_2,\boldsymbol{\alpha}_3$ 下的坐标是 $(2,-1,1)^{\mathrm{T}}$,求像 $T(\boldsymbol{\alpha})$ 在基 $\boldsymbol{\alpha}_1,\boldsymbol{\alpha}_2,\boldsymbol{\alpha}_3$ 下的坐标.

解 按线性变换 T 的定义,得到 T 在基 $\boldsymbol{\alpha}_1,\boldsymbol{\alpha}_2,\boldsymbol{\alpha}_3$ 下的矩阵为

$$\boldsymbol{A}=\begin{pmatrix}0&0&1\\0&1&0\\1&0&0\end{pmatrix}.$$

所以,像 $T(\boldsymbol{\alpha})$ 在基 $\boldsymbol{\alpha}_1,\boldsymbol{\alpha}_2,\boldsymbol{\alpha}_3$ 下的坐标为

$$\boldsymbol{A}\begin{pmatrix}2\\-1\\1\end{pmatrix}=\begin{pmatrix}0&0&1\\0&1&0\\1&0&0\end{pmatrix}\begin{pmatrix}2\\-1\\1\end{pmatrix}=\begin{pmatrix}1\\-1\\2\end{pmatrix}.$$

定理 2.5.2 设 n 维向量空间 V 上的线性变换 T 在两个基

$$\text{Ⅰ}:\xi_1,\xi_2,\cdots,\xi_n,$$

$$\text{Ⅱ}:\boldsymbol{\eta}_1,\boldsymbol{\eta}_2,\cdots,\boldsymbol{\eta}_n$$

下的矩阵分别为 $\boldsymbol{A}$ 和 $\boldsymbol{B}$,从基 Ⅰ 到基 Ⅱ 的过渡矩阵为 $\boldsymbol{P}=(p_{ij})$,则 $\boldsymbol{B}=\boldsymbol{P}^{-1}\boldsymbol{AP}$.

证明 由假设知$(\boldsymbol{\eta}_1,\boldsymbol{\eta}_2,\cdots,\boldsymbol{\eta}_n)=(\xi_1,\xi_2,\cdots,\xi_n)\boldsymbol{P}$,$\boldsymbol{P}$ 可逆,且

$$T(\xi_1,\xi_2,\cdots,\xi_n)=(\xi_1,\xi_2,\cdots,\xi_n)\boldsymbol{A},$$

$$T(\boldsymbol{\eta}_1,\boldsymbol{\eta}_2,\cdots,\boldsymbol{\eta}_n)=(\boldsymbol{\eta}_1,\boldsymbol{\eta}_2,\cdots,\boldsymbol{\eta}_n)\boldsymbol{B},$$

于是

$$
\begin{aligned}
(\boldsymbol{\eta}_1,\boldsymbol{\eta}_2,\cdots,\boldsymbol{\eta}_n)\boldsymbol{B} &= T(\boldsymbol{\eta}_1,\boldsymbol{\eta}_2,\cdots,\boldsymbol{\eta}_n)=T[(\boldsymbol{\xi}_1,\boldsymbol{\xi}_2,\cdots,\boldsymbol{\xi}_n)\boldsymbol{P}]\\
&= T\left[(\boldsymbol{\xi}_1,\boldsymbol{\xi}_2,\cdots,\boldsymbol{\xi}_n)\begin{pmatrix} p_{11} & p_{12} & \cdots & p_{1n}\\ p_{21} & p_{22} & \cdots & p_{2n}\\ \vdots & \vdots & & \vdots\\ p_{n1} & p_{n2} & \cdots & p_{nn}\end{pmatrix}\right]\\
&= T(p_{11}\boldsymbol{\xi}_1+p_{21}\boldsymbol{\xi}_2+\cdots+p_{n1}\boldsymbol{\xi}_n,p_{12}\boldsymbol{\xi}_1+p_{22}\boldsymbol{\xi}_2\\
&\quad +\cdots+p_{n2}\boldsymbol{\xi}_n,\cdots,p_{1n}\boldsymbol{\xi}_1+p_{2n}\boldsymbol{\xi}_2+\cdots+p_{nn}\boldsymbol{\xi}_n)\\
&= (p_{11}T(\boldsymbol{\xi}_1)+p_{21}T(\boldsymbol{\xi}_2)+\cdots+p_{n1}T(\boldsymbol{\xi}_n),\\
&\quad p_{12}T(\boldsymbol{\xi}_1)+p_{22}T(\boldsymbol{\xi}_2)+\cdots+p_{n2}T(\boldsymbol{\xi}_n),\cdots,\\
&\quad p_{1n}T(\boldsymbol{\xi}_1)+p_{2n}T(\boldsymbol{\xi}_2)+\cdots+p_{nn}T(\boldsymbol{\xi}_n))\\
&= (T(\boldsymbol{\xi}_1),T(\boldsymbol{\xi}_2),\cdots,T(\boldsymbol{\xi}_n))\begin{pmatrix} p_{11} & p_{12} & \cdots & p_{1n}\\ p_{21} & p_{22} & \cdots & p_{2n}\\ \vdots & \vdots & & \vdots\\ p_{n1} & p_{n2} & \cdots & p_{nn}\end{pmatrix}\\
&= T(\boldsymbol{\xi}_1,\boldsymbol{\xi}_2,\cdots,\boldsymbol{\xi}_n)\boldsymbol{P}=(\boldsymbol{\xi}_1,\boldsymbol{\xi}_2,\cdots,\boldsymbol{\xi}_n)\boldsymbol{AP}\\
&= (\boldsymbol{\eta}_1,\boldsymbol{\eta}_2,\cdots,\boldsymbol{\eta}_n)\boldsymbol{P}^{-1}\boldsymbol{AP}.
\end{aligned}
$$

因 $\boldsymbol{\eta}_1,\boldsymbol{\eta}_2,\cdots,\boldsymbol{\eta}_n$ 线性无关,故 $\boldsymbol{B}=\boldsymbol{P}^{-1}\boldsymbol{AP}$.

证毕

例如,设从基 $\boldsymbol{\xi}_1,\boldsymbol{\xi}_2,\boldsymbol{\xi}_3$ 到基 $\boldsymbol{\eta}_1,\boldsymbol{\eta}_2,\boldsymbol{\eta}_3$ 的过渡矩阵为

$$
\boldsymbol{P}=\begin{pmatrix} 2 & 1 & 0\\ 0 & -2 & 0\\ 0 & 0 & 1\end{pmatrix},
$$

线性变换 T 在基 $\boldsymbol{\xi}_1,\boldsymbol{\xi}_2,\boldsymbol{\xi}_3$ 下的矩阵为

$$
\boldsymbol{A}=\begin{pmatrix} 0 & 0 & 0\\ 0 & 1 & 0\\ 0 & 0 & 1\end{pmatrix},
$$

则由定理 2.5.2 知,T 在基 $\boldsymbol{\eta}_1,\boldsymbol{\eta}_2,\boldsymbol{\eta}_3$ 下的矩阵为

$$
\boldsymbol{P}^{-1}\boldsymbol{AP}=\begin{pmatrix} 2 & 1 & 0\\ 0 & -2 & 0\\ 0 & 0 & 1\end{pmatrix}^{-1}\begin{pmatrix} 0 & 0 & 0\\ 0 & 1 & 0\\ 0 & 0 & 1\end{pmatrix}\begin{pmatrix} 2 & 1 & 0\\ 0 & -2 & 0\\ 0 & 0 & 1\end{pmatrix}
$$

$$
=\begin{pmatrix} \frac{1}{2} & \frac{1}{4} & 0 \\ 0 & -\frac{1}{2} & 0 \\ 0 & 0 & 1 \end{pmatrix}\begin{pmatrix} 0 & 0 & 0 \\ 0 & 1 & 0 \\ 0 & 0 & 1 \end{pmatrix}\begin{pmatrix} 2 & 1 & 0 \\ 0 & -2 & 0 \\ 0 & 0 & 1 \end{pmatrix}
$$

$$
=\begin{pmatrix} 0 & -\frac{1}{2} & 0 \\ 0 & 1 & 0 \\ 0 & 0 & 1 \end{pmatrix}.
$$

三、线性变换的运算

设 V 是 n 维向量空间，T_1, T_2 是 V 上的线性变换.

(1) 线性变换的加法运算.

对于任意的 $\boldsymbol{\alpha} \in V$，定义 V 上的变换 $T: \boldsymbol{\alpha} \mapsto T_1(\boldsymbol{\alpha}) + T_2(\boldsymbol{\alpha})$.

由于对于任意的 $\boldsymbol{\alpha}, \boldsymbol{\beta} \in V$ 及数 k，有

$$
\begin{aligned}
T(\boldsymbol{\alpha}+\boldsymbol{\beta}) &= T_1(\boldsymbol{\alpha}+\boldsymbol{\beta}) + T_2(\boldsymbol{\alpha}+\boldsymbol{\beta}) = T_1(\boldsymbol{\alpha}) + T_1(\boldsymbol{\beta}) + T_2(\boldsymbol{\alpha}) + T_2(\boldsymbol{\beta}) \\
&= [T_1(\boldsymbol{\alpha}) + T_2(\boldsymbol{\alpha})] + [T_1(\boldsymbol{\beta}) + T_2(\boldsymbol{\beta})] = T(\boldsymbol{\alpha}) + T(\boldsymbol{\beta}), \\
T(k\boldsymbol{\alpha}) &= T_1(k\boldsymbol{\alpha}) + T_2(k\boldsymbol{\alpha}) = kT_1(\boldsymbol{\alpha}) + kT_2(\boldsymbol{\alpha}) \\
&= k[T_1(\boldsymbol{\alpha}) + T_2(\boldsymbol{\alpha})] = kT(\boldsymbol{\alpha}),
\end{aligned}
$$

因此 T 是线性变换. 称线性变换 T 是线性变换 T_1, T_2 的**和**，记作 $T = T_1 + T_2$.

(2) 线性变换的数乘运算.

对于任意的 $\boldsymbol{\alpha} \in V$ 及数 k，定义 V 上的变换 $T: \boldsymbol{\alpha} \mapsto kT_1(\boldsymbol{\alpha})$. 易验证 T 是线性变换. 称线性变换 T 是数 k 与线性变换 T_1 的**乘积**，记作 $T = kT_1$. 这种运算称为**线性变换的数乘**.

(3) 线性变换的乘法运算.

对于任意的 $\boldsymbol{\alpha} \in V$，定义 V 上的变换 $T: \boldsymbol{\alpha} \mapsto T_1(T_2(\boldsymbol{\alpha}))$. 易验证 T 是线性变换. 称线性变换 T 是线性变换 T_1 与 T_2 的**乘积**，记作 $T = T_1 T_2$.

定义 2.5.3 设 I 是向量空间 V 上的单位变换，T 是 V 上的一个线性变换. 若存在 V 上的一个变换 S，使得

$$
ST = TS = I,
$$

则称线性变换 T 是**可逆的**，且称变换 S 为 T 的**逆变换**，记作 $S = T^{-1}$.

易验证，线性变换 T 的逆变换 T^{-1} 也是线性变换.

定理 2.5.3 **设 V 是 n 维向量空间，T_1, T_2 是 V 上的线性变换，它们在基**

$\boldsymbol{\eta}_1,\boldsymbol{\eta}_2,\cdots,\boldsymbol{\eta}_n$ 下的矩阵分别为 $\boldsymbol{A},\boldsymbol{B}$，则在这个基下，

(1) 线性变换 T_1+T_2 的矩阵为 $\boldsymbol{A}+\boldsymbol{B}$；

(2) 线性变换 kT_1 的矩阵为 $k\boldsymbol{A}$；

(3) 线性变换 T_1T_2 的矩阵为 $\boldsymbol{AB}$；

(4) 若线性变换 T_1 是可逆的，则矩阵 $\boldsymbol{A}$ 可逆，且逆变换 T_1^{-1} 的矩阵是 $\boldsymbol{A}^{-1}$.

2.6 例题选讲

例 2.6.1 设矩阵

$$\boldsymbol{A}=\begin{pmatrix}1&-1&0&1&1\\2&-2&0&2&2\\1&1&1&0&0\\2&0&1&1&1\end{pmatrix},$$

求矩阵 $\boldsymbol{A}$ 的列向量组的一个极大无关组，并将其余向量用该极大无关组线性表示.

解 记矩阵 $\boldsymbol{A}=(\boldsymbol{\alpha}_1,\boldsymbol{\alpha}_2,\boldsymbol{\alpha}_3,\boldsymbol{\alpha}_4,\boldsymbol{\alpha}_5)$. 对矩阵 $\boldsymbol{A}$ 施行初等行变换，将其化为行最简形矩阵：

$$\boldsymbol{A}=(\boldsymbol{\alpha}_1,\boldsymbol{\alpha}_2,\boldsymbol{\alpha}_3,\boldsymbol{\alpha}_4,\boldsymbol{\alpha}_5)\xrightarrow{\text{初等行变换}}\begin{pmatrix}1&-1&0&1&1\\0&2&1&-1&-1\\0&0&0&0&0\\0&0&0&0&0\end{pmatrix}.$$

可见，$\boldsymbol{\alpha}_1,\boldsymbol{\alpha}_3$ 是 $\boldsymbol{A}$ 的列向量组 $\boldsymbol{\alpha}_1,\boldsymbol{\alpha}_2,\boldsymbol{\alpha}_3,\boldsymbol{\alpha}_4,\boldsymbol{\alpha}_5$ 的一个极大无关组，且

$$\boldsymbol{\alpha}_2=-\boldsymbol{\alpha}_1+2\boldsymbol{\alpha}_3,\quad \boldsymbol{\alpha}_4=\boldsymbol{\alpha}_5=\boldsymbol{\alpha}_1-\boldsymbol{\alpha}_3.$$

例 2.6.2 设有向量组

$$\boldsymbol{\alpha}_1=\begin{pmatrix}2\\1\\3\\2\end{pmatrix},\quad \boldsymbol{\alpha}_2=\begin{pmatrix}3\\2\\-2\\-3\end{pmatrix},\quad \boldsymbol{\alpha}_3=\begin{pmatrix}1\\0\\8\\7\end{pmatrix},\quad \boldsymbol{\alpha}_4=\begin{pmatrix}-3\\-2\\3\\4\end{pmatrix},\quad \boldsymbol{\alpha}_5=\begin{pmatrix}-7\\-4\\0\\3\end{pmatrix},$$

证明：向量组 $\boldsymbol{\alpha}_1,\boldsymbol{\alpha}_2$ 线性无关；将向量组 $\boldsymbol{\alpha}_1,\boldsymbol{\alpha}_2$ 扩充成向量组 $\boldsymbol{\alpha}_1,\boldsymbol{\alpha}_2,\boldsymbol{\alpha}_3,\boldsymbol{\alpha}_4,\boldsymbol{\alpha}_5$ 的一个极大无关组，同时将其余向量用该极大无关组线性表示.

解 容易得到 $\mathrm{r}\{\boldsymbol{\alpha}_1,\boldsymbol{\alpha}_2\}=2$，故向量组 $\boldsymbol{\alpha}_1,\boldsymbol{\alpha}_2$ 线性无关.

对矩阵$(\boldsymbol{\alpha}_1,\boldsymbol{\alpha}_2,\boldsymbol{\alpha}_3,\boldsymbol{\alpha}_4,\boldsymbol{\alpha}_5)$施行初等行变换，将其化为行最简形矩阵：

$$(\boldsymbol{\alpha}_1,\boldsymbol{\alpha}_2,\boldsymbol{\alpha}_3,\boldsymbol{\alpha}_4,\boldsymbol{\alpha}_5)=\begin{pmatrix}2&3&1&-3&-7\\1&2&0&-2&-4\\3&-2&8&3&0\\2&-3&7&4&3\end{pmatrix}$$

$$\xrightarrow{\text{初等行变换}}\begin{pmatrix}1&0&2&0&-2\\0&1&-1&0&3\\0&0&0&1&4\\0&0&0&0&0\end{pmatrix}.$$

故向量组$\boldsymbol{\alpha}_1,\boldsymbol{\alpha}_2,\boldsymbol{\alpha}_4$是向量组$\boldsymbol{\alpha}_1,\boldsymbol{\alpha}_2,\boldsymbol{\alpha}_3,\boldsymbol{\alpha}_4,\boldsymbol{\alpha}_5$的一个极大无关组，且

$$\boldsymbol{\alpha}_3=2\boldsymbol{\alpha}_1-\boldsymbol{\alpha}_2,\quad \boldsymbol{\alpha}_5=-2\boldsymbol{\alpha}_1+3\boldsymbol{\alpha}_2+4\boldsymbol{\alpha}_4.$$

例 2.6.3 设向量$\boldsymbol{\beta}$可以由向量组$\boldsymbol{\alpha}_1,\boldsymbol{\alpha}_2,\cdots,\boldsymbol{\alpha}_r$线性表示，但不能由向量组$\boldsymbol{\alpha}_1,\boldsymbol{\alpha}_2,\cdots,\boldsymbol{\alpha}_{r-1}$线性表示，证明：向量组$\boldsymbol{\alpha}_1,\boldsymbol{\alpha}_2,\cdots,\boldsymbol{\alpha}_r$与向量组$\boldsymbol{\alpha}_1,\boldsymbol{\alpha}_2,\cdots,\boldsymbol{\alpha}_{r-1},\boldsymbol{\beta}$等价.

证明 由题设，向量$\boldsymbol{\beta}$可以由向量组$\boldsymbol{\alpha}_1,\boldsymbol{\alpha}_2,\cdots,\boldsymbol{\alpha}_r$线性表示，而向量组$\boldsymbol{\alpha}_1,\boldsymbol{\alpha}_2,\cdots,\boldsymbol{\alpha}_{r-1}$可以由向量组$\boldsymbol{\alpha}_1,\boldsymbol{\alpha}_2,\cdots,\boldsymbol{\alpha}_r$线性表示，故向量组$\boldsymbol{\alpha}_1,\boldsymbol{\alpha}_2,\cdots,\boldsymbol{\alpha}_{r-1},\boldsymbol{\beta}$可以由向量组$\boldsymbol{\alpha}_1,\boldsymbol{\alpha}_2,\cdots,\boldsymbol{\alpha}_r$线性表示，从而存在一组数$k_1,k_2,\cdots,k_r$，使得

$$\boldsymbol{\beta}=k_1\boldsymbol{\alpha}_1+k_2\boldsymbol{\alpha}_2+\cdots+k_r\boldsymbol{\alpha}_r.$$

又向量$\boldsymbol{\beta}$不能由向量组$\boldsymbol{\alpha}_1,\boldsymbol{\alpha}_2,\cdots,\boldsymbol{\alpha}_{r-1}$线性表示，所以$k_r\neq 0$，从而有

$$\boldsymbol{\alpha}_r=\frac{1}{k_r}\boldsymbol{\beta}-\frac{1}{k_r}(k_1\boldsymbol{\alpha}_1+k_2\boldsymbol{\alpha}_2+\cdots+k_{r-1}\boldsymbol{\alpha}_{k-1}).$$

于是，向量$\boldsymbol{\alpha}_r$可以由向量组$\boldsymbol{\alpha}_1,\boldsymbol{\alpha}_2,\cdots,\boldsymbol{\alpha}_{r-1},\boldsymbol{\beta}$线性表示，而向量组$\boldsymbol{\alpha}_1,\boldsymbol{\alpha}_2,\cdots,\boldsymbol{\alpha}_{r-1}$可以由向量组$\boldsymbol{\alpha}_1,\boldsymbol{\alpha}_2,\cdots,\boldsymbol{\alpha}_{r-1},\boldsymbol{\beta}$线性表示，因此向量组$\boldsymbol{\alpha}_1,\boldsymbol{\alpha}_2,\cdots,\boldsymbol{\alpha}_r$可以由向量组$\boldsymbol{\alpha}_1,\boldsymbol{\alpha}_2,\cdots,\boldsymbol{\alpha}_{r-1},\boldsymbol{\beta}$线性表示.

综上所述，向量组$\boldsymbol{\alpha}_1,\boldsymbol{\alpha}_2,\cdots,\boldsymbol{\alpha}_r$与向量组$\boldsymbol{\alpha}_1,\boldsymbol{\alpha}_2,\cdots,\boldsymbol{\alpha}_{r-1},\boldsymbol{\beta}$等价.

证毕

例 2.6.4 设向量组$\boldsymbol{\alpha}_1,\boldsymbol{\alpha}_2,\cdots,\boldsymbol{\alpha}_r$中$\boldsymbol{\alpha}_1\neq\mathbf{0}$，且每一个向量$\boldsymbol{\alpha}_i(i=2,3,\cdots,r)$都不能由它前面的$i-1$个向量$\boldsymbol{\alpha}_1,\boldsymbol{\alpha}_2,\cdots,\boldsymbol{\alpha}_{i-1}$线性表示，证明：向量组$\boldsymbol{\alpha}_1,\boldsymbol{\alpha}_2,\cdots,\boldsymbol{\alpha}_r$线性无关.

证明 用数学归纳法证明.

当 $r=1$ 时,因为 $\boldsymbol{\alpha}_1\neq\mathbf{0}$,所以向量组 $\boldsymbol{\alpha}_1$ 线性无关.

当 $r=2$ 时,因为向量 $\boldsymbol{\alpha}_2$ 不能由向量 $\boldsymbol{\alpha}_1$ 线性表示,所以向量组 $\boldsymbol{\alpha}_1,\boldsymbol{\alpha}_2$ 线性无关.

假设 $r=t-1$ 时结论成立,即向量组 $\boldsymbol{\alpha}_1,\boldsymbol{\alpha}_2,\cdots,\boldsymbol{\alpha}_{t-1}$ 线性无关. 下面证明向量组 $\boldsymbol{\alpha}_1,\boldsymbol{\alpha}_2,\cdots,\boldsymbol{\alpha}_t$ 线性无关. 用反证法,若向量组 $\boldsymbol{\alpha}_1,\boldsymbol{\alpha}_2,\cdots,\boldsymbol{\alpha}_t$ 线性相关,则存在一组不全为 0 的数 $k_1,k_2,\cdots,k_t$,使得

$$k_1\boldsymbol{\alpha}_1+k_2\boldsymbol{\alpha}_2+\cdots+k_t\boldsymbol{\alpha}_t=\mathbf{0}. \tag{2.6.1}$$

若 $k_t\neq 0$,则由式(2.6.1),有

$$\boldsymbol{\alpha}_t=-\frac{1}{k_t}(k_1\boldsymbol{\alpha}_1+k_2\boldsymbol{\alpha}_2+\cdots+k_{t-1}\boldsymbol{\alpha}_{t-1}),$$

从而向量 $\boldsymbol{\alpha}_t$ 可以由向量 $\boldsymbol{\alpha}_1,\boldsymbol{\alpha}_2,\cdots,\boldsymbol{\alpha}_{t-1}$ 线性表示,这与题设矛盾. 若 $k_t=0$,则由式(2.6.1),有

$$k_1\boldsymbol{\alpha}_1+k_2\boldsymbol{\alpha}_2+\cdots+k_{t-1}\boldsymbol{\alpha}_{t-1}=\mathbf{0}.$$

由归纳假设,向量组 $\boldsymbol{\alpha}_1,\boldsymbol{\alpha}_2,\cdots,\boldsymbol{\alpha}_{t-1}$ 线性无关,所以 $k_1=k_2=\cdots=k_{t-1}=0$,这与 $k_1,k_2,\cdots,k_t$ 不全为 0 相矛盾. 所以,向量组 $\boldsymbol{\alpha}_1,\boldsymbol{\alpha}_2,\cdots,\boldsymbol{\alpha}_t$ 线性无关.

综上所述,由数学归纳法知向量组 $\boldsymbol{\alpha}_1,\boldsymbol{\alpha}_2,\cdots,\boldsymbol{\alpha}_r$ 线性无关.

证毕

例 2.6.5 已知 s 维向量组 $\boldsymbol{\alpha}_1,\boldsymbol{\alpha}_2,\cdots,\boldsymbol{\alpha}_s$ 线性无关,且可由向量组 $\boldsymbol{\beta}_1,\boldsymbol{\beta}_2,\cdots,\boldsymbol{\beta}_t$ 线性表示,证明:向量组 $\boldsymbol{\beta}_1,\boldsymbol{\beta}_2,\cdots,\boldsymbol{\beta}_t$ 的秩为 s.

证明 证法一 设向量组 $\boldsymbol{\beta}_1,\boldsymbol{\beta}_2,\cdots,\boldsymbol{\beta}_t$ 的一个极大无关组为 $\boldsymbol{\beta}_{i_1},\boldsymbol{\beta}_{i_2},\cdots,\boldsymbol{\beta}_{i_r}$. 由于向量组 $\boldsymbol{\alpha}_1,\boldsymbol{\alpha}_2,\cdots,\boldsymbol{\alpha}_s$ 中的向量是 s 维的,因此向量组 $\boldsymbol{\beta}_{i_1},\boldsymbol{\beta}_{i_2},\cdots,\boldsymbol{\beta}_{i_r}$ 中的向量也是 s 维的,从而 $r\leqslant s$(因为任意 $s+1$ 个 s 维向量必线性相关). 又因为向量组 $\boldsymbol{\alpha}_1,\boldsymbol{\alpha}_2,\cdots,\boldsymbol{\alpha}_s$ 线性无关且可由向量组 $\boldsymbol{\beta}_{i_1},\boldsymbol{\beta}_{i_2},\cdots,\boldsymbol{\beta}_{i_r}$ 线性表示,所以由推论 2.2.2 有 $s\leqslant r$,从而有 $s=r$,即

$$\mathrm{r}\{\boldsymbol{\beta}_1,\boldsymbol{\beta}_2,\cdots,\boldsymbol{\beta}_t\}=s.$$

证法二 因为 s 维向量组 $\boldsymbol{\alpha}_1,\boldsymbol{\alpha}_2,\cdots,\boldsymbol{\alpha}_s$ 线性无关,而向量组 $\boldsymbol{\alpha}_1,\boldsymbol{\alpha}_2,\cdots,\boldsymbol{\alpha}_s,\boldsymbol{\beta}_i\ (i=1,2,\cdots,t)$ 必线性相关,所以 $\boldsymbol{\beta}_i$ 可以由向量组 $\boldsymbol{\alpha}_1,\boldsymbol{\alpha}_2,\cdots,\boldsymbol{\alpha}_s$ 线性表示,从而向量组 $\boldsymbol{\alpha}_1,\boldsymbol{\alpha}_2,\cdots,\boldsymbol{\alpha}_s$ 与向量组 $\boldsymbol{\beta}_1,\boldsymbol{\beta}_2,\cdots,\boldsymbol{\beta}_t$ 等价. 而 $\mathrm{r}\{\boldsymbol{\alpha}_1,\boldsymbol{\alpha}_2,\cdots,\boldsymbol{\alpha}_s\}=s$,因此

$$\mathrm{r}\{\boldsymbol{\beta}_1,\boldsymbol{\beta}_2,\cdots,\boldsymbol{\beta}_t\}=s.$$

证毕

例 2.6.6 设矩阵

$$A=\begin{pmatrix}\boldsymbol{\alpha}_1\\ \boldsymbol{\alpha}_2\end{pmatrix}=\begin{pmatrix}2 & 0 & -1 & 3\\ 3 & -2 & 1 & -1\end{pmatrix},$$

$$B=\begin{pmatrix}\boldsymbol{\beta}_1\\ \boldsymbol{\beta}_2\end{pmatrix}=\begin{pmatrix}-5 & 6 & -5 & 9\\ 4 & -4 & 3 & -5\end{pmatrix},$$

证明:向量组 $\boldsymbol{\alpha}_1,\boldsymbol{\alpha}_2$ 与向量组 $\boldsymbol{\beta}_1,\boldsymbol{\beta}_2$ 等价.

证明 **证法一** 分别对矩阵 A 和矩阵 B 施行初等行变换,将其化为行最简形矩阵:

$$A=\begin{pmatrix}2 & 0 & -1 & 3\\ 3 & -2 & 1 & -1\end{pmatrix}\xrightarrow{\text{初等行变换}}\begin{pmatrix}1 & 0 & -\frac{1}{2} & \frac{3}{2}\\ 0 & 1 & -\frac{5}{4} & \frac{11}{4}\end{pmatrix},$$

$$B=\begin{pmatrix}-5 & 6 & -5 & 9\\ 4 & -4 & 3 & -5\end{pmatrix}\xrightarrow{\text{初等行变换}}\begin{pmatrix}1 & 0 & -\frac{1}{2} & \frac{3}{2}\\ 0 & 1 & -\frac{5}{4} & \frac{11}{4}\end{pmatrix}.$$

因为矩阵 A 和矩阵 B 有相同的行最简形矩阵,所以由向量组等价的传递性可得向量组 $\boldsymbol{\alpha}_1,\boldsymbol{\alpha}_2$ 与向量组 $\boldsymbol{\beta}_1,\boldsymbol{\beta}_2$ 等价.

证法二 设矩阵 $C=\begin{pmatrix}A\\ B\end{pmatrix}$,对矩阵 C 施行初等行变换,将其化为行最简形矩阵:

$$C=\begin{pmatrix}\boldsymbol{\alpha}_1\\ \boldsymbol{\alpha}_2\\ \boldsymbol{\beta}_1\\ \boldsymbol{\beta}_2\end{pmatrix}=\begin{pmatrix}2 & 0 & -1 & 3\\ 3 & -2 & 1 & -1\\ -5 & 6 & -5 & 9\\ 4 & -4 & 3 & -5\end{pmatrix}\xrightarrow{\text{初等行变换}}\begin{pmatrix}1 & 0 & -\frac{1}{2} & \frac{3}{2}\\ 0 & 1 & -\frac{5}{4} & \frac{11}{4}\\ 0 & 0 & 0 & 0\\ 0 & 0 & 0 & 0\end{pmatrix}.$$

可见 $\mathrm{r}(C)=2$. 显然,向量组 $\boldsymbol{\alpha}_1,\boldsymbol{\alpha}_2$ 及向量组 $\boldsymbol{\beta}_1,\boldsymbol{\beta}_2$ 都线性无关,故向量组 $\boldsymbol{\alpha}_1,\boldsymbol{\alpha}_2$ 及向量组 $\boldsymbol{\beta}_1,\boldsymbol{\beta}_2$ 都是矩阵 C 的行向量组的极大无关组,从而向量组 $\boldsymbol{\alpha}_1,\boldsymbol{\alpha}_2$ 与向量组 $\boldsymbol{\beta}_1,\boldsymbol{\beta}_2$ 等价.

证毕

例 2.6.7 设 A 为 $m\times r$ 矩阵,B 为 $r\times n$ 矩阵,证明:

$$\mathrm{r}(AB)\leqslant\min\{\mathrm{r}(A),\mathrm{r}(B)\}.$$

证明 设矩阵 $C=AB$,即

$$(\boldsymbol{c}_1,\boldsymbol{c}_2,\cdots,\boldsymbol{c}_n)=(\boldsymbol{\alpha}_1,\boldsymbol{\alpha}_2,\cdots,\boldsymbol{\alpha}_r)\boldsymbol{B},$$

其中$\boldsymbol{c}_i(i=1,2,\cdots,n)$,$\boldsymbol{\alpha}_j(j=1,2,\cdots,r)$分别是矩阵$\boldsymbol{C}$及矩阵$\boldsymbol{A}$的列向量. 上式表明,矩阵$\boldsymbol{C}$的列向量组能由矩阵$\boldsymbol{A}$的列向量组线性表示. 由推论2.2.2,有

$$\mathrm{r}(\boldsymbol{C})\leqslant\mathrm{r}(\boldsymbol{A})$$

由$\boldsymbol{C}^{\mathrm{T}}=\boldsymbol{B}^{\mathrm{T}}\boldsymbol{A}^{\mathrm{T}}$,同理可证$\mathrm{r}(\boldsymbol{C})\leqslant\mathrm{r}(\boldsymbol{B})$. 故

$$\mathrm{r}(\boldsymbol{AB})\leqslant\min\{\mathrm{r}(\boldsymbol{A}),\mathrm{r}(\boldsymbol{B})\}.$$

证毕

阅读材料:群、环、域

习 题 二

1. 设向量$\boldsymbol{\alpha}=(1,0,-1,2)$,$\boldsymbol{\beta}=(-3,2,5,-1)$,计算$-\boldsymbol{\alpha}$,$3\boldsymbol{\alpha}$,$\boldsymbol{\alpha}+\boldsymbol{\beta}$,$\boldsymbol{\alpha}-3\boldsymbol{\beta}$.

2. 设$\boldsymbol{\alpha}+\boldsymbol{\beta}=(2,3,-1,0,4)$,$\boldsymbol{\alpha}-\boldsymbol{\beta}=(-6,8,11,1,4)$,求向量$\boldsymbol{\alpha}$,$\boldsymbol{\beta}$.

3. 设$3(\boldsymbol{\alpha}_1-\boldsymbol{\alpha})+2(\boldsymbol{\alpha}_2+\boldsymbol{\alpha})=\boldsymbol{\alpha}_3-2\boldsymbol{\alpha}$,其中向量$\boldsymbol{\alpha}_1=(1,2,3,1)$,$\boldsymbol{\alpha}_2=(0,-2,1,-1)$,$\boldsymbol{\alpha}_3=(1,0,-2,1)$,求向量$\boldsymbol{\alpha}$.

4. 把向量$\boldsymbol{\beta}$表示为向量组$\boldsymbol{\alpha}_1$,$\boldsymbol{\alpha}_2$,$\boldsymbol{\alpha}_3$,$\boldsymbol{\alpha}_4$的线性组合:

(1) $\boldsymbol{\alpha}_1=(1,1,1,1)$,$\boldsymbol{\alpha}_2=(1,1,1,0)$,$\boldsymbol{\alpha}_3=(1,1,0,0)$,
$\boldsymbol{\alpha}_4=(1,0,0,0)$,$\boldsymbol{\beta}=(0,2,0,-1)$;

(2) $\boldsymbol{\alpha}_1=(1,1,1,1,1)^{\mathrm{T}}$,$\boldsymbol{\alpha}_2=(1,2,1,3,1)^{\mathrm{T}}$,$\boldsymbol{\alpha}_3=(1,1,0,1,0)^{\mathrm{T}}$,
$\boldsymbol{\alpha}_4=(2,2,0,0,0)^{\mathrm{T}}$,$\boldsymbol{\beta}=(0,1,0,1,0)^{\mathrm{T}}$.

5. 设$a_1,a_2,\cdots,a_n$是互不相同的一组数,向量$\boldsymbol{\alpha}_1=(1,a_1,a_1^2,\cdots,a_1^{n-1})$,$\boldsymbol{\alpha}_2=(1,a_2,a_2^2,\cdots,a_2^{n-1})$,$\cdots$,$\boldsymbol{\alpha}_n=(1,a_n,a_n^2,\cdots,a_n^{n-1})$,证明:任意一个$n$维行向量都可由向量组$\boldsymbol{\alpha}_1,\boldsymbol{\alpha}_2,\cdots,\boldsymbol{\alpha}_n$线性表示.

6. 判断下列向量组的线性相关性:

(1) $\boldsymbol{\alpha}_1=(1,1,0,0)$,$\boldsymbol{\alpha}_2=(1,0,1,0)$,$\boldsymbol{\alpha}_3=(0,0,1,1)$,$\boldsymbol{\alpha}_4=(1,0,0,1)$;

(2) $\boldsymbol{\alpha}_1=(4,3,-1,1,-1)^{\mathrm{T}}$,$\boldsymbol{\alpha}_2=(2,1,-3,2,-5)^{\mathrm{T}}$,
$\boldsymbol{\alpha}_3=(1,-3,0,1,-2)^{\mathrm{T}}$,$\boldsymbol{\alpha}_4=(1,5,2,-2,6)^{\mathrm{T}}$.

7. 证明:上三角形矩阵$\boldsymbol{A}=\begin{pmatrix}a&b&c\\0&d&e\\0&0&f\end{pmatrix}$的行向量组线性相关的充要条件是其主

对角线上的元素中至少有一个为0.

8. 设向量$\boldsymbol{\beta}_1=\boldsymbol{\alpha}_1+\boldsymbol{\alpha}_2,\boldsymbol{\beta}_2=\boldsymbol{\alpha}_2+\boldsymbol{\alpha}_3,\boldsymbol{\beta}_3=\boldsymbol{\alpha}_3+\boldsymbol{\alpha}_4,\boldsymbol{\beta}_4=\boldsymbol{\alpha}_4+\boldsymbol{\alpha}_1$,证明:向量组$\boldsymbol{\beta}_1,\boldsymbol{\beta}_2,\boldsymbol{\beta}_3,\boldsymbol{\beta}_4$线性相关.

9. 设向量组$\boldsymbol{\alpha}_1,\boldsymbol{\alpha}_2,\boldsymbol{\alpha}_3$线性无关,证明:向量组$\boldsymbol{\alpha}_1+\boldsymbol{\alpha}_2,\boldsymbol{\alpha}_2+\boldsymbol{\alpha}_3,\boldsymbol{\alpha}_3+\boldsymbol{\alpha}_1$也线性无关.

10. 判断下列命题是否正确:

(1) 若向量组$\boldsymbol{\alpha}_1,\boldsymbol{\alpha}_2,\cdots,\boldsymbol{\alpha}_n$线性相关,则向量$\boldsymbol{\alpha}_1$可由向量组$\boldsymbol{\alpha}_2,\boldsymbol{\alpha}_3,\cdots,\boldsymbol{\alpha}_n$线性表示;

(2) 若向量$\boldsymbol{\beta}$不能由向量组$\boldsymbol{\alpha}_1,\boldsymbol{\alpha}_2,\cdots,\boldsymbol{\alpha}_m$线性表示,则向量组$\boldsymbol{\alpha}_1,\boldsymbol{\alpha}_2,\cdots,\boldsymbol{\alpha}_m,\boldsymbol{\beta}$线性无关;

(3) 若当数$k_1,k_2,\cdots,k_m$不全为0时,$k_1\boldsymbol{\alpha}_1+k_2\boldsymbol{\alpha}_2+\cdots+k_m\boldsymbol{\alpha}_m\neq\mathbf{0}$,则向量组$\boldsymbol{\alpha}_1,\boldsymbol{\alpha}_2,\cdots,\boldsymbol{\alpha}_m$线性无关;

(4) 若向量组$\boldsymbol{\alpha}_1,\boldsymbol{\alpha}_2,\cdots,\boldsymbol{\alpha}_n$和向量组$\boldsymbol{\beta}_1,\boldsymbol{\beta}_2,\cdots,\boldsymbol{\beta}_n$分别线性相关,则存在一组不全为0的数$k_1,k_2,\cdots,k_n$,使得$k_1\boldsymbol{\alpha}_1+k_2\boldsymbol{\alpha}_2+\cdots+k_n\boldsymbol{\alpha}_n=\mathbf{0},k_1\boldsymbol{\beta}_1+k_2\boldsymbol{\beta}_2+\cdots+k_n\boldsymbol{\beta}_n=\mathbf{0}$同时成立.

11. 利用矩阵的初等行变换求下列矩阵的列向量组的一个极大无关组:

(1) $\begin{pmatrix}0&1&2&3\\1&-1&3&3\\2&0&2&4\\2&1&-1&2\end{pmatrix}$;　　(2) $\begin{pmatrix}1&1&2&2&1\\0&2&1&5&-1\\2&0&3&-1&3\\1&1&0&4&-1\end{pmatrix}$.

12. 求下列向量组的秩及一个极大无关组,并将其余向量用该极大无关组线性表示:

(1) $\boldsymbol{\alpha}_1=(1,2,1,3),\boldsymbol{\alpha}_2=(4,-1,-5,-6),\boldsymbol{\alpha}_3=(1,-3,-4,-7)$;

(2) $\boldsymbol{\alpha}_1=(1,1,0)^{\mathrm{T}},\boldsymbol{\alpha}_2=(0,2,0)^{\mathrm{T}},\boldsymbol{\alpha}_3=(0,0,3)^{\mathrm{T}}$.

13. 设向量$\boldsymbol{\alpha}_1=(1,-1,2,4),\boldsymbol{\alpha}_2=(0,3,2,4),\boldsymbol{\alpha}_3=(3,0,7,14),\boldsymbol{\alpha}_4=(1,-1,2,0),\boldsymbol{\alpha}_5=(2,1,5,6)$.

(1) 证明:向量组$\boldsymbol{\alpha}_1,\boldsymbol{\alpha}_2$线性无关;

(2) 把向量组$\boldsymbol{\alpha}_1,\boldsymbol{\alpha}_2$扩充成向量组$\boldsymbol{\alpha}_1,\boldsymbol{\alpha}_2,\boldsymbol{\alpha}_3,\boldsymbol{\alpha}_4,\boldsymbol{\alpha}_5$的一个极大无关组,并将其余向量用该极大无关组线性表示.

14. 求下列向量组的秩:

(1) $\boldsymbol{\alpha}_1=(2,3,1),\boldsymbol{\alpha}_2=(1,-2,4),\boldsymbol{\alpha}_3=(-1,1,-3)$,
$\boldsymbol{\alpha}_4=(1,-3,5),\boldsymbol{\alpha}_5=(1,4,-2)$;

(2) $\boldsymbol{\alpha}_1=(1,3,1),\boldsymbol{\alpha}_2=(1,1,5),\boldsymbol{\alpha}_3=(-3,1,-9)$,
$\boldsymbol{\alpha}_4=(-4,4,-8),\boldsymbol{\alpha}_5=(1,3,1)$;

(3) $\boldsymbol{\alpha}_1=(1,2,1,2),\boldsymbol{\alpha}_2=(1,2,0,3),\boldsymbol{\alpha}_3=(2,3,1,5),$

$\boldsymbol{\alpha}_4=(a,1,1,5),\boldsymbol{\alpha}_5=(3,4,5,4)$；

(4) $\boldsymbol{\alpha}_1=(1,3,4),\boldsymbol{\alpha}_2=(2,5,5),\boldsymbol{\alpha}_3=(3,a,0),$

$\boldsymbol{\alpha}_4=(-3,-4,3),\boldsymbol{\alpha}_5=(2,4,7-a)$.

15. 设 $\boldsymbol{\alpha}_1,\boldsymbol{\alpha}_2,\cdots,\boldsymbol{\alpha}_n$ 是一个 n 维向量组，且 n 维基本单位向量组 $\boldsymbol{\varepsilon}_1,\boldsymbol{\varepsilon}_2,\cdots,\boldsymbol{\varepsilon}_n$ 能由它线性表示，证明：向量组 $\boldsymbol{\alpha}_1,\boldsymbol{\alpha}_2,\cdots,\boldsymbol{\alpha}_n$ 线性无关.

16. 设向量 $\boldsymbol{\alpha}_i=(a_{i1},a_{i2},\cdots,a_{in}),\boldsymbol{\beta}_i=(a_{i1},a_{i2},\cdots,a_{in},b_{i1},b_{i2},\cdots,b_{ip})$，其中 p 为任意正整数，$i=1,2,\cdots,m$. 若向量组 $\boldsymbol{\alpha}_1,\boldsymbol{\alpha}_2,\cdots,\boldsymbol{\alpha}_m$ 线性无关，证明：向量组 $\boldsymbol{\beta}_1,\boldsymbol{\beta}_2,\cdots,\boldsymbol{\beta}_m$ 也线性无关.

17. 设向量组 $\boldsymbol{\alpha}_1,\boldsymbol{\alpha}_2,\cdots,\boldsymbol{\alpha}_m(m\geqslant 2)$ 线性无关，任取一组数 $k_1,k_2,\cdots,k_{m-1}$，令向量 $\boldsymbol{\beta}_1=\boldsymbol{\alpha}_1+k_1\boldsymbol{\alpha}_m,\boldsymbol{\beta}_2=\boldsymbol{\alpha}_2+k_2\boldsymbol{\alpha}_m,\cdots,\boldsymbol{\beta}_{m-1}=\boldsymbol{\alpha}_{m-1}+k_{m-1}\boldsymbol{\alpha}_m$，证明：向量组 $\boldsymbol{\beta}_1,\boldsymbol{\beta}_2,\cdots,\boldsymbol{\beta}_{m-1}$ 也线性无关.

18. 设向量 $\boldsymbol{\beta}_1=\boldsymbol{\alpha}_2+\boldsymbol{\alpha}_3+\cdots+\boldsymbol{\alpha}_r,\boldsymbol{\beta}_2=\boldsymbol{\alpha}_1+\boldsymbol{\alpha}_3+\cdots+\boldsymbol{\alpha}_r,\cdots,\boldsymbol{\beta}_r=\boldsymbol{\alpha}_1+\boldsymbol{\alpha}_2+\cdots+\boldsymbol{\alpha}_{r-1}$，证明：向量组 $\boldsymbol{\beta}_1,\boldsymbol{\beta}_2,\cdots,\boldsymbol{\beta}_r$ 与向量组 $\boldsymbol{\alpha}_1,\boldsymbol{\alpha}_2,\cdots,\boldsymbol{\alpha}_r$ 有相同的秩.

19. 设 $\boldsymbol{A},\boldsymbol{B}$ 为同型矩阵，证明：$\mathrm{r}(\boldsymbol{A}+\boldsymbol{B})\leqslant \mathrm{r}(\boldsymbol{A})+\mathrm{r}(\boldsymbol{B})$.

参考答案与提示

第三章 线性方程组

线性方程组理论在科学与工程领域中应用非常广泛，是线性代数的重要内容. 前面章节中我们已经对向量组的线性相关性和矩阵的秩的性质进行了探讨，这为求解线性方程组提供了关键线索. 在本章中，我们将以此为基石，深入剖析线性方程组有解的条件及解的结构. 这不仅能深化我们对线性代数知识体系的认知，还将为解决实际问题提供有力的数学工具.

3.1 线性方程组和高斯消元法

在三维几何空间中，一个三元一次方程 $ax+by+cz=d$ 表示一个平面. 考虑3个平面的位置关系，即3个平面的公共交点情况，就是一个求解线性方程组的问题.

设有3个平面 $a_ix+b_iy+c_iz=d_i(i=1,2,3)$，则这3个平面的公共交点的坐标一定满足线性方程组

$$\begin{cases}a_1x+b_1y+c_1z=d_1,\\a_2x+b_2y+c_2z=d_2,\\a_3x+b_3y+c_3z=d_3.\end{cases}$$

显然，3个平面的位置关系存在如图3-1所示的几种情况：

(1) 3个平面没有公共交点[见图3-1(a)]，即上述线性方程组无解；

(2) 3个平面交于唯一的公共点[见图3-1(b)]，即上述线性方程组有唯一解；

(3) 3个平面交于1条直线[见图3-1(c)]，或者1个平面[见图3-1(d)]，即上述线性方程组存在无穷多解.

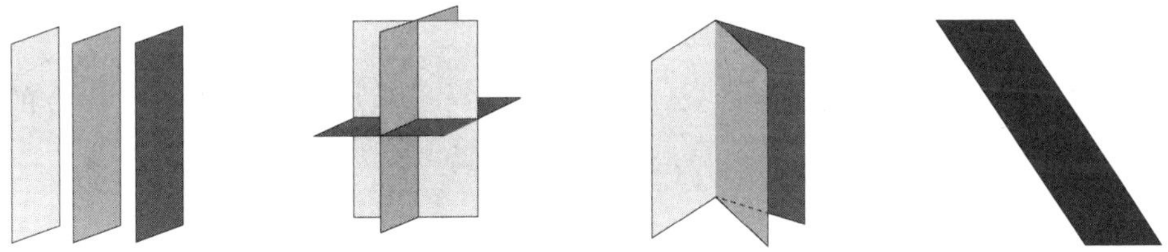

(a) (b) (c) (d)

图3-1

下面我们将对一般线性方程组及其求解进行系统的研究.

一、线性方程组的基本概念

定义 3.1.1 一个线性方程组可以写成如下形式：

$$\begin{cases}a_{11}x_1+a_{12}x_2+\cdots+a_{1n}x_n=b_1,\\a_{21}x_1+a_{22}x_2+\cdots+a_{2n}x_n=b_2,\\\qquad\cdots\cdots\\a_{m1}x_1+a_{m2}x_2+\cdots+a_{mn}x_n=b_m,\end{cases}\tag{3.1.1}$$

其中 $a_{ij}(i=1,2,\cdots,m;j=1,2,\cdots,n)$ 称为这个方程组的**系数**，x_i 称为这个方程组的**未知量**，b_i 称为这个方程组的**常数项**. 当常数项 $b_i(i=1,2,\cdots,m)$ 全为 0 时，称该线性方程组为**齐次线性方程组**；当常数项 b_i 不全为 0 时，称该线性方程组为**非齐次线性方程组**.

线性方程组(3.1.1)是一个含有 n 个未知量、m 个方程的线性方程组. 如果令矩阵

$$\boldsymbol{A}=\begin{pmatrix} a_{11} & a_{12} & \cdots & a_{1n} \\ a_{21} & a_{22} & \cdots & a_{2n} \\ \vdots & \vdots & & \vdots \\ a_{m1} & a_{m2} & \cdots & a_{mn} \end{pmatrix},\quad \boldsymbol{x}=\begin{pmatrix} x_1 \\ x_2 \\ \vdots \\ x_n \end{pmatrix},\quad \boldsymbol{b}=\begin{pmatrix} b_1 \\ b_2 \\ \vdots \\ b_m \end{pmatrix},$$

则方程组(3.1.1)可以写成矩阵方程

$$\boldsymbol{Ax}=\boldsymbol{b}.$$

称矩阵 $\boldsymbol{A}$ 为方程组(3.1.1)的**系数矩阵**，而称矩阵

$$(\boldsymbol{A},\boldsymbol{b})=\begin{pmatrix} a_{11} & a_{12} & \cdots & a_{1n} & b_1 \\ a_{21} & a_{22} & \cdots & a_{2n} & b_2 \\ \vdots & \vdots & & \vdots & \vdots \\ a_{m1} & a_{m2} & \cdots & a_{mn} & b_m \end{pmatrix}$$

为方程组(3.1.1)的**增广矩阵**.

定义 3.1.2 若 $x_1=c_1,x_2=c_2,\cdots,x_n=c_n$ 满足线性方程组(3.1.1)的所有方程，则称向量

$$\boldsymbol{x}=\begin{pmatrix} c_1 \\ c_2 \\ \vdots \\ c_n \end{pmatrix}$$

为线性方程组(3.1.1)的**解**或**解向量**.

线性方程组的全体解所构成的集合称为线性方程组的**解集**.

若一个线性方程组有解，则称该线性方程组是**相容**的；否则，称该线性方程组是**不相容**的.

定义 3.1.3 若两个线性方程组的解集相同，则称这两个线性方程组**同解**.

二、高斯消元法

下面举例说明用高斯消元法求解线性方程组的步骤.

例 3.1.1　用高斯消元法求解线性方程组

$$\begin{cases} 2x_1 - x_2 - x_3 + x_4 = 2, & ① \\ x_1 + x_2 - 2x_3 + x_4 = 4, & ② \\ 2x_1 - 3x_2 + x_3 - x_4 = 2, & ③ \\ 3x_1 + 6x_2 - 9x_3 + 7x_4 = 9. & ④ \end{cases} \tag{3.1.2}$$

解　交换方程组(3.1.2)中的方程①和②(记作①↔②),得

$$\begin{cases} x_1 + x_2 - 2x_3 + x_4 = 4, & ① \\ 2x_1 - x_2 - x_3 + x_4 = 2, & ② \\ 2x_1 - 3x_2 + x_3 - x_4 = 2, & ③ \\ 3x_1 + 6x_2 - 9x_3 + 7x_4 = 9. & ④ \end{cases} \tag{3.1.3}$$

②－③,③－2×①,④－3×①,得

$$\begin{cases} x_1 + x_2 - 2x_3 + x_4 = 4, & ① \\ 2x_2 - 2x_3 + 2x_4 = 0, & ② \\ -5x_2 + 5x_3 - 3x_4 = -6, & ③ \\ 3x_2 - 3x_3 + 4x_4 = -3. & ④ \end{cases} \tag{3.1.4}$$

②×$\frac{1}{2}$,③＋5×②,④－3×②,得

$$\begin{cases} x_1 + x_2 - 2x_3 + x_4 = 4, & ① \\ x_2 - x_3 + x_4 = 0, & ② \\ 2x_4 = -6, & ③ \\ x_4 = -3. & ④ \end{cases} \tag{3.1.5}$$

③↔④,④－2×③,得

$$\begin{cases} x_1 + x_2 - 2x_3 + x_4 = 4, & ① \\ x_2 - x_3 + x_4 = 0, & ② \\ x_4 = -3, & ③ \\ 0 = 0. & ④ \end{cases} \tag{3.1.6}$$

①－②,②－③,得

$$\begin{cases} x_1 - x_3 = 4, & ① \\ x_2 - x_3 = 3, & ② \\ x_4 = -3, & ③ \\ 0 = 0. & ④ \end{cases} \tag{3.1.7}$$

方程组(3.1.7)是含有4个未知量、3个有效方程的线性方程组，它与方程组(3.1.2)同解. 方程组(3.1.7)呈阶梯形，我们把这个阶梯形方程组中每一个方程的第一个未知量(x_1,x_2,x_4)留在左边，剩下的未知量(x_3)移到右边，得到

$$\begin{cases} x_1=x_3+4, \\ x_2=x_3+3, \\ x_4=-3. \end{cases}$$

显然，当x_3取定一个值时，通过上式就可以得到方程组(3.1.2)的一个解，如取$x_3=0$，得到解$x_1=4,x_2=3,x_3=0,x_4=-3$. 当x_3取遍所有实数时，就得到方程组(3.1.2)在实数范围内的全部解. 于是，我们将上式称为方程组(3.1.2)的**一般解**，其中x_3称为**自由未知量**.

线性方程组(3.1.7)的增广矩阵为

$$\begin{pmatrix} 1 & 0 & -1 & 0 & 4 \\ 0 & 1 & -1 & 0 & 3 \\ 0 & 0 & 0 & 1 & -3 \\ 0 & 0 & 0 & 0 & 0 \end{pmatrix},$$

它是行最简形矩阵. 所以，例3.1.1中用高斯消元法求解线性方程组(3.1.2)的过程实质上是对该方程组的增广矩阵施行初等行变换，将其化为行最简形矩阵，得到同解的方程组(3.1.7)，从而得到方程组(3.1.2)的一般解.

3.2 齐次线性方程组

设有齐次线性方程组

$$\begin{cases} a_{11}x_1+a_{12}x_2+\cdots+a_{1n}x_n=0, \\ a_{21}x_1+a_{22}x_2+\cdots+a_{2n}x_n=0, \\ \cdots\cdots \\ a_{m1}x_1+a_{m2}x_2+\cdots+a_{mn}x_n=0, \end{cases} \tag{3.2.1}$$

其矩阵形式为

$$\boldsymbol{A}\boldsymbol{x}=\boldsymbol{0}, \tag{3.2.2}$$

其中

$$A=\begin{pmatrix} a_{11} & a_{12} & \cdots & a_{1n} \\ a_{21} & a_{22} & \cdots & a_{2n} \\ \vdots & \vdots & & \vdots \\ a_{m1} & a_{m2} & \cdots & a_{mn} \end{pmatrix},\quad x=\begin{pmatrix} x_1 \\ x_2 \\ \vdots \\ x_n \end{pmatrix}.$$

显然，$x=\begin{pmatrix} 0 \\ 0 \\ \vdots \\ 0 \end{pmatrix}=\mathbf{0}$ 是方程组(3.2.2)的解，故齐次线性方程组必有解. $x=\mathbf{0}$ 称为方程组(3.2.2)的**零解**或**平凡解**. 显然，当齐次线性方程组有非零解时，它必有无穷多解.

一、齐次线性方程组有非零解的充要条件

把方程组(3.2.2)写成向量形式

$$x_1\boldsymbol{\alpha}_1+x_2\boldsymbol{\alpha}_2+\cdots+x_n\boldsymbol{\alpha}_n=\mathbf{0}, \tag{3.2.3}$$

其中

$$\boldsymbol{\alpha}_j=(a_{1j},a_{2j},\cdots,a_{mj})^{\mathrm{T}},\quad j=1,2,\cdots,n.$$

如果方程组(3.2.2)有非零解 $x=(c_1,c_2,\cdots,c_n)^{\mathrm{T}}$，则存在一组不全为 0 的数 c_1, $c_2,\cdots,c_n$，使得

$$c_1\boldsymbol{\alpha}_1+c_2\boldsymbol{\alpha}_2+\cdots+c_n\boldsymbol{\alpha}_n=\mathbf{0},$$

从而向量组 $\boldsymbol{\alpha}_1,\boldsymbol{\alpha}_2,\cdots,\boldsymbol{\alpha}_n$ 线性相关，即方程组(3.2.2)的系数矩阵 A 的列向量组线性相关，反之也成立. 于是，可得下述定理.

定理 3.2.1 **n 元齐次线性方程组 $Ax=\mathbf{0}$ 存在非零解的充要条件是系数矩阵 A 的秩 $\mathrm{r}(A)<n$，即 $Ax=\mathbf{0}$ 只有零解的充要条件是 $\mathrm{r}(A)=n$.**

二、齐次线性方程组解的结构

性质 3.2.1 若 $\boldsymbol{\xi}_1,\boldsymbol{\xi}_2$ 均为方程组(3.2.2)的解，则 $\boldsymbol{\xi}_1+\boldsymbol{\xi}_2$ 也是方程组(3.2.2)的解.

证明 因为

$$A(\boldsymbol{\xi}_1+\boldsymbol{\xi}_2)=A\boldsymbol{\xi}_1+A\boldsymbol{\xi}_2=\mathbf{0}+\mathbf{0}=\mathbf{0},$$

所以 $\boldsymbol{\xi}_1+\boldsymbol{\xi}_2$ 是方程组(3.2.2)的解.

证毕

性质 3.2.2 若 $\boldsymbol{\xi}$ 为方程组(3.2.2)的解，k 是任意常数，则 $k\boldsymbol{\xi}$ 也是方程组(3.2.2)的解.

证明 因为

$$\boldsymbol{A}(k\boldsymbol{\xi})=k(\boldsymbol{A}\boldsymbol{\xi})=k\boldsymbol{0}=\boldsymbol{0},$$

所以 $k\boldsymbol{\xi}$ 是方程组(3.2.2)的解.

证毕

由上述性质可知，若 $\boldsymbol{\xi}_1,\boldsymbol{\xi}_2,\cdots,\boldsymbol{\xi}_k$ 是方程组(3.2.2)的一组解，则它们的线性组合 $\lambda_1\boldsymbol{\xi}_1+\lambda_2\boldsymbol{\xi}_2+\cdots+\lambda_k\boldsymbol{\xi}_k(\lambda_1,\lambda_2,\cdots,\lambda_k\in\mathbf{R})$ 仍为方程组(3.2.2)的解. 那么，我们自然要问：如何表示方程组(3.2.2)的任意一个解呢？

我们来研究下面的齐次线性方程组：

$$\begin{cases}x_1-x_2+x_3-x_4=0,\\x_1-x_2-x_3+x_4=0,\\x_1-x_2-2x_3+2x_4=0.\end{cases}\tag{3.2.4}$$

方程组(3.2.4)的系数矩阵为

$$\boldsymbol{A}=\begin{pmatrix}1&-1&1&-1\\1&-1&-1&1\\1&-1&-2&2\end{pmatrix},$$

对矩阵 $\boldsymbol{A}$ 施行初等行变换，把它化为行最简形矩阵：

$$\boldsymbol{A}\xrightarrow[r_3-r_1]{r_2-r_1}\begin{pmatrix}1&-1&1&-1\\0&0&-2&2\\0&0&-3&3\end{pmatrix}\xrightarrow[r_1-r_2]{r_2\times\left(-\frac{1}{2}\right),\ r_3+3r_2}\begin{pmatrix}1&-1&0&0\\0&0&1&-1\\0&0&0&0\end{pmatrix}.$$

由此得到与方程组(3.2.4)同解的方程组

$$\begin{cases}x_1=x_2,\\x_3=x_4.\end{cases}\tag{3.2.5}$$

由于 $\mathrm{r}(\boldsymbol{A})=2<4$(未知量的个数)，因此方程组(3.2.4)有非零解，从而有无穷多解，且方程组(3.2.4)的一般解为

$$\begin{cases}x_1=x_2,\\x_3=x_4,\end{cases}\tag{3.2.6}$$

其中 x_2,x_4 为自由未知量. 令 $x_2=k_1,x_4=k_2$，则一般解(3.2.6)可进一步写成向量形式

$$\begin{pmatrix} x_1 \\ x_2 \\ x_3 \\ x_4 \end{pmatrix} = k_1 \begin{pmatrix} 1 \\ 1 \\ 0 \\ 0 \end{pmatrix} + k_2 \begin{pmatrix} 0 \\ 0 \\ 1 \\ 1 \end{pmatrix} \quad (k_1, k_2 \text{ 为任意常数}). \tag{3.2.7}$$

这就是方程组(3.2.4)的任意一个解的向量表示式. 若令向量

$$\boldsymbol{\xi}_1 = (1,1,0,0)^{\mathrm{T}}, \quad \boldsymbol{\xi}_2 = (0,0,1,1)^{\mathrm{T}},$$

则$\boldsymbol{\xi}_1, \boldsymbol{\xi}_2$均为方程组(3.2.4)的解. 向量组$\boldsymbol{\xi}_1, \boldsymbol{\xi}_2$线性无关,且方程组(3.2.4)的任意一个解都可由向量组$\boldsymbol{\xi}_1, \boldsymbol{\xi}_2$线性表示. 我们称$\boldsymbol{\xi}_1, \boldsymbol{\xi}_2$为方程组(3.2.4)的一个基础解系,称式(3.2.7)为方程组(3.2.4)的通解.

下面我们给出齐次线性方程组的基础解系的一般定义.

定义 3.2.1 设$\boldsymbol{\xi}_1, \boldsymbol{\xi}_2, \cdots, \boldsymbol{\xi}_{n-r}$是方程组(3.2.2)的一组解,且满足:

(1) 向量组$\boldsymbol{\xi}_1, \boldsymbol{\xi}_2, \cdots, \boldsymbol{\xi}_{n-r}$线性无关;

(2) 方程组(3.2.2)的任意一个解都可由向量组$\boldsymbol{\xi}_1, \boldsymbol{\xi}_2, \cdots, \boldsymbol{\xi}_{n-r}$线性表示,

则称$\boldsymbol{\xi}_1, \boldsymbol{\xi}_2, \cdots, \boldsymbol{\xi}_{n-r}$为方程组(3.2.2)的一个**基础解系**.

若方程组(3.2.2)的基础解系为$\boldsymbol{\xi}_1, \boldsymbol{\xi}_2, \cdots, \boldsymbol{\xi}_{n-r}$,则

$$\boldsymbol{x} = k_1\boldsymbol{\xi}_1 + k_2\boldsymbol{\xi}_2 + \cdots + k_{n-r}\boldsymbol{\xi}_{n-r}$$

是方程组(3.2.2)的解,其中$k_1, k_2, \cdots, k_{n-r}$为任意常数;并且方程组(3.2.2)的任意一个解均可表示为上式的形式. 称上式为方程组(3.2.2)的**通解**.

由上面的讨论可知,要求齐次线性方程组的通解,只需要求出它的基础解系即可.

定理 3.2.2 **若方程组(3.2.2)的系数矩阵$\boldsymbol{A}$的秩等于r,即$\mathrm{r}(\boldsymbol{A})=r$,则**

(1) 当$r=n$时,方程组(3.2.2)仅有零解,没有基础解系;

(2) 当$r<n$时,方程组(3.2.2)有无穷多解,存在基础解系,且它的任意一个基础解系中解的个数为$n-r$.

证明 不妨设矩阵$\boldsymbol{A}$的前r个列向量线性无关,则矩阵$\boldsymbol{A}$的行最简形矩阵形如

$$\boldsymbol{B} = \begin{pmatrix} 1 & 0 & \cdots & 0 & b_{11} & b_{12} & \cdots & b_{1,n-r} \\ 0 & 1 & \cdots & 0 & b_{21} & b_{22} & \cdots & b_{2,n-r} \\ \vdots & \vdots & & \vdots & \vdots & \vdots & & \vdots \\ 0 & 0 & \cdots & 1 & b_{r1} & b_{r2} & \cdots & b_{r,n-r} \\ 0 & 0 & \cdots & 0 & 0 & 0 & \cdots & 0 \\ \vdots & \vdots & & \vdots & \vdots & \vdots & & \vdots \\ 0 & 0 & \cdots & 0 & 0 & 0 & \cdots & 0 \end{pmatrix}.$$

显然,当 $r=n$ 时,$\boldsymbol{B}=\begin{pmatrix}\boldsymbol{E}_n\\ \boldsymbol{O}\end{pmatrix}$,方程组(3.2.2)仅有零解.

当 $r<n$ 时,与矩阵 $\boldsymbol{B}$ 对应,有同解方程组

$$\begin{cases}x_1=-b_{11}x_{r+1}-b_{12}x_{r+2}-\cdots-b_{1,n-r}x_n,\\ x_2=-b_{21}x_{r+1}-b_{22}x_{r+2}-\cdots-b_{2,n-r}x_n,\\ \cdots\cdots\\ x_r=-b_{r1}x_{r+1}-b_{r2}x_{r+2}-\cdots-b_{r,n-r}x_n.\end{cases}\tag{3.2.8}$$

式(3.2.8)也是方程组(3.2.2)的一般解,其中 $x_{r+1},x_{r+2},\cdots,x_n$ 为自由未知量.令自由未知量 $x_{r+1},x_{r+2},\cdots,x_n$ 依次等于常数 $k_1,k_2,\cdots,k_{n-r}$,可得

$$\begin{pmatrix}x_1\\x_2\\ \vdots\\x_r\\x_{r+1}\\x_{r+2}\\ \vdots\\x_n\end{pmatrix}=k_1\begin{pmatrix}-b_{11}\\-b_{21}\\ \vdots\\-b_{r1}\\1\\0\\ \vdots\\0\end{pmatrix}+k_2\begin{pmatrix}-b_{12}\\-b_{22}\\ \vdots\\-b_{r2}\\0\\1\\ \vdots\\0\end{pmatrix}+\cdots+k_{n-r}\begin{pmatrix}-b_{1,n-r}\\-b_{2,n-r}\\ \vdots\\-b_{r,n-r}\\0\\0\\ \vdots\\1\end{pmatrix}.$$

把上式记作

$$\boldsymbol{x}=k_1\boldsymbol{\xi}_1+k_2\boldsymbol{\xi}_2+\cdots+k_{n-r}\boldsymbol{\xi}_{n-r},$$

可知方程组(3.2.2)的任意一个解 $\boldsymbol{x}$ 都能由向量组 $\boldsymbol{\xi}_1,\boldsymbol{\xi}_2,\cdots,\boldsymbol{\xi}_{n-r}$ 线性表示.又因为矩阵 $(\boldsymbol{\xi}_1,\boldsymbol{\xi}_2,\cdots,\boldsymbol{\xi}_{n-r})$ 中有一个 $n-r$ 阶子式 $|\boldsymbol{E}_{n-r}|\neq 0$,所以

$$\mathrm{r}\{\boldsymbol{\xi}_1,\boldsymbol{\xi}_2,\cdots,\boldsymbol{\xi}_{n-r}\}=n-r,$$

从而向量组 $\boldsymbol{\xi}_1,\boldsymbol{\xi}_2,\cdots,\boldsymbol{\xi}_{n-r}$ 线性无关.由基础解系的定义知道,$\boldsymbol{\xi}_1,\boldsymbol{\xi}_2,\cdots,\boldsymbol{\xi}_{n-r}$ 是方程组(3.2.2)的基础解系,其中解的个数为 $n-r$.

证毕

注意1 在定理3.2.2的证明中,我们是通过方程组(3.2.2)的通解表达式求得基础解系的.其实,也可以直接求出方程组(3.2.2)的基础解系,具体做法如下:

在式(3.2.8)中,令自由未知量 $x_{r+1},x_{r+2},\cdots,x_n$ 取如下 $n-r$ 组数:

$$\begin{pmatrix}x_{r+1}\\x_{r+2}\\ \vdots\\x_n\end{pmatrix}=\begin{pmatrix}1\\0\\ \vdots\\0\end{pmatrix},\quad\begin{pmatrix}0\\1\\ \vdots\\0\end{pmatrix},\quad\cdots,\quad\begin{pmatrix}0\\0\\ \vdots\\1\end{pmatrix},$$

从而可以得到

$$\begin{pmatrix} x_1 \\ x_2 \\ \vdots \\ x_r \end{pmatrix} = \begin{pmatrix} -b_{11} \\ -b_{21} \\ \vdots \\ -b_{r1} \end{pmatrix}, \begin{pmatrix} -b_{12} \\ -b_{22} \\ \vdots \\ -b_{r2} \end{pmatrix}, \cdots, \begin{pmatrix} -b_{1,n-r} \\ -b_{2,n-r} \\ \vdots \\ -b_{r,n-r} \end{pmatrix},$$

于是得到方程组(3.2.2)的一个基础解系

$$\boldsymbol{\xi}_1 = \begin{pmatrix} -b_{11} \\ -b_{21} \\ \vdots \\ -b_{r1} \\ 1 \\ 0 \\ \vdots \\ 0 \end{pmatrix}, \quad \boldsymbol{\xi}_2 = \begin{pmatrix} -b_{12} \\ -b_{22} \\ \vdots \\ -b_{r2} \\ 0 \\ 1 \\ \vdots \\ 0 \end{pmatrix}, \quad \cdots, \quad \boldsymbol{\xi}_{n-r} = \begin{pmatrix} -b_{1,n-r} \\ -b_{2,n-r} \\ \vdots \\ -b_{r,n-r} \\ 0 \\ 0 \\ \vdots \\ 1 \end{pmatrix}.$$

注意 2　(1) 定理 3.2.2 的证明过程提供了求齐次线性方程组 $\boldsymbol{Ax}=\boldsymbol{0}$ 的基础解系的方法.

(2) 自由未知量的选取不是唯一的,但是自由未知量的个数是一定的,而且个数等于基础解系中解的个数.

(3) $n-r$ 个自由未知量的取值不是唯一的,从而 $\boldsymbol{Ax}=\boldsymbol{0}$ 的基础解系也不是唯一的. 事实上,只需在 $n-r$ 维向量空间中任取一个基,将其坐标分量作为对应的自由未知量的值,即可根据需要得到不同的基础解系.

例 3.2.1　求齐次线性方程组

$$\begin{cases} x_1+2x_2+2x_3+x_4=0, \\ 2x_1+x_2-2x_3-2x_4=0, \\ x_1-x_2-4x_3-3x_4=0, \\ -x_1-2x_2-2x_3-x_4=0 \end{cases}$$

的通解与一个基础解系.

解　对该方程组的系数矩阵 **A** 施行初等行变换,把它化为行最简形矩阵:

$$\boldsymbol{A}=\begin{pmatrix}1&2&2&1\\2&1&-2&-2\\1&-1&-4&-3\\-1&-2&-2&-1\end{pmatrix}\xrightarrow{\text{初等行变换}}\begin{pmatrix}1&0&-2&-\frac{5}{3}\\0&1&2&\frac{4}{3}\\0&0&0&0\\0&0&0&0\end{pmatrix}.$$

于是，得到同解方程组

$$\begin{cases}x_1=2x_3+\dfrac{5}{3}x_4,\\x_2=-2x_3-\dfrac{4}{3}x_4,\end{cases}$$

它也就是原方程组的一般解，其中 x_3,x_4 为自由未知量. 令自由未知量 x_3,x_4 依次等于 k_1,k_2（k_1,k_2 为任意常数），从而得到原方程组的通解

$$\begin{pmatrix}x_1\\x_2\\x_3\\x_4\end{pmatrix}=k_1\begin{pmatrix}2\\-2\\1\\0\end{pmatrix}+k_2\begin{pmatrix}\frac{5}{3}\\-\frac{4}{3}\\0\\1\end{pmatrix},$$

于是原方程组的一个基础解系为

$$\boldsymbol{\xi}_1=(2,-2,1,0)^{\mathrm{T}},\quad \boldsymbol{\xi}_2=\left(\frac{5}{3},-\frac{4}{3},0,1\right)^{\mathrm{T}}.$$

例 3.2.2 k 为何值时，齐次线性方程组

$$\begin{cases}x_1+2x_2+kx_3=0,\\-x_1+(k-1)x_2+x_3=0,\\kx_1+(3k+1)x_2+(2k+3)x_3=0\end{cases}$$

只有零解？有非零解？当有非零解时，求其通解和一个基础解系.

解 **解法一** 对该方程组的系数矩阵 $\boldsymbol{A}$ 施行初等行变换，将其化为行阶梯形矩阵：

$$\boldsymbol{A}=\begin{pmatrix}1&2&k\\-1&k-1&1\\k&3k+1&2k+3\end{pmatrix}\xrightarrow[r_3-kr_1]{r_2+r_1}\begin{pmatrix}1&2&k\\0&k+1&k+1\\0&k+1&(k+1)(3-k)\end{pmatrix}$$

$$\xrightarrow{r_3-r_2}\begin{pmatrix}1 & 2 & k \\ 0 & k+1 & k+1 \\ 0 & 0 & (k+1)(2-k)\end{pmatrix}.$$

当 $k\neq-1$ 且 $k\neq2$ 时，$\mathrm{r}(\boldsymbol{A})=3$，此时该方程组只有零解.

当 $k=-1$ 时，

$$\boldsymbol{A}\xrightarrow{\text{初等行变换}}\begin{pmatrix}1 & 2 & -1 \\ 0 & 0 & 0 \\ 0 & 0 & 0\end{pmatrix},$$

所以 $\mathrm{r}(\boldsymbol{A})=1<3$. 此时，该方程组有非零解，其一般解为

$$x_1=-2x_2+x_3,$$

其中 x_2,x_3 为自由未知量. 由此得该方程组的通解为

$$\begin{pmatrix}x_1 \\ x_2 \\ x_3\end{pmatrix}=k_1\begin{pmatrix}-2 \\ 1 \\ 0\end{pmatrix}+k_2\begin{pmatrix}1 \\ 0 \\ 1\end{pmatrix}\quad(k_1,k_2\ \text{为任意常数}),$$

一个基础解系为

$$\boldsymbol{\xi}_1=(-2,1,0)^{\mathrm{T}},\quad \boldsymbol{\xi}_2=(1,0,1)^{\mathrm{T}}.$$

当 $k=2$ 时，

$$\boldsymbol{A}\xrightarrow{\text{初等行变换}}\begin{pmatrix}1 & 2 & 2 \\ 0 & 3 & 3 \\ 0 & 0 & 0\end{pmatrix}\xrightarrow[r_1-2r_2]{r_2\times\frac{1}{3}}\begin{pmatrix}1 & 0 & 0 \\ 0 & 1 & 1 \\ 0 & 0 & 0\end{pmatrix},$$

所以 $\mathrm{r}(\boldsymbol{A})=2<3$. 此时，该方程组也有非零解，其一般解为

$$\begin{cases}x_1=0, \\ x_2=-x_3,\end{cases}$$

其中 x_3 为自由未知量. 由此得该方程组的通解为

$$\begin{pmatrix}x_1 \\ x_2 \\ x_3\end{pmatrix}=k_3\begin{pmatrix}0 \\ -1 \\ 1\end{pmatrix}\quad(k_3\ \text{为任意常数}),$$

一个基础解系为

$$\boldsymbol{\xi}_3=(0,-1,1)^{\mathrm{T}}.$$

解法二 计算该方程组的系数行列式(系数矩阵 $\boldsymbol{A}$ 的行列式):

$$|\boldsymbol{A}|=\begin{vmatrix}1 & 2 & k\\ -1 & k-1 & 1\\ k & 3k+1 & 2k+3\end{vmatrix}=(k+1)^2(2-k).$$

当 $k\neq-1$ 且 $k\neq 2$ 时,$\mathrm{r}(\boldsymbol{A})=3$,再根据定理 3.2.1 知,该方程组只有零解;当 $k=-1$ 或 $k=2$ 时,$\mathrm{r}(\boldsymbol{A})<3$,再根据定理 3.2.1 知,该方程组有非零解,此时通解及基础解系的求法同解法一.

例 3.2.3 设 $\boldsymbol{\xi}_1,\boldsymbol{\xi}_2,\boldsymbol{\xi}_3$ 是齐次线性方程组 $\boldsymbol{Ax}=\boldsymbol{0}$ 的基础解系,$\boldsymbol{\eta}_1=\boldsymbol{\xi}_1+\boldsymbol{\xi}_2+\boldsymbol{\xi}_3,\boldsymbol{\eta}_2=\boldsymbol{\xi}_2-\boldsymbol{\xi}_3,\boldsymbol{\eta}_3=\boldsymbol{\xi}_2+\boldsymbol{\xi}_3$,判定 $\boldsymbol{\eta}_1,\boldsymbol{\eta}_2,\boldsymbol{\eta}_3$ 是否也是方程组 $\boldsymbol{Ax}=\boldsymbol{0}$ 的基础解系.

解 $\boldsymbol{\eta}_1,\boldsymbol{\eta}_2,\boldsymbol{\eta}_3$ 显然是方程组 $\boldsymbol{Ax}=\boldsymbol{0}$ 的解,故只需判定向量组 $\boldsymbol{\eta}_1,\boldsymbol{\eta}_2,\boldsymbol{\eta}_3$ 是否线性无关即可. 设存在一组数 x_1,x_2,x_3,使得

$$x_1\boldsymbol{\eta}_1+x_2\boldsymbol{\eta}_2+x_3\boldsymbol{\eta}_3=\boldsymbol{0},$$

即

$$x_1(\boldsymbol{\xi}_1+\boldsymbol{\xi}_2+\boldsymbol{\xi}_3)+x_2(\boldsymbol{\xi}_2-\boldsymbol{\xi}_3)+x_3(\boldsymbol{\xi}_2+\boldsymbol{\xi}_3)=\boldsymbol{0},$$

亦即

$$x_1\boldsymbol{\xi}_1+(x_1+x_2+x_3)\boldsymbol{\xi}_2+(x_1-x_2+x_3)\boldsymbol{\xi}_3=\boldsymbol{0}.$$

由于 $\boldsymbol{\xi}_1,\boldsymbol{\xi}_2,\boldsymbol{\xi}_3$ 是方程组 $\boldsymbol{Ax}=\boldsymbol{0}$ 的基础解系,因此向量组 $\boldsymbol{\xi}_1,\boldsymbol{\xi}_2,\boldsymbol{\xi}_3$ 线性无关,从而有方程组

$$\begin{cases}x_1 & =0,\\ x_1+x_2+x_3=0,\\ x_1-x_2+x_3=0.\end{cases}$$

此方程组的系数行列式不等于 0,故它只有零解,从而向量组 $\boldsymbol{\eta}_1,\boldsymbol{\eta}_2,\boldsymbol{\eta}_3$ 线性无关. 所以,$\boldsymbol{\eta}_1,\boldsymbol{\eta}_2,\boldsymbol{\eta}_3$ 也是方程组 $\boldsymbol{Ax}=\boldsymbol{0}$ 的基础解系.

例 3.2.4 设 $\boldsymbol{A}$ 为 r 阶矩阵,$\boldsymbol{C}$ 为 $r\times n$ 矩阵,证明:当且仅当 $\mathrm{r}(\boldsymbol{C})=r$ 时,

(1) 若 $\boldsymbol{AC}=\boldsymbol{O}$,则 $\boldsymbol{A}=\boldsymbol{O}$;

(2) 若 $\boldsymbol{AC}=\boldsymbol{C}$,则 $\boldsymbol{A}=\boldsymbol{E}$.

证明 先证充分性. 设 $\mathrm{r}(\boldsymbol{C})=r$.

(1) 若 $\boldsymbol{AC}=\boldsymbol{O}$,则 $\boldsymbol{C}$ 的 n 个列向量均为齐次线性方程组 $\boldsymbol{Ax}=\boldsymbol{0}$ 的解. 而 $\mathrm{r}(\boldsymbol{C})=r$,故方程组 $\boldsymbol{Ax}=\boldsymbol{0}$ 有 r 个线性无关的解,从而由定理 3.2.2 和 $\boldsymbol{A}$ 为 r 阶矩

阵可知 $\mathrm{r}(\boldsymbol{A})=0$，即 $\boldsymbol{A}=\boldsymbol{O}$.

(2) 由 $\boldsymbol{AC}=\boldsymbol{C}$，即 $\boldsymbol{AC}-\boldsymbol{C}=\boldsymbol{O}$，得 $(\boldsymbol{A}-\boldsymbol{E})\boldsymbol{C}=\boldsymbol{O}$，再由(1)即得 $\boldsymbol{A}-\boldsymbol{E}=\boldsymbol{O}$，从而有 $\boldsymbol{A}=\boldsymbol{E}$.

再证必要性.

(1)"若 $\boldsymbol{AC}=\boldsymbol{O}$，则 $\boldsymbol{A}=\boldsymbol{O}$"等价于"若 $\boldsymbol{C}^{\mathrm{T}}\boldsymbol{A}^{\mathrm{T}}=\boldsymbol{O}$，则 $\boldsymbol{A}^{\mathrm{T}}=\boldsymbol{O}$". 这说明齐次线性方程组 $\boldsymbol{C}^{\mathrm{T}}\boldsymbol{x}=\boldsymbol{0}$ 只有零解，而 $\boldsymbol{C}^{\mathrm{T}}$ 为 $n\times r$ 矩阵，所以 $\mathrm{r}(\boldsymbol{C}^{\mathrm{T}})=r$，即 $\mathrm{r}(\boldsymbol{C})=r$.

(2)"若 $\boldsymbol{AC}=\boldsymbol{C}$，则 $\boldsymbol{A}=\boldsymbol{E}$"等价于"若 $(\boldsymbol{A}-\boldsymbol{E})\boldsymbol{C}=\boldsymbol{O}$，则 $\boldsymbol{A}-\boldsymbol{E}=\boldsymbol{O}$"，由(1)即得 $\mathrm{r}(\boldsymbol{C})=r$.

证毕

3.3 非齐次线性方程组

一、非齐次线性方程组有解的充要条件

设有非齐次线性方程组

$$\begin{cases} a_{11}x_1+a_{12}x_2+\cdots+a_{1n}x_n=b_1, \\ a_{21}x_1+a_{22}x_2+\cdots+a_{2n}x_n=b_2, \\ \quad\cdots\cdots \\ a_{m1}x_1+a_{m2}x_2+\cdots+a_{mn}x_n=b_m, \end{cases} \tag{3.3.1}$$

其中常数项 $b_1,b_2,\cdots,b_m$ 不全为 0. 方程组(3.3.1)的矩阵形式为

$$\boldsymbol{Ax}=\boldsymbol{b}, \tag{3.3.2}$$

其中

$$\boldsymbol{A}=\begin{pmatrix} a_{11} & a_{12} & \cdots & a_{1n} \\ a_{21} & a_{22} & \cdots & a_{2n} \\ \vdots & \vdots & & \vdots \\ a_{m1} & a_{m2} & \cdots & a_{mn} \end{pmatrix}, \quad \boldsymbol{x}=\begin{pmatrix} x_1 \\ x_2 \\ \vdots \\ x_n \end{pmatrix}, \quad \boldsymbol{b}=\begin{pmatrix} b_1 \\ b_2 \\ \vdots \\ b_m \end{pmatrix}.$$

方程组(3.3.2)也可以写成向量形式

$$x_1\boldsymbol{\alpha}_1+x_2\boldsymbol{\alpha}_2+\cdots+x_n\boldsymbol{\alpha}_n=\boldsymbol{b},$$

其中 $\boldsymbol{\alpha}_1,\boldsymbol{\alpha}_2,\cdots,\boldsymbol{\alpha}_n$ 是矩阵 $\boldsymbol{A}$ 的 n 个列向量.

显然，方程组(3.3.2)有解的充要条件是向量 $\boldsymbol{b}$ 能由向量组 $\boldsymbol{\alpha}_1,\boldsymbol{\alpha}_2,\cdots,\boldsymbol{\alpha}_n$ 线性表示，即

$$\mathrm{r}\{\boldsymbol{\alpha}_1,\boldsymbol{\alpha}_2,\cdots,\boldsymbol{\alpha}_n\}=\mathrm{r}\{\boldsymbol{\alpha}_1,\boldsymbol{\alpha}_2,\cdots,\boldsymbol{\alpha}_n,\boldsymbol{b}\},$$

亦即

$$\mathrm{r}(\boldsymbol{A})=\mathrm{r}(\boldsymbol{A},\boldsymbol{b}).$$

定理 3.3.1 **对于方程组 $\boldsymbol{A}\boldsymbol{x}=\boldsymbol{b}$，下列条件等价：**

(1) **有解；**

(2) **向量 $\boldsymbol{b}$ 可由矩阵 $\boldsymbol{A}$ 的列向量组线性表示；**

(3) $\mathrm{r}(\boldsymbol{A})=\mathrm{r}(\boldsymbol{A},\boldsymbol{b})$.

二、非齐次线性方程组解的性质

在方程组(3.3.2)中，若把右边的非零向量 $\boldsymbol{b}$ 换成零向量 $\boldsymbol{0}$，则得到一个相应的齐次线性方程组

$$\boldsymbol{A}\boldsymbol{x}=\boldsymbol{0}. \tag{3.3.3}$$

我们称方程组(3.3.3)为方程组(3.3.2)的**导出方程组**(简称**导出组**). 方程组(3.3.2)的解与它的导出组(3.3.3)的解之间满足以下性质.

性质 3.3.1 设 $\boldsymbol{\eta}_1$ 及 $\boldsymbol{\eta}_2$ 都是方程组(3.3.2)的解，则 $\boldsymbol{\eta}_1-\boldsymbol{\eta}_2$ 是其导出组(3.3.3)的解.

证明 因为

$$\boldsymbol{A}(\boldsymbol{\eta}_1-\boldsymbol{\eta}_2)=\boldsymbol{A}\boldsymbol{\eta}_1-\boldsymbol{A}\boldsymbol{\eta}_2=\boldsymbol{b}-\boldsymbol{b}=\boldsymbol{0},$$

所以 $\boldsymbol{\eta}_1-\boldsymbol{\eta}_2$ 是导出组(3.3.3)的解.

证毕

性质 3.3.2 设 $\boldsymbol{\eta}$ 是方程组(3.3.2)的解，$\boldsymbol{\xi}$ 是其导出组(3.3.3)的解，则 $\boldsymbol{\eta}+\boldsymbol{\xi}$ 是方程组(3.3.2)的解.

证明 因为

$$\boldsymbol{A}(\boldsymbol{\eta}+\boldsymbol{\xi})=\boldsymbol{A}\boldsymbol{\eta}+\boldsymbol{A}\boldsymbol{\xi}=\boldsymbol{b}+\boldsymbol{0}=\boldsymbol{b},$$

所以 $\boldsymbol{\eta}+\boldsymbol{\xi}$ 是方程组(3.3.2)的解.

证毕

三、非齐次线性方程组解的结构

定理 3.3.2 **若 $\boldsymbol{\eta}^*$ 是方程组(3.3.2)的一个已知解(称为特解)，$\boldsymbol{\xi}_1$，$\boldsymbol{\xi}_2,\cdots,\boldsymbol{\xi}_{n-r}$ 是其导出组(3.3.3)的基础解系，则方程组(3.3.2)的通解为**

$$\boldsymbol{x}=\boldsymbol{\eta}^*+k_1\boldsymbol{\xi}_1+k_2\boldsymbol{\xi}_2+\cdots+k_{n-r}\boldsymbol{\xi}_{n-r},$$

其中 $k_1,k_2,\cdots,k_{n-r}$ 为任意常数.

证明 由性质 3.3.2 可知，对于任意常数 $k_1,k_2,\cdots,k_{n-r}$，$\boldsymbol{x}=\boldsymbol{\eta}^*+k_1\boldsymbol{\xi}_1+k_2\boldsymbol{\xi}_2+\cdots+k_{n-r}\boldsymbol{\xi}_{n-r}$ 是方程组(3.3.2)的解.

设 $\boldsymbol{x}$ 为方程组(3.3.2)的任意一个解，则 $\boldsymbol{x}$ 可表示为

$$\boldsymbol{x}=(\boldsymbol{x}-\boldsymbol{\eta}^*)+\boldsymbol{\eta}^*.$$

由性质 3.3.1 可知 $\boldsymbol{x}-\boldsymbol{\eta}^*$ 是导出组(3.3.3)的解，于是 $\boldsymbol{x}-\boldsymbol{\eta}^*$ 可表示为如下形式：

$$\boldsymbol{x}-\boldsymbol{\eta}^*=k_1\boldsymbol{\xi}_1+k_2\boldsymbol{\xi}_2+\cdots+k_{n-r}\boldsymbol{\xi}_{n-r}.$$

综上所述，方程组(3.3.2)的通解为

$$\boldsymbol{x}=\boldsymbol{\eta}^*+k_1\boldsymbol{\xi}_1+k_2\boldsymbol{\xi}_2+\cdots+k_{n-r}\boldsymbol{\xi}_{n-r},$$

其中 $k_1,k_2,\cdots,k_{n-r}$ 为任意常数.

证毕

定理 3.3.3 **当方程组(3.3.2)有解时，它有唯一解的充要条件是其导出组(3.3.3)仅有零解，它有无穷多解的充要条件是其导出组(3.3.3)有无穷多解.**

定理 3.3.3 的证明留给读者.

通过前面的讨论，我们总结出判定线性方程组解的情况的充要条件，如图 3-2 所示.

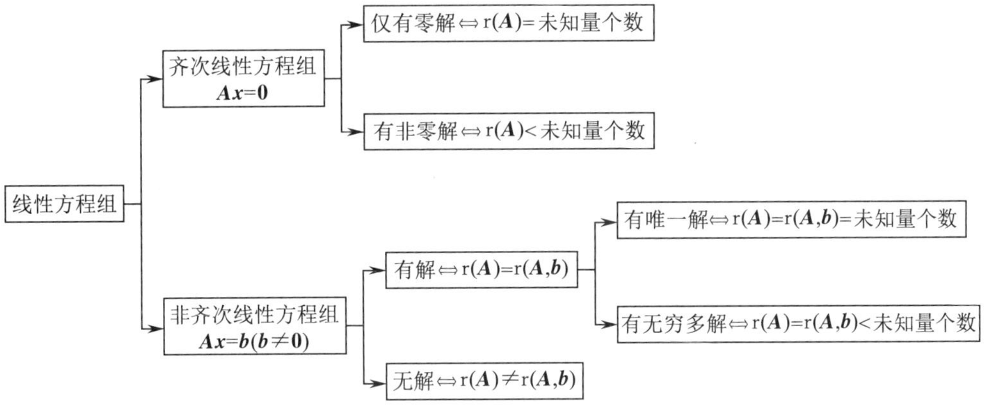

图 3-2

例 3.3.1 求解非齐次线性方程组

$$\begin{cases} x_1+5x_2-x_3+x_4=-1, \\ x_1-x_2+x_3+4x_4=3, \\ 3x_1+9x_2-x_3+6x_4=1, \\ x_1-7x_2+3x_3+7x_4=7. \end{cases}$$

解 对该方程组的增广矩阵 $\boldsymbol{B}=(\boldsymbol{A},\boldsymbol{b})$ 施行初等行变换，把它化为行最简形矩阵：

$$\boldsymbol{B}=\begin{pmatrix}1&5&-1&1&-1\\1&-1&1&4&3\\3&9&-1&6&1\\1&-7&3&7&7\end{pmatrix}\xrightarrow{\text{初等行变换}}\begin{pmatrix}1&0&\frac{2}{3}&\frac{7}{2}&\frac{7}{3}\\0&1&-\frac{1}{3}&-\frac{1}{2}&-\frac{2}{3}\\0&0&0&0&0\\0&0&0&0&0\end{pmatrix}.$$

可见，$\mathrm{r}(\boldsymbol{A})=\mathrm{r}(\boldsymbol{B})=2<4$，所以该方程组有无穷多解，其一般解为

$$\begin{cases}x_1=-\frac{2}{3}x_3-\frac{7}{2}x_4+\frac{7}{3},\\x_2=\frac{1}{3}x_3+\frac{1}{2}x_4-\frac{2}{3},\end{cases}$$

其中 x_3,x_4 为自由未知量. 若取 $x_3=0,x_4=0$，则由一般解可得该方程组的一个特解

$$\boldsymbol{\eta}^*=\begin{pmatrix}\frac{7}{3}\\-\frac{2}{3}\\0\\0\end{pmatrix}.$$

又由一般解可得该方程组的导出组的一个基础解系

$$\boldsymbol{\xi}_1=\begin{pmatrix}-\frac{2}{3}\\\frac{1}{3}\\1\\0\end{pmatrix},\quad\boldsymbol{\xi}_2=\begin{pmatrix}-\frac{7}{2}\\\frac{1}{2}\\0\\1\end{pmatrix},$$

故该方程组的通解为

$$\boldsymbol{x}=\boldsymbol{\eta}^*+k_1\boldsymbol{\xi}_1+k_2\boldsymbol{\xi}_2\quad(k_1,k_2\text{ 为任意常数}).$$

例 3.3.2 已知四元非齐次线性方程组 $\boldsymbol{Ax}=\boldsymbol{b}(\boldsymbol{b}\neq\boldsymbol{0})$ 的 4 个特解

$$\boldsymbol{\eta}_1=\begin{pmatrix}1\\2\\1\\0\end{pmatrix},\quad\boldsymbol{\eta}_2=\begin{pmatrix}2\\0\\-1\\1\end{pmatrix},\quad\boldsymbol{\eta}_3=\begin{pmatrix}3\\1\\4\\5\end{pmatrix},\quad\boldsymbol{\eta}_4=\begin{pmatrix}0\\0\\1\\1\end{pmatrix},$$

且 $r(\boldsymbol{A})=1$，求方程组 $\boldsymbol{Ax}=\boldsymbol{b}$ 的通解.

解 根据性质 3.3.1，可得方程组 $\boldsymbol{Ax}=\boldsymbol{b}$ 的导出组 $\boldsymbol{Ax}=\boldsymbol{0}$ 的 3 个解

$$\boldsymbol{\xi}_1=\boldsymbol{\eta}_2-\boldsymbol{\eta}_1=\begin{pmatrix}1\\-2\\-2\\1\end{pmatrix},\quad \boldsymbol{\xi}_2=\boldsymbol{\eta}_3-\boldsymbol{\eta}_2=\begin{pmatrix}1\\1\\5\\4\end{pmatrix},\quad \boldsymbol{\xi}_3=\boldsymbol{\eta}_4-\boldsymbol{\eta}_3=\begin{pmatrix}-3\\-1\\-3\\-4\end{pmatrix}.$$

因 $r\{\boldsymbol{\xi}_1,\boldsymbol{\xi}_2,\boldsymbol{\xi}_3\}=3$，故向量组 $\boldsymbol{\xi}_1,\boldsymbol{\xi}_2,\boldsymbol{\xi}_3$ 线性无关. 又因为 $r(\boldsymbol{A})=1$，所以导出组 $\boldsymbol{Ax}=\boldsymbol{0}$ 的基础解系中含有 $4-1=3$ 个解. 这说明，$\boldsymbol{\xi}_1,\boldsymbol{\xi}_2,\boldsymbol{\xi}_3$ 可作为导出组 $\boldsymbol{Ax}=\boldsymbol{0}$ 的基础解系. 根据定理 3.3.2，方程组 $\boldsymbol{Ax}=\boldsymbol{b}$ 的通解为

$$\boldsymbol{x}=\boldsymbol{\eta}_1+k_1\boldsymbol{\xi}_1+k_2\boldsymbol{\xi}_2+k_3\boldsymbol{\xi}_3\quad(k_1,k_2,k_3\text{ 为任意常数}).$$

例 3.3.3 设有非齐次线性方程组

$$\begin{cases}x_1+x_2+x_3=4,\\2x_1+\lambda x_2+2x_3=8,\\x_1+x_2+\lambda x_3=3.\end{cases}$$

讨论当 λ 为何值时，(1) 该方程组无解；(2) 该方程组有唯一解，并求出唯一解；(3) 该方程组有无穷多解，并求出其通解.

解 对该方程组的增广矩阵 $\boldsymbol{B}=(\boldsymbol{A},\boldsymbol{b})$ 施行初等行变换，把它化为行阶梯形矩阵：

$$\boldsymbol{B}=\begin{pmatrix}1&1&1&4\\2&\lambda&2&8\\1&1&\lambda&3\end{pmatrix}\xrightarrow{\text{初等行变换}}\begin{pmatrix}1&1&1&4\\0&\lambda-2&0&0\\0&0&\lambda-1&-1\end{pmatrix}.$$

(1) 当 $\lambda=1$ 时，$r(\boldsymbol{A})=2$，$r(\boldsymbol{B})=3$，该方程组无解.

(2) 当 $\lambda\neq1$ 且 $\lambda\neq2$ 时，$r(\boldsymbol{A})=r(\boldsymbol{B})=3$，该方程组有唯一解，且唯一解为

$$\begin{cases}x_1=\dfrac{3-4\lambda}{1-\lambda},\\x_2=0,\\x_3=\dfrac{1}{1-\lambda}.\end{cases}$$

(3) 当 $\lambda=2$ 时，$r(\boldsymbol{A})=r(\boldsymbol{B})=2<3$，该方程组有无穷多解. 将矩阵 $\boldsymbol{B}$ 化为行最简形矩阵：

$$B=\begin{pmatrix}1&1&1&4\\2&2&2&8\\1&1&2&3\end{pmatrix}\xrightarrow{\text{初等行变换}}\begin{pmatrix}1&1&0&5\\0&0&1&-1\\0&0&0&0\end{pmatrix}.$$

由此得到该方程组的一般解

$$\begin{cases}x_1=-x_2+5,\\x_3=-1,\end{cases}$$

其中 x_2 为自由未知量.故该方程组的通解为

$$\begin{pmatrix}x_1\\x_2\\x_3\end{pmatrix}=k\begin{pmatrix}-1\\1\\0\end{pmatrix}+\begin{pmatrix}5\\0\\-1\end{pmatrix}\quad(k\text{ 为任意常数}).$$

3.4 线性方程组与行列式

本节将讨论 n 元线性方程组中方程个数与未知量个数相等的情形,即如下形式的 n 元线性方程组:

$$\begin{cases}a_{11}x_1+a_{12}x_2+\cdots+a_{1n}x_n=b_1,\\a_{21}x_1+a_{22}x_2+\cdots+a_{2n}x_n=b_2,\\\qquad\cdots\cdots\\a_{n1}x_1+a_{n2}x_2+\cdots+a_{nn}x_n=b_n.\end{cases}\tag{3.4.1}$$

方程组(3.4.1)的矩阵形式为 $\boldsymbol{Ax}=\boldsymbol{b}$,其中 $\boldsymbol{A}=(a_{ij})$ 是 n 阶矩阵,而

$$\boldsymbol{x}=\begin{pmatrix}x_1\\x_2\\\vdots\\x_n\end{pmatrix},\quad\boldsymbol{b}=\begin{pmatrix}b_1\\b_2\\\vdots\\b_n\end{pmatrix}.$$

定理 3.4.1 [克拉默(Cramer)法则] **方程组(3.4.1)有唯一解的充要条件是它的系数行列式**

$$D=|\boldsymbol{A}|=\begin{vmatrix} a_{11} & a_{12} & \cdots & a_{1n} \\ a_{21} & a_{22} & \cdots & a_{2n} \\ \vdots & \vdots & & \vdots \\ a_{n1} & a_{n2} & \cdots & a_{nn} \end{vmatrix}\neq 0,$$

且其唯一解可表示为

$$x_1=\frac{D_1}{D},\quad x_2=\frac{D_2}{D},\quad \cdots,\quad x_n=\frac{D_n}{D},\tag{3.4.2}$$

其中 $D_i(i=1,2,\cdots,n)$ **是用该方程组中的常数项** $b_1,b_2,\cdots,b_n$ **替换系数行列式** D **的第** i **列元素所得的** n **阶行列式，即**

$$D_i=\begin{vmatrix} a_{11} & \cdots & a_{1,i-1} & b_1 & a_{1,i+1} & \cdots & a_{1n} \\ a_{21} & \cdots & a_{2,i-1} & b_2 & a_{2,i+1} & \cdots & a_{2n} \\ \vdots & & \vdots & \vdots & \vdots & & \vdots \\ a_{n1} & \cdots & a_{n,i-1} & b_n & a_{n,i+1} & \cdots & a_{nn} \end{vmatrix}.$$

证明　充分性. 因 $|\boldsymbol{A}|\neq 0$，故 $\boldsymbol{A}^{-1}$ 存在. 在方程组(3.4.1)的矩阵形式 $\boldsymbol{Ax}=\boldsymbol{b}$ 两边左乘 $\boldsymbol{A}^{-1}$，得 $\boldsymbol{x}=\boldsymbol{A}^{-1}\boldsymbol{b}$. 于是，方程组(3.4.1)有唯一解，且唯一解为

$$\boldsymbol{x}=\boldsymbol{A}^{-1}\boldsymbol{b}=\frac{1}{|\boldsymbol{A}|}\boldsymbol{A}^*\boldsymbol{b},\tag{3.4.3}$$

即

$$\begin{pmatrix} x_1 \\ x_2 \\ \vdots \\ x_n \end{pmatrix}=\frac{1}{|\boldsymbol{A}|}\begin{pmatrix} A_{11} & A_{21} & \cdots & A_{n1} \\ A_{12} & A_{22} & \cdots & A_{n2} \\ \vdots & \vdots & & \vdots \\ A_{1n} & A_{2n} & \cdots & A_{nn} \end{pmatrix}\begin{pmatrix} b_1 \\ b_2 \\ \vdots \\ b_n \end{pmatrix}=\frac{1}{|\boldsymbol{A}|}\begin{pmatrix} b_1A_{11}+b_2A_{21}+\cdots+b_nA_{n1} \\ b_1A_{12}+b_2A_{22}+\cdots+b_nA_{n2} \\ \vdots \\ b_1A_{1n}+b_2A_{2n}+\cdots+b_nA_{nn} \end{pmatrix},$$

亦即

$$x_i=\frac{1}{|\boldsymbol{A}|}(b_1A_{1i}+b_2A_{2i}+\cdots+b_nA_{ni})=\frac{D_i}{|\boldsymbol{A}|}=\frac{D_i}{D}\quad (i=1,2,\cdots,n).$$

必要性. 若方程组(3.4.1)有唯一解，则

$$\mathrm{r}(\boldsymbol{A})=\mathrm{r}(\boldsymbol{A},\boldsymbol{b})=n,$$

从而 $D=|\boldsymbol{A}|\neq 0$.

证毕

注意　克拉默法则只能用于方程个数等于未知量个数，且系数行列式不等于 0 的线性方程组.

例 3.4.1 求解线性方程组

$$\begin{cases}2x_1+x_2-5x_3+x_4=8,\\ x_1-3x_2-6x_4=9,\\ 2x_2-x_3+2x_4=-5,\\ x_1+4x_2-7x_3+6x_4=0.\end{cases}$$

解 因该方程组的系数行列式

$$D=\begin{vmatrix}2&1&-5&1\\1&-3&0&-6\\0&2&-1&2\\1&4&-7&6\end{vmatrix}=27\neq 0,$$

故该方程组有唯一解.而

$$D_1=\begin{vmatrix}8&1&-5&1\\9&-3&0&-6\\-5&2&-1&2\\0&4&-7&6\end{vmatrix}=81,\quad D_2=\begin{vmatrix}2&8&-5&1\\1&9&0&-6\\0&-5&-1&2\\1&0&-7&6\end{vmatrix}=-108,$$

$$D_3=\begin{vmatrix}2&1&8&1\\1&-3&9&-6\\0&2&-5&2\\1&4&0&6\end{vmatrix}=-27,\quad D_4=\begin{vmatrix}2&1&-5&8\\1&-3&0&9\\0&2&-1&-5\\1&4&-7&0\end{vmatrix}=27,$$

故由克拉默法则,该方程组有唯一解

$$x_1=\frac{D_1}{D}=3,\quad x_2=\frac{D_2}{D}=-4,\quad x_3=\frac{D_3}{D}=-1,\quad x_4=\frac{D_4}{D}=1.$$

例 3.4.2 当 λ 为何值时,齐次线性方程组

$$\begin{cases}\lambda x_1+x_2+x_3=0,\\ x_1+\lambda x_2+x_3=0,\\ x_1+x_2+\lambda x_3=0\end{cases}$$

有非零解?

解 该方程组的系数行列式为

$$D=\begin{vmatrix}\lambda&1&1\\1&\lambda&1\\1&1&\lambda\end{vmatrix}=(\lambda-1)^2(\lambda+2),$$

故当 $D=0$,即 $\lambda=1$ 或 $\lambda=-2$ 时,该方程组有非零解.

*3.5 线性方程组的数值解法

在本课程的学习中，对于 n 阶矩阵的运算及 n 元线性方程组的求解，我们主要讨论 $n \leqslant 4$ 及比较有规律的情形. 然而，在工程实际问题中，n 的取值往往远大于 4. 为此，我们需要考虑计算复杂度问题.

以求解 n 元线性方程组为例，我们采用高斯消元法求解，这实际上是一种直接解法.

使用高斯消元法求解 n 元线性方程组时，需要通过初等行变换将增广矩阵化为行阶梯形矩阵，然后通过回代法依次求出各未知量的值.

对第 1 列消元，需要进行 $(n-1)(n+1)$ 次乘法和 $(n-1)(n+1)$ 次加法，对第 2 列消元，需要进行 $(n-2)n$ 次乘法和 $(n-2)n$ 次加法 …… 以此类推，对第 $n-1$ 列消元，需要进行 3 次乘法和 3 次加法，总运算量为 $2\sum\limits_{k=1}^{n-1}(n-k)(n-k+2) \approx \dfrac{2}{3}n^3$，计算复杂度为 $O(n^3)$. 当 $n = 1\,000$ 时，直接解法需进行约 6.67×10^8 次运算，不适用于大规模问题.

当系数矩阵为低阶**稠密矩阵**(非零元素占所有元素比例较大的矩阵) 时，直接解法是有效的，可以获得准确的解. 然而，对于工程中产生的大型**稀疏矩阵**(大多数元素为 0 并且非零元素分布没有规律的矩阵)，使用直接解法时，计算复杂度将大大增加，难以在实际中计算. 另一种用于求解大型稀疏线性方程组的方法是迭代法.

迭代法的基本思想是将线性方程组

$$\boldsymbol{Ax} = \boldsymbol{b} \tag{3.5.1}$$

转换为等价形式

$$\boldsymbol{x} = \boldsymbol{Bx} + \boldsymbol{f}, \tag{3.5.2}$$

通过迭代求解

$$\boldsymbol{x}^{(k+1)} = \boldsymbol{Bx}^{(k)} + \boldsymbol{f}, \tag{3.5.3}$$

从而得到解的序列. 该方法的优点是，在求解大型稀疏线性方程组时，其计算速度更快，并且通过合适的迭代方式可以控制求解的精度. 常见的几种迭代法包括雅可比 (Jacobi) 迭代法、高斯-塞德尔 (Seidel) 迭代法和超松弛迭代法. 下面分别介绍这几种迭代法.

设有线性方程组

$$\begin{cases} a_{11}x_1 + a_{12}x_2 + \cdots + a_{1n}x_n = b_1, \\ a_{21}x_1 + a_{22}x_2 + \cdots + a_{2n}x_n = b_2, \\ \cdots\cdots \\ a_{n1}x_1 + a_{n2}x_2 + \cdots + a_{nn}x_n = b_n. \end{cases} \tag{3.5.4}$$

若 $a_{ii} \neq 0(i=1,2,\cdots,n)$，则该线性方程组的等价形式为

$$\begin{cases} x_1 = \dfrac{1}{a_{11}}(-a_{12}x_2 - a_{13}x_3 - \cdots - a_{1n}x_n + b_1), \\ x_2 = \dfrac{1}{a_{22}}(-a_{21}x_1 - a_{23}x_3 - \cdots - a_{2n}x_n + b_2), \\ \cdots\cdots \\ x_n = \dfrac{1}{a_{nn}}(-a_{n1}x_1 - a_{n2}x_2 - \cdots - a_{n,n-1}x_{n-1} + b_n). \end{cases} \tag{3.5.5}$$

于是，解方程组(3.5.4)的**雅可比迭代法**的计算公式为

$$\begin{cases} \boldsymbol{x}^{(0)} = (x_1^{(0)}, x_2^{(0)}, \cdots, x_n^{(0)}), \\ x_i^{(k+1)} = \left(b_i - \sum\limits_{j=1, j\neq i}^{n} a_{ij}x_j^{(k)}\right) \Big/ a_{ii}, \\ i=1,2,\cdots,n; k=0,1,2,\cdots. \end{cases} \tag{3.5.6}$$

雅可比迭代法没有使用变量的最新值计算 $x_i^{(k+1)}$，若利用最新值进行计算，便可以得到**高斯-塞德尔迭代法**的计算公式

$$\begin{cases} \boldsymbol{x}^{(0)} = (x_1^{(0)}, x_2^{(0)}, \cdots, x_n^{(0)}), \\ x_i^{(k+1)} = \left(b_i - \sum\limits_{j=1}^{i-1} a_{ij}x_j^{(k+1)} - \sum\limits_{j=i+1}^{n} a_{ij}x_j^{(k)}\right) \Big/ a_{ii}, \\ i=1,2,\cdots,n; k=0,1,2,\cdots. \end{cases} \tag{3.5.7}$$

超松弛迭代法是高斯-塞德尔迭代法的一种加快迭代法，其计算公式为

$$\begin{cases} \boldsymbol{x}^{(0)} = (x_1^{(0)}, x_2^{(0)}, \cdots, x_n^{(0)}), \\ x_i^{(k+1)} = x_i^{(k)} + \omega\left(b_i - \sum\limits_{j=1}^{i-1} a_{ij}x_j^{(k+1)} - \sum\limits_{j=i+1}^{n} a_{ij}x_j^{(k)}\right) \Big/ a_{ii}, \\ i=1,2,\cdots,n; k=0,1,2,\cdots, \end{cases} \tag{3.5.8}$$

其中 ω 称为**松弛因子**.

阅读材料：神经网络中的线性代数

雅可比迭代法收敛的充分条件是系数矩阵 $\mathbf{A}=(a_{ij})$ 严格对角占优 $\left(|a_{ii}| > \sum\limits_{j\neq i}|a_{ij}|, i=1,2,\cdots,n\right)$，高斯-塞德尔迭代法收敛更快，但需保证系数矩阵 $\mathbf{A}$ 正定(矩阵正定的概念见第五章的 5.3 节)，超松弛迭代法可以通过调整松弛因子 ω 加速收敛.

习　题　三

1. 求下列齐次线性方程组的一个基础解系：

(1) $\begin{cases} x_1 - x_2 + 2x_3 + x_4 = 0, \\ 2x_1 - 2x_2 + 3x_3 + 3x_4 = 0, \\ x_1 - x_2 + x_3 + 2x_4 = 0; \end{cases}$　　(2) $\begin{cases} x_1 - x_2 + 5x_3 - x_4 = 0, \\ x_1 + x_2 - 2x_3 + 3x_4 = 0, \\ 3x_1 - x_2 + 8x_3 + x_4 = 0, \\ x_1 + 3x_2 - 9x_3 + 7x_4 = 0. \end{cases}$

2. 求下列齐次线性方程组的通解：

(1) $\begin{cases} x_1 + x_2 + 2x_3 - x_4 = 0, \\ 2x_1 + x_2 + x_3 - x_4 = 0, \\ 2x_1 + 2x_2 + x_3 + 2x_4 = 0; \end{cases}$　　(2) $\begin{cases} 2x_1 + 3x_2 + 7x_3 + 5x_4 = 0, \\ 3x_1 + x_2 + 2x_3 + 4x_4 = 0, \\ 4x_1 - x_2 - 3x_3 + 6x_4 = 0, \\ x_1 - 2x_2 - 4x_3 - x_4 = 0; \end{cases}$

(3) $\begin{cases} 2x_1 - x_2 + x_3 + x_4 = 0, \\ x_1 + 2x_2 - x_3 + 4x_4 = 0, \\ x_1 + 7x_2 - 4x_3 + 11x_4 = 0, \\ 5x_1 + 5x_2 - 2x_3 + 13x_4 = 0. \end{cases}$

3. 对于齐次线性方程组

$$\begin{cases} \lambda x + y + z = 0, \\ x + \lambda y - z = 0, \\ 2x - y + z = 0, \end{cases}$$

当 λ 取何值时，它才可能有非零解？当它有非零解时，求出其通解与一个基础解系.

4. 求解下列非齐次线性方程组：

(1) $\begin{cases} x_1 + x_2 + 2x_3 = 1, \\ 2x_1 - x_2 + 2x_3 = 4, \\ x_2 - 2x_3 = 3, \\ 4x_1 + x_2 + 4x_3 = 2; \end{cases}$　　(2) $\begin{cases} 2x_1 + x_2 - 2x_3 + x_4 = 1, \\ 4x_1 + 2x_2 - 2x_3 + x_4 = 2, \\ 2x_1 + x_2 - x_3 - x_4 = 1; \end{cases}$

(3) $\begin{cases} x_1 - 2x_2 + x_3 + x_4 = 1, \\ x_1 - 2x_2 + x_3 - x_4 = -1, \\ x_1 - 2x_2 + x_3 + x_4 = 5. \end{cases}$

5. 当 a 取何值时，非齐次线性方程组

$$\begin{cases} ax_1+x_2+x_3=1, \\ x_1+ax_2+x_3=a, \\ x_1+x_2+ax_3=a^2 \end{cases}$$

(1) 有唯一解？(2) 无解？(3) 有无穷多解？并求出其通解.

6. 已知四元非齐次线性方程组 $\boldsymbol{Ax}=\boldsymbol{b}(\boldsymbol{b}\neq\boldsymbol{0})$ 的 3 个特解为 $\boldsymbol{\eta}_1,\boldsymbol{\eta}_2,\boldsymbol{\eta}_3$，其中

$$\boldsymbol{\eta}_1=\begin{pmatrix}2\\3\\4\\5\end{pmatrix},\quad \boldsymbol{\eta}_2+\boldsymbol{\eta}_3=\begin{pmatrix}1\\2\\3\\4\end{pmatrix},$$

且 $\mathrm{r}(\boldsymbol{A})=3$，求方程组 $\boldsymbol{Ax}=\boldsymbol{b}$ 的通解.

7. 某公司共有资金 2 000 万元，现有甲、乙、丙 3 个投资项目，预计这 3 个项目的投资利润分别为本金的 5%，7%，9%. 该公司计划获利 150 万元. 根据各项目的规模，预计甲、乙两个项目合计获得的利润等于丙项目的利润. 问：该公司应对甲、乙、丙 3 个项目各投资多少万元？

8. 设 $\boldsymbol{\eta}_0$ 是某个非齐次线性方程组的解，向量组 $\boldsymbol{\xi}_1,\boldsymbol{\xi}_2,\cdots,\boldsymbol{\xi}_t$ 是它的导出组的一个基础解系，令向量 $\boldsymbol{\gamma}_0=\boldsymbol{\eta}_0,\boldsymbol{\gamma}_1=\boldsymbol{\eta}_0+\boldsymbol{\xi}_1,\boldsymbol{\gamma}_2=\boldsymbol{\eta}_0+\boldsymbol{\xi}_2,\cdots,\boldsymbol{\gamma}_t=\boldsymbol{\eta}_0+\boldsymbol{\xi}_t$，证明：该方程组的任意一个解 $\boldsymbol{\gamma}$ 都可以表示成如下形式：

$$\boldsymbol{\gamma}=k_0\boldsymbol{\gamma}_0+k_1\boldsymbol{\gamma}_1+k_2\boldsymbol{\gamma}_2+\cdots+k_t\boldsymbol{\gamma}_t,$$

其中 $k_0+k_1+k_2+\cdots+k_t=1$.

9. 设向量 $\boldsymbol{\alpha}=(a_{i1},a_{i2},\cdots,a_{im})(i=1,2,\cdots,n)$，$\boldsymbol{\beta}=(b_1,b_2,\cdots,b_m)$，证明：如果线性方程组

$$\begin{cases} a_{11}x_1+a_{12}x_2+\cdots+a_{1m}x_m=0, \\ a_{21}x_1+a_{22}x_2+\cdots+a_{2m}x_m=0, \\ \quad\cdots\cdots \\ a_{n1}x_1+a_{n2}x_2+\cdots+a_{nm}x_m=0 \end{cases}$$

的解全是方程 $b_1x_1+b_2x_2+\cdots+b_mx_m=0$ 的解，则向量 $\boldsymbol{\beta}$ 可以由向量组 $\boldsymbol{\alpha}_1,\boldsymbol{\alpha}_2,\cdots,\boldsymbol{\alpha}_n$ 线性表示.

10. 求解下列齐次线性方程组：

(1) $\begin{cases} x_1+2x_2+x_3-x_4=0, \\ 3x_1+6x_2-x_3-3x_4=0, \\ 5x_1+10x_2+x_3-5x_4=0; \end{cases}$　　(2) $\begin{cases} 2x_1+3x_2-x_3-7x_4=0, \\ 3x_1+x_2-2x_3-7x_4=0, \\ 4x_1+x_2-3x_3-6x_4=0, \\ x_1-2x_2+5x_3-5x_4=0; \end{cases}$

(3) $\begin{cases} 3x_1+4x_2-5x_3+7x_4=0, \\ 2x_1-3x_2+3x_3-2x_4=0, \\ 4x_1+11x_2-13x_3+16x_4=0, \\ 7x_1-2x_2+x_3+3x_4=0. \end{cases}$

11. 求解下列非齐次线性方程组:

(1) $\begin{cases} 4x_1+2x_2-x_3=2, \\ 3x_1-x_2+2x_3=10, \\ 11x_1+3x_2=0; \end{cases}$　　(2) $\begin{cases} 2x+3y+z=4, \\ x-2y+4z=-5, \\ 3x+8y-2z=13, \\ 4x-y+9z=-6; \end{cases}$

(3) $\begin{cases} 2x+y-z+w=1, \\ 4x+2y-2z+w=2, \\ 2x+y-z-w=1; \end{cases}$　　(4) $\begin{cases} 2x+y-z+w=1, \\ 3x-2y+z-3w=4, \\ x+4y-3z+5w=-2. \end{cases}$

12. 写出一个以

$$\boldsymbol{x}=k_1\begin{pmatrix} 2 \\ -3 \\ 1 \\ 0 \end{pmatrix}+k_2\begin{pmatrix} -2 \\ 4 \\ 0 \\ 1 \end{pmatrix} \quad (k_1,k_2 \text{ 为任意常数})$$

为通解的齐次线性方程组.

13. 设有非齐次线性方程组

$$\begin{pmatrix} 1 & \lambda-1 & -2 \\ 0 & \lambda-2 & \lambda+1 \\ 0 & 0 & 2\lambda+1 \end{pmatrix}\begin{pmatrix} x_1 \\ x_2 \\ x_3 \end{pmatrix}=\begin{pmatrix} 1 \\ 3 \\ 5 \end{pmatrix}.$$

当 λ 取何值时,该方程组(1) 有唯一解? (2) 无解? (3) 有无穷多解? 并求出其通解.

14. 当 λ 取何值时,非齐次线性方程组

$$\begin{cases} -2x_1+x_2+x_3=-2, \\ x_1-2x_2+x_3=\lambda, \\ x_1+x_2-2x_3=\lambda^2 \end{cases}$$

有无穷多解? 并求出它的通解.

15. 当 λ 取何值时,非齐次线性方程组

$$\begin{cases} (2-\lambda)x_1+2x_2-2x_3=1, \\ 2x_1+(5-\lambda)x_2-4x_3=2, \\ -2x_1+4x_2+(5-\lambda)x_3=-\lambda-1 \end{cases}$$

有唯一解、无解或有无穷多解？并在有无穷多解时求出其通解.

16. 证明：$r(\boldsymbol{A})=1$ 的充要条件是存在非零列向量 $\boldsymbol{\alpha}$ 及非零行向量 $\boldsymbol{\beta}^{\mathrm{T}}$，使得

$$\boldsymbol{A}=\boldsymbol{\alpha}\boldsymbol{\beta}^{\mathrm{T}}.$$

17. 设 $\boldsymbol{A}$ 为列满秩矩阵，且 $\boldsymbol{AB}=\boldsymbol{C}$，证明：线性方程组 $\boldsymbol{Bx}=\boldsymbol{0}$ 与 $\boldsymbol{Cx}=\boldsymbol{0}$ 同解.

18. 设 $\boldsymbol{A}$ 为 $m\times n$ 矩阵，证明：矩阵方程 $\boldsymbol{AX}=\boldsymbol{E}_m$ 有解的充要条件是

$$r(\boldsymbol{A})=m.$$

参考答案与提示

第四章 特征值与特征向量

特征值与特征向量是线性代数中的重要概念，它们在数学、自然科学、工程技术及经济管理等领域都有着广泛而深远的应用. 特征值与特征向量为研究复杂系统的能控性、可观性及稳定性提供了有力的工具.

本章首先介绍矩阵的特征值与特征向量的理论，然后讨论矩阵相似对角化的条件，最后介绍实对称矩阵相似对角化的方法.

4.1 特征值与特征向量

一、特征值与特征向量的定义

引例 在研究某个种群个体的数量变化与环境温度的关系时，设 x_0 为初始种群个体数量，y_0 为初始环境温度，x_1 与 y_1 分别为十年后的种群个体数量和环境温度，且它们之间有如下关系：

$$\begin{cases} x_1 = 3x_0 + y_0, \\ y_1 = 2x_0 + 2y_0. \end{cases}$$

令向量 $\boldsymbol{\alpha}_0 = \begin{pmatrix} x_0 \\ y_0 \end{pmatrix}$，$\boldsymbol{\alpha}_1 = \begin{pmatrix} x_1 \\ y_1 \end{pmatrix}$，则上述关系可以记为 $\boldsymbol{\alpha}_1 = \boldsymbol{A}\boldsymbol{\alpha}_0$，其中矩阵 $\boldsymbol{A} = \begin{pmatrix} 3 & 1 \\ 2 & 2 \end{pmatrix}$.

若向量 $\boldsymbol{\alpha}_0 = \begin{pmatrix} x_0 \\ y_0 \end{pmatrix} = \begin{pmatrix} 1 \\ 1 \end{pmatrix}$，则

$$\boldsymbol{\alpha}_1 = \boldsymbol{A}\boldsymbol{\alpha}_0 = \begin{pmatrix} 3 & 1 \\ 2 & 2 \end{pmatrix}\begin{pmatrix} 1 \\ 1 \end{pmatrix} = \begin{pmatrix} 4 \\ 4 \end{pmatrix} = 4\begin{pmatrix} 1 \\ 1 \end{pmatrix} = 4\boldsymbol{\alpha}_0.$$

注意到上式中的向量 $\boldsymbol{A}\boldsymbol{\alpha}_0$ 与向量 $\boldsymbol{\alpha}_0$ 线性相关，我们把上式中的数 4 称为矩阵 $\boldsymbol{A}$ 的特征值，而把向量 $\boldsymbol{\alpha}_0$ 称为矩阵 $\boldsymbol{A}$ 的对应于特征值 4 的特征向量.

下面给出矩阵的特征值与特征向量的定义.

定义 4.1.1 设 $\boldsymbol{A}$ 为 n 阶矩阵. 如果存在数 λ 和 n 维非零向量 $\boldsymbol{x}$，使得关系式

$$\boldsymbol{A}\boldsymbol{x} = \lambda\boldsymbol{x} \tag{4.1.1}$$

成立，那么称数 λ 为矩阵 $\boldsymbol{A}$ 的**特征值**，并称非零向量 $\boldsymbol{x}$ 为矩阵 $\boldsymbol{A}$ 的对应于特征值 λ 的**特征向量**.

显然，若 $\boldsymbol{x}$ 为矩阵 $\boldsymbol{A}$ 的对应于特征值 λ 的特征向量，则 $k\boldsymbol{x}$（k 为任意非零常数）也是对应于 λ 的特征向量.

我们自然要问：对于任意的 n 阶矩阵 $\boldsymbol{A}$，它是否一定有特征值？当矩阵 $\boldsymbol{A}$ 有特征值时，如何求出它的全部特征值和特征向量？这是本节主要解决的问题.

式(4.1.1) 可以写成

$$(\lambda\boldsymbol{E} - \boldsymbol{A})\boldsymbol{x} = \boldsymbol{0}. \tag{4.1.2}$$

于是，求特征向量的问题转化为求解齐次线性方程组(4.1.2) 的问题，且该方程组的

非零解 $\boldsymbol{x}$ 是对应于特征值 λ 的特征向量. 方程组(4.1.2) 是一个 n 元齐次线性方程组,它有非零解的充要条件是其系数行列式

$$|\lambda\boldsymbol{E}-\boldsymbol{A}|=0.$$

定义 4.1.2 设 $\boldsymbol{A}=(a_{ij})$ 为 n 阶矩阵,则

$$|\lambda\boldsymbol{E}-\boldsymbol{A}|=\begin{vmatrix}\lambda-a_{11} & -a_{12} & \cdots & -a_{1n}\\ -a_{21} & \lambda-a_{22} & \cdots & -a_{2n}\\ \vdots & \vdots & & \vdots\\ -a_{n1} & -a_{n2} & \cdots & \lambda-a_{nn}\end{vmatrix}=0 \tag{4.1.3}$$

是以 λ 为未知量的一元 n 次方程,称为矩阵 $\boldsymbol{A}$ 的**特征方程**,其左端 $|\lambda\boldsymbol{E}-\boldsymbol{A}|$ 是 λ 的 n 次多项式,记作 $f(\lambda)$,称为矩阵 $\boldsymbol{A}$ 的**特征多项式**.

显然,n 阶矩阵 $\boldsymbol{A}$ 的特征值就是其特征方程的根. 注意到特征方程(4.1.3) 在复数范围内有 n 个根(重根按重数计算),因此 n 阶矩阵 $\boldsymbol{A}$ 在复数范围内有 n 个特征值.

二、特征值与特征向量的性质

性质 4.1.1 若 n 阶矩阵 $\boldsymbol{A}=(a_{ij})$ 的 n 个特征值为 $\lambda_1,\lambda_2,\cdots,\lambda_n$,则

$$\begin{cases}\lambda_1+\lambda_2+\cdots+\lambda_n=a_{11}+a_{22}+\cdots+a_{nn},\\ \lambda_1\lambda_2\cdots\lambda_n=|\boldsymbol{A}|,\end{cases}$$

其中 $\lambda_1+\lambda_2+\cdots+\lambda_n=a_{11}+a_{22}+\cdots+a_{nn}$ 称为矩阵 $\boldsymbol{A}$ 的**迹**,记作 $\mathrm{tr}(\boldsymbol{A})$.

证明 因为

$$\begin{aligned}|\lambda\boldsymbol{E}-\boldsymbol{A}|&=\begin{vmatrix}\lambda-a_{11} & -a_{12} & \cdots & -a_{1n}\\ -a_{21} & \lambda-a_{22} & \cdots & -a_{2n}\\ \vdots & \vdots & & \vdots\\ -a_{n1} & -a_{n2} & \cdots & \lambda-a_{nn}\end{vmatrix}\\ &=\lambda^n-(a_{11}+a_{22}+\cdots+a_{nn})\lambda^{n-1}+\cdots+(-1)^n|\boldsymbol{A}|,\end{aligned} \tag{4.1.4}$$

而 $\lambda_1,\lambda_2,\cdots,\lambda_n$ 是矩阵 $\boldsymbol{A}$ 的全部特征值,所以有

$$\begin{aligned}|\lambda\boldsymbol{E}-\boldsymbol{A}|&=(\lambda-\lambda_1)(\lambda-\lambda_2)\cdots(\lambda-\lambda_n)\\ &=\lambda^n-(\lambda_1+\lambda_2+\cdots+\lambda_n)\lambda^{n-1}+\cdots+(-1)^n\lambda_1\lambda_2\cdots\lambda_n.\end{aligned} \tag{4.1.5}$$

比较式(4.1.4) 与式(4.1.5),得到

$$\begin{cases}\lambda_1+\lambda_2+\cdots+\lambda_n=a_{11}+a_{22}+\cdots+a_{nn},\\ \lambda_1\lambda_2\cdots\lambda_n=|\boldsymbol{A}|.\end{cases}$$

证毕

性质 4.1.2 设 λ 为 n 阶可逆矩阵 $\boldsymbol{A}$ 的特征值，n 维非零向量 $\boldsymbol{\alpha}$ 为矩阵 $\boldsymbol{A}$ 的对应于特征值 λ 的特征向量，则有

(1) $\lambda \neq 0$；

(2) $\dfrac{1}{\lambda}$ 是矩阵 $\boldsymbol{A}^{-1}$ 的特征值，$\boldsymbol{\alpha}$ 为矩阵 $\boldsymbol{A}^{-1}$ 的对应于特征值 $\dfrac{1}{\lambda}$ 的特征向量；

(3) $\dfrac{1}{\lambda}|\boldsymbol{A}|$ 是矩阵 $\boldsymbol{A}^*$ 的特征值，$\boldsymbol{\alpha}$ 为矩阵 $\boldsymbol{A}^*$ 的对应于特征值 $\dfrac{1}{\lambda}|\boldsymbol{A}|$ 的特征向量.

证明 (1) 由矩阵 $\boldsymbol{A}$ 可逆得 $|\boldsymbol{A}| \neq 0$，即 $|0\boldsymbol{E}-\boldsymbol{A}| \neq 0$，所以 0 不是矩阵 $\boldsymbol{A}$ 的特征值，从而 $\lambda \neq 0$.

(2) 由 $\boldsymbol{A\alpha}=\lambda\boldsymbol{\alpha}$ 得

$$\boldsymbol{A}^{-1}(\boldsymbol{A\alpha})=\boldsymbol{A}^{-1}(\lambda\boldsymbol{\alpha}),$$

即

$$\boldsymbol{\alpha}=\lambda(\boldsymbol{A}^{-1}\boldsymbol{\alpha}),$$

于是

$$\boldsymbol{A}^{-1}\boldsymbol{\alpha}=\frac{1}{\lambda}\boldsymbol{\alpha} \quad (\lambda \neq 0).$$

所以，$\dfrac{1}{\lambda}$ 是矩阵 $\boldsymbol{A}^{-1}$ 的特征值，其对应的特征向量是 $\boldsymbol{\alpha}$.

(3) 由 $\boldsymbol{A}^{-1}=\dfrac{1}{|\boldsymbol{A}|}\boldsymbol{A}^*$ 得

$$\left(\frac{1}{|\boldsymbol{A}|}\boldsymbol{A}^*\right)\boldsymbol{\alpha}=\frac{1}{\lambda}\boldsymbol{\alpha},$$

于是

$$\boldsymbol{A}^*\boldsymbol{\alpha}=\frac{|\boldsymbol{A}|}{\lambda}\boldsymbol{\alpha}.$$

所以，$\dfrac{|\boldsymbol{A}|}{\lambda}$ 是矩阵 $\boldsymbol{A}^*$ 的特征值，其对应的特征向量是 $\boldsymbol{\alpha}$.

证毕

性质 4.1.3 设 λ 是矩阵 $\boldsymbol{A}$ 的特征值，则 λ^2 是矩阵 $\boldsymbol{A}^2$ 的特征值.

证明 因 λ 是矩阵 $\boldsymbol{A}$ 的特征值，故存在向量 $\boldsymbol{\alpha} \neq \boldsymbol{0}$，使得 $\boldsymbol{A\alpha}=\lambda\boldsymbol{\alpha}$. 于是

$$\boldsymbol{A}^2\boldsymbol{\alpha}=\boldsymbol{A}(\boldsymbol{A\alpha})=\boldsymbol{A}(\lambda\boldsymbol{\alpha})=\lambda(\boldsymbol{A\alpha})=\lambda^2\boldsymbol{\alpha},$$

从而 λ^2 是矩阵 $\boldsymbol{A}^2$ 的特征值.

证毕

将性质 4.1.3 进行推广,可得如下性质.

性质 4.1.4 设 λ 是矩阵 $\boldsymbol{A}$ 的特征值,则

(1) λ^k 是矩阵 $\boldsymbol{A}^k$ 的特征值(k 为正整数);

(2) $\varphi(\lambda)$ 是矩阵 $\varphi(\boldsymbol{A})$ 的特征值,其中

$$\varphi(\lambda)=a_0+a_1\lambda+\cdots+a_m\lambda^m,\quad \varphi(\boldsymbol{A})=a_0\boldsymbol{E}+a_1\boldsymbol{A}+\cdots+a_m\boldsymbol{A}^m.$$

性质 4.1.5 矩阵 $\boldsymbol{A}$ 与矩阵 $\boldsymbol{A}^{\mathrm{T}}$ 有相同的特征值(包括重数).

证明 因

$$|\lambda\boldsymbol{E}-\boldsymbol{A}|=|(\lambda\boldsymbol{E}-\boldsymbol{A})^{\mathrm{T}}|=|\lambda\boldsymbol{E}-\boldsymbol{A}^{\mathrm{T}}|,$$

即矩阵 $\boldsymbol{A}$ 与矩阵 $\boldsymbol{A}^{\mathrm{T}}$ 有相同的特征多项式,故有相同的特征值.

证毕

定理 4.1.1 **设 $\lambda_1,\lambda_2,\cdots,\lambda_m$ 是矩阵 $\boldsymbol{A}$ 的 m 个互不相同的特征值,$\boldsymbol{\xi}_1,\boldsymbol{\xi}_2,\cdots,\boldsymbol{\xi}_m$ 依次是对应于这些特征值的特征向量,则向量组 $\boldsymbol{\xi}_1,\boldsymbol{\xi}_2,\cdots,\boldsymbol{\xi}_m$ 线性无关.**

证明 用数学归纳法.

当 $m=1$ 时,因特征向量 $\boldsymbol{\xi}_1\neq\boldsymbol{0}$,一个非零向量是线性无关的,故结论成立.

假设当 $m=k-1$ 时结论成立,即向量组 $\boldsymbol{\xi}_1,\boldsymbol{\xi}_2,\cdots,\boldsymbol{\xi}_{k-1}$ 线性无关. 当 $m=k$ 时,设存在一组数 $x_1,x_2,\cdots,x_k$,使得

$$x_1\boldsymbol{\xi}_1+x_2\boldsymbol{\xi}_2+\cdots+x_{k-1}\boldsymbol{\xi}_{k-1}+x_k\boldsymbol{\xi}_k=\boldsymbol{0},\tag{4.1.6}$$

则有 $\boldsymbol{A}(x_1\boldsymbol{\xi}_1+x_2\boldsymbol{\xi}_2+\cdots+x_{k-1}\boldsymbol{\xi}_{k-1}+x_k\boldsymbol{\xi}_k)=\boldsymbol{0}$,即

$$x_1\lambda_1\boldsymbol{\xi}_1+x_2\lambda_2\boldsymbol{\xi}_2+\cdots+x_{k-1}\lambda_{k-1}\boldsymbol{\xi}_{k-1}+x_k\lambda_k\boldsymbol{\xi}_k=\boldsymbol{0}.\tag{4.1.7}$$

在式(4.1.6) 两边乘以 λ_k,得

$$x_1\lambda_k\boldsymbol{\xi}_1+x_2\lambda_k\boldsymbol{\xi}_2+\cdots+x_{k-1}\lambda_k\boldsymbol{\xi}_{k-1}+x_k\lambda_k\boldsymbol{\xi}_k=\boldsymbol{0}.\tag{4.1.8}$$

式(4.1.7) 和式(4.1.8) 相减,得

$$x_1(\lambda_k-\lambda_1)\boldsymbol{\xi}_1+x_2(\lambda_k-\lambda_2)\boldsymbol{\xi}_2+\cdots+x_{k-1}(\lambda_k-\lambda_{k-1})\boldsymbol{\xi}_{k-1}=\boldsymbol{0}.$$

由假设,向量组 $\boldsymbol{\xi}_1,\boldsymbol{\xi}_2,\cdots,\boldsymbol{\xi}_{k-1}$ 线性无关,可知 $x_i(\lambda_k-\lambda_i)=0(i=1,2,\cdots,k-1)$,而特征值 $\lambda_1,\lambda_2,\cdots,\lambda_k$ 互不相同,于是有 $x_i=0(i=1,2,\cdots,k-1)$. 将其代入式(4.1.6)中,得 $x_k\boldsymbol{\xi}_k=\boldsymbol{0}$,而 $\boldsymbol{\xi}_k\neq\boldsymbol{0}$,则 $x_k=0$. 因此,向量组 $\boldsymbol{\xi}_1,\boldsymbol{\xi}_2,\cdots,\boldsymbol{\xi}_k$ 线性无关.

综上所述,由数学归纳法知结论成立.

证毕

定理 4.1.2 **设 λ_1,λ_2 是矩阵 $\boldsymbol{A}$ 的两个不同的特征值,对应的特征向量依次为 $\boldsymbol{\xi}_1,\boldsymbol{\xi}_2$,则 $\boldsymbol{\xi}_1+\boldsymbol{\xi}_2$ 不是矩阵 $\boldsymbol{A}$ 的特征向量.**

证明 用反证法. 由题设有 $\boldsymbol{A}\boldsymbol{\xi}_1=\lambda_1\boldsymbol{\xi}_1,\boldsymbol{A}\boldsymbol{\xi}_2=\lambda_2\boldsymbol{\xi}_2$,故

$$\boldsymbol{A}(\boldsymbol{\xi}_1+\boldsymbol{\xi}_2)=\lambda_1\boldsymbol{\xi}_1+\lambda_2\boldsymbol{\xi}_2.$$

若 $\boldsymbol{\xi}_1+\boldsymbol{\xi}_2$ 是矩阵 $\boldsymbol{A}$ 的特征向量,则存在数 λ,使得

$$\boldsymbol{A}(\boldsymbol{\xi}_1+\boldsymbol{\xi}_2)=\lambda(\boldsymbol{\xi}_1+\boldsymbol{\xi}_2),$$

从而有

$$\lambda(\boldsymbol{\xi}_1+\boldsymbol{\xi}_2)=\lambda_1\boldsymbol{\xi}_1+\lambda_2\boldsymbol{\xi}_2,\quad \text{即}\quad (\lambda-\lambda_1)\boldsymbol{\xi}_1+(\lambda-\lambda_2)\boldsymbol{\xi}_2=\mathbf{0}.$$

而由定理4.1.1可知向量组$\boldsymbol{\xi}_1,\boldsymbol{\xi}_2$线性无关，于是有$\lambda=\lambda_1=\lambda_2$. 这与定理条件矛盾. 因此，$\boldsymbol{\xi}_1+\boldsymbol{\xi}_2$不是矩阵$\boldsymbol{A}$的特征向量.

证毕

三、特征值与特征向量的计算

先来看一个例子.

例 4.1.1 求矩阵$\boldsymbol{A}=\begin{pmatrix}3&-1\\-1&3\end{pmatrix}$的特征值与特征向量.

解 矩阵$\boldsymbol{A}$的特征多项式为

$$|\lambda\boldsymbol{E}-\boldsymbol{A}|=\begin{vmatrix}\lambda-3&1\\1&\lambda-3\end{vmatrix}=(\lambda-2)(\lambda-4),$$

故矩阵$\boldsymbol{A}$的特征值为$\lambda_1=2,\lambda_2=4$.

对于特征值$\lambda_1=2$，解齐次线性方程组$(2\boldsymbol{E}-\boldsymbol{A})\boldsymbol{x}=\mathbf{0}$. 由

$$2\boldsymbol{E}-\boldsymbol{A}=\begin{pmatrix}-1&1\\1&-1\end{pmatrix}\xrightarrow{\text{初等行变换}}\begin{pmatrix}1&-1\\0&0\end{pmatrix},$$

得该方程组的一个基础解系

$$\boldsymbol{\eta}_1=\begin{pmatrix}1\\1\end{pmatrix},$$

所以矩阵$\boldsymbol{A}$的对应于特征值$\lambda_1=2$的全部特征向量为$k_1\boldsymbol{\eta}_1$(k_1为任意非零常数).

对于特征值$\lambda_2=4$，解齐次线性方程组$(4\boldsymbol{E}-\boldsymbol{A})\boldsymbol{x}=\mathbf{0}$. 由

$$4\boldsymbol{E}-\boldsymbol{A}=\begin{pmatrix}1&1\\1&1\end{pmatrix}\xrightarrow{\text{初等行变换}}\begin{pmatrix}1&1\\0&0\end{pmatrix},$$

得该方程组的一个基础解系

$$\boldsymbol{\eta}_2=\begin{pmatrix}1\\-1\end{pmatrix},$$

所以矩阵$\boldsymbol{A}$的对应于特征值$\lambda_2=4$的全部特征向量为$k_2\boldsymbol{\eta}_2$(k_2为任意非零常数).

通过上述例题，总结得到求n阶矩阵$\boldsymbol{A}$的特征值与特征向量的一般步骤：

(1) 求出矩阵$\boldsymbol{A}$的特征多项式$|\lambda\boldsymbol{E}-\boldsymbol{A}|$的全部根，即得矩阵$\boldsymbol{A}$的全部特征值.

(2) 对于矩阵 $\boldsymbol{A}$ 的每一个不同的特征值 λ，求出齐次线性方程组 $(\lambda\boldsymbol{E}-\boldsymbol{A})\boldsymbol{x}=\boldsymbol{0}$ 的一个基础解系

$$\boldsymbol{\eta}_1,\quad \boldsymbol{\eta}_2,\quad \cdots,\quad \boldsymbol{\eta}_s,$$

则矩阵 $\boldsymbol{A}$ 的对应于 λ 的全部特征向量为

$$k_1\boldsymbol{\eta}_1+k_2\boldsymbol{\eta}_2+\cdots+k_s\boldsymbol{\eta}_s \quad (k_1,k_2,\cdots,k_s \text{ 是任意不全为 } 0 \text{ 的常数}).$$

例 4.1.2　求矩阵 $\boldsymbol{A}=\begin{pmatrix}-1&1&0\\-4&3&0\\1&0&2\end{pmatrix}$ 的特征值与特征向量.

解　矩阵 $\boldsymbol{A}$ 的特征多项式为

$$|\lambda\boldsymbol{E}-\boldsymbol{A}|=\begin{vmatrix}\lambda+1&-1&0\\4&\lambda-3&0\\-1&0&\lambda-2\end{vmatrix}=(\lambda-1)^2(\lambda-2),$$

故矩阵 $\boldsymbol{A}$ 的特征值为 $\lambda_1=\lambda_2=1,\lambda_3=2$.

对于特征值 $\lambda_1=\lambda_2=1$，解齐次线性方程组 $(\boldsymbol{E}-\boldsymbol{A})\boldsymbol{x}=\boldsymbol{0}$. 由

$$\boldsymbol{E}-\boldsymbol{A}=\begin{pmatrix}2&-1&0\\4&-2&0\\-1&0&-1\end{pmatrix}\xrightarrow{\text{初等行变换}}\begin{pmatrix}1&0&1\\0&1&2\\0&0&0\end{pmatrix},$$

得该方程组的一个基础解系

$$\boldsymbol{\eta}_1=\begin{pmatrix}1\\2\\-1\end{pmatrix},$$

所以矩阵 $\boldsymbol{A}$ 的对应于特征值 $\lambda_1=\lambda_2=1$ 的全部特征向量为 $k_1\boldsymbol{\eta}_1$（k_1 为任意非零常数）.

对于特征值 $\lambda_3=2$，解齐次线性方程组 $(2\boldsymbol{E}-\boldsymbol{A})\boldsymbol{x}=\boldsymbol{0}$. 由

$$2\boldsymbol{E}-\boldsymbol{A}=\begin{pmatrix}3&-1&0\\4&-1&0\\-1&0&0\end{pmatrix}\xrightarrow{\text{初等行变换}}\begin{pmatrix}1&0&0\\0&1&0\\0&0&0\end{pmatrix},$$

得该方程组的一个基础解系

$$\boldsymbol{\eta}_2=\begin{pmatrix}0\\0\\1\end{pmatrix},$$

所以矩阵$\boldsymbol{A}$的对应于特征值$\lambda_3=2$的全部特征向量为$k_2\boldsymbol{\eta}_2$(k_2为任意非零常数).

例 4.1.3 设矩阵$\boldsymbol{A}=\begin{pmatrix}4&6&0\\a&-5&0\\b&-6&1\end{pmatrix}$的一个特征向量为$\boldsymbol{\xi}=\begin{pmatrix}-1\\1\\1\end{pmatrix}$,求常数$a,b$的值及矩阵$\boldsymbol{A}$的特征值与特征向量.

解 设向量$\boldsymbol{\xi}$是矩阵$\boldsymbol{A}$的对应于特征值λ_1的特征向量,于是有$\boldsymbol{A\xi}=\lambda_1\boldsymbol{\xi}$,即

$$\begin{pmatrix}4&6&0\\a&-5&0\\b&-6&1\end{pmatrix}\begin{pmatrix}-1\\1\\1\end{pmatrix}=\lambda_1\begin{pmatrix}-1\\1\\1\end{pmatrix},$$

解得$a=b=-3,\lambda_1=-2$.

既可以按照常规方法利用特征多项式求出矩阵$\boldsymbol{A}$的其他特征值,也可以利用特征值的性质求出其他特征值.这里利用特征值的性质来求.设矩阵$\boldsymbol{A}$的另外两个特征值为λ_2,λ_3,则有

$$\lambda_1+\lambda_2+\lambda_3=\operatorname{tr}(\boldsymbol{A})=0,$$
$$\lambda_1\lambda_2\lambda_3=|\boldsymbol{A}|=-2,$$

解得$\lambda_2=\lambda_3=1$.故矩阵$\boldsymbol{A}$的全部特征值为$\lambda_1=-2,\lambda_2=\lambda_3=1$.

对于特征值$\lambda_1=-2$,解齐次线性方程组$(-2\boldsymbol{E}-\boldsymbol{A})\boldsymbol{x}=\boldsymbol{0}$.由

$$-2\boldsymbol{E}-\boldsymbol{A}=\begin{pmatrix}-6&-6&0\\3&3&0\\3&6&-3\end{pmatrix}\xrightarrow{\text{初等行变换}}\begin{pmatrix}1&0&1\\0&1&-1\\0&0&0\end{pmatrix},$$

得该方程组的一个基础解系

$$\boldsymbol{\eta}_1=\begin{pmatrix}-1\\1\\1\end{pmatrix},$$

所以矩阵 $\boldsymbol{A}$ 的对应于特征值 $\lambda_1=-2$ 的全部特征向量为 $k_1\boldsymbol{\eta}_1$(k_1 为任意非零常数).

对于特征值 $\lambda_2=\lambda_3=1$,解齐次线性方程组 $(\boldsymbol{E}-\boldsymbol{A})\boldsymbol{x}=\boldsymbol{0}$. 由

$$\boldsymbol{E}-\boldsymbol{A}=\begin{pmatrix}-3 & -6 & 0\\ 3 & 6 & 0\\ 3 & 6 & 0\end{pmatrix}\xrightarrow{\text{初等行变换}}\begin{pmatrix}1 & 2 & 0\\ 0 & 0 & 0\\ 0 & 0 & 0\end{pmatrix},$$

得该方程组的一个基础解系

$$\boldsymbol{\eta}_2=\begin{pmatrix}0\\0\\1\end{pmatrix},\quad \boldsymbol{\eta}_3=\begin{pmatrix}-2\\1\\0\end{pmatrix},$$

所以矩阵 $\boldsymbol{A}$ 的对应于特征值 $\lambda_2=\lambda_3=1$ 的全部特征向量是 $k_2\boldsymbol{\eta}_2+k_3\boldsymbol{\eta}_3$($k_2,k_3$ 为任意不全为 0 的常数).

4.2 相似矩阵与矩阵的相似对角化

一、相似矩阵的定义

引例 设矩阵

$$\boldsymbol{A}=\begin{pmatrix}3 & -1\\ -1 & 3\end{pmatrix},\quad \boldsymbol{B}=\begin{pmatrix}2 & \\ & 4\end{pmatrix},\quad \boldsymbol{P}=\begin{pmatrix}1 & 1\\ 1 & -1\end{pmatrix},$$

则有 $\boldsymbol{B}=\boldsymbol{P}^{-1}\boldsymbol{A}\boldsymbol{P}$. 故

$$\begin{aligned}\boldsymbol{A}^{100}&=(\boldsymbol{PBP}^{-1})^{100}=(\boldsymbol{PBP}^{-1})(\boldsymbol{PBP}^{-1})\cdots(\boldsymbol{PBP}^{-1})\\&=\boldsymbol{PB}(\boldsymbol{P}^{-1}\boldsymbol{P})\boldsymbol{B}\cdots(\boldsymbol{P}^{-1}\boldsymbol{P})\boldsymbol{BP}^{-1}=\boldsymbol{PB}^{100}\boldsymbol{P}^{-1}\\&=\begin{pmatrix}2^{99}+2^{199} & 2^{99}-2^{199}\\ 2^{99}-2^{199} & 2^{99}+2^{199}\end{pmatrix}.\end{aligned}$$

由引例可知,若矩阵 $\boldsymbol{A}$ 满足关系式 $\boldsymbol{B}=\boldsymbol{P}^{-1}\boldsymbol{A}\boldsymbol{P}$,且矩阵 $\boldsymbol{B}$ 为形式比较简单的对角矩阵,就可以利用 $\boldsymbol{B}^k$ 来计算 $\boldsymbol{A}^k$.

本节将利用矩阵的特征值理论探讨以下问题:

(1) 是否对于每一个 n 阶矩阵 $\boldsymbol{A}$，都存在对角矩阵 $\boldsymbol{B}$ 和可逆矩阵 $\boldsymbol{P}$，使之满足 $\boldsymbol{B}=\boldsymbol{P}^{-1}\boldsymbol{AP}$？

(2) 若(1) 的答案是否定的，则矩阵 $\boldsymbol{A}$ 满足什么条件才存在对角矩阵 $\boldsymbol{B}$ 和可逆矩阵 $\boldsymbol{P}$，使之满足 $\boldsymbol{B}=\boldsymbol{P}^{-1}\boldsymbol{AP}$？

(3) 若(2) 成立，如何求对角矩阵 $\boldsymbol{B}$ 和可逆矩阵 $\boldsymbol{P}$？

为此，引进下面的定义.

定义 4.2.1 设 $\boldsymbol{A},\boldsymbol{B}$ 都是 n 阶矩阵. 若存在可逆矩阵 $\boldsymbol{P}$，使得

$$\boldsymbol{B}=\boldsymbol{P}^{-1}\boldsymbol{AP},$$

则称矩阵 $\boldsymbol{B}$ 是矩阵 $\boldsymbol{A}$ 的**相似矩阵**，或称矩阵 $\boldsymbol{A}$ 与 $\boldsymbol{B}$ **相似**，记作 $\boldsymbol{A}\sim\boldsymbol{B}$. 对矩阵 $\boldsymbol{A}$ 进行的运算 $\boldsymbol{P}^{-1}\boldsymbol{AP}$ 称为对矩阵 $\boldsymbol{A}$ 进行**相似变换**，可逆矩阵 $\boldsymbol{P}$ 称为把矩阵 $\boldsymbol{A}$ 变成矩阵 $\boldsymbol{B}$ 的**相似变换矩阵**.

二、相似矩阵的性质

性质 4.2.1 设 $\boldsymbol{A},\boldsymbol{B},\boldsymbol{C}$ 均为 n 阶矩阵，则它们之间的相似关系满足以下性质：

(1) 反身性：$\boldsymbol{A}\sim\boldsymbol{A}$；

(2) 对称性：若 $\boldsymbol{A}\sim\boldsymbol{B}$，则 $\boldsymbol{B}\sim\boldsymbol{A}$；

(3) 传递性：若 $\boldsymbol{A}\sim\boldsymbol{B}$，$\boldsymbol{B}\sim\boldsymbol{C}$，则 $\boldsymbol{A}\sim\boldsymbol{C}$.

可见，矩阵之间的相似关系是一种等价关系(请读者自行证明).

性质 4.2.2 设 n 阶矩阵 $\boldsymbol{A}$ 与 $\boldsymbol{B}$ 相似，则

(1) 矩阵 $\boldsymbol{A}^{\mathrm{T}}$ 与 $\boldsymbol{B}^{\mathrm{T}}$ 相似；

(2) 矩阵 $\boldsymbol{A}^m$ 与 $\boldsymbol{B}^m$ 相似，其中 m 为任意正整数；

(3) 矩阵 $\varphi(\boldsymbol{A})$ 与 $\varphi(\boldsymbol{B})$ 相似，其中 $\varphi(x)$ 是一个多项式；

(4) 当矩阵 $\boldsymbol{A}$ 可逆时，矩阵 $\boldsymbol{B}$ 也可逆，且矩阵 $\boldsymbol{A}^{-1}$ 与 $\boldsymbol{B}^{-1}$ 相似.

证明 因为矩阵 $\boldsymbol{A}$ 与 $\boldsymbol{B}$ 相似，所以存在可逆矩阵 $\boldsymbol{P}$，使得

$$\boldsymbol{P}^{-1}\boldsymbol{AP}=\boldsymbol{B}.$$

(1) 因 $(\boldsymbol{P}^{-1}\boldsymbol{AP})^{\mathrm{T}}=\boldsymbol{B}^{\mathrm{T}}$，即 $\boldsymbol{P}^{\mathrm{T}}\boldsymbol{A}^{\mathrm{T}}(\boldsymbol{P}^{\mathrm{T}})^{-1}=\boldsymbol{B}^{\mathrm{T}}$，故矩阵 $\boldsymbol{A}^{\mathrm{T}}$ 与 $\boldsymbol{B}^{\mathrm{T}}$ 相似.

(2) 由 $(\boldsymbol{P}^{-1}\boldsymbol{AP})^m=\boldsymbol{B}^m$，得

$$(\boldsymbol{P}^{-1}\boldsymbol{AP})(\boldsymbol{P}^{-1}\boldsymbol{AP})\cdots(\boldsymbol{P}^{-1}\boldsymbol{AP})=\boldsymbol{B}^m,$$

即

$$\boldsymbol{P}^{-1}\boldsymbol{A}(\boldsymbol{PP}^{-1})\boldsymbol{A}\cdots(\boldsymbol{PP}^{-1})\boldsymbol{AP}=\boldsymbol{B}^m,$$

亦即 $P^{-1}A^mP=B^m$，故矩阵 A^m 与 B^m 相似.

(3) 设 $\varphi(x)=a_0+a_1x+\cdots+a_mx^m$，则

$$\begin{aligned}\varphi(B)&=a_0E+a_1B+\cdots+a_mB^m\\&=a_0E+a_1P^{-1}AP+\cdots+a_mP^{-1}A^mP\\&=P^{-1}(a_0E+a_1A+\cdots+a_mA^m)P\\&=P^{-1}\varphi(A)P,\end{aligned}$$

故矩阵 $\varphi(A)$ 与 $\varphi(B)$ 相似.

(4) 由 $P^{-1}AP=B$，得矩阵 B 可逆，且

$$B^{-1}=(P^{-1}AP)^{-1}=P^{-1}A^{-1}(P^{-1})^{-1},$$

故矩阵 A^{-1} 与 B^{-1} 相似.

证毕

性质 4.2.3 若矩阵 A 与 B 相似，则矩阵 A 与 B 有相同的特征值(包括重数).

证明 因为矩阵 A 与 B 相似，所以存在可逆矩阵 P，使得 $P^{-1}AP=B$. 故

$$\begin{aligned}|\lambda E-B|&=|P^{-1}(\lambda E)P-P^{-1}AP|=|P^{-1}(\lambda E-A)P|\\&=|P^{-1}||\lambda E-A||P|=|\lambda E-A|,\end{aligned}$$

从而矩阵 A 与 B 有相同的特征多项式，因而有相同的特征值.

证毕

注意 性质4.2.3的逆命题并不成立. 例如，矩阵 $A=\begin{pmatrix}1&1\\0&1\end{pmatrix}$ 与 $E=\begin{pmatrix}1&0\\0&1\end{pmatrix}$ 有相同的特征值，但是矩阵 A 与 E 并不相似，因为矩阵 E 只与其自身相似.

推论 4.2.1 若 n 阶矩阵 A 与对角矩阵

$$\Lambda=\begin{pmatrix}\lambda_1&&&\\&\lambda_2&&\\&&\ddots&\\&&&\lambda_n\end{pmatrix}$$

相似，则 $\lambda_1,\lambda_2,\cdots,\lambda_n$ 即是矩阵 A 的 n 个特征值.

性质 4.2.4 设 n 阶矩阵 A 与 B 相似，则

(1) $\mathrm{r}(A)=\mathrm{r}(B)$；

(2) $|A|=|B|$；

(3) $\mathrm{tr}(A)=\mathrm{tr}(B)$.

三、矩阵的相似对角化

前面我们要探讨的第二、三个问题就是：对于 n 阶矩阵 $\boldsymbol{A}$，当它满足什么条件时，它能与对角矩阵相似(此时称矩阵 $\boldsymbol{A}$ **可相似对角化**，简称**可对角化**)？这时如何寻求相似变换矩阵 $\boldsymbol{P}$，使得 $\boldsymbol{P}^{-1}\boldsymbol{A}\boldsymbol{P}$ 为对角矩阵？这就是矩阵的对角化问题.

定理 4.2.1 **n 阶矩阵 $\boldsymbol{A}$ 可对角化的充要条件是它有 n 个线性无关的特征向量.**

证明 必要性. 设 n 阶矩阵 $\boldsymbol{A}$ 可对角化，即存在可逆矩阵 $\boldsymbol{P}$ 及对角矩阵

$$\boldsymbol{\Lambda}=\begin{pmatrix}\lambda_1 & & & \\ & \lambda_2 & & \\ & & \ddots & \\ & & & \lambda_n\end{pmatrix},$$

使得

$$\boldsymbol{P}^{-1}\boldsymbol{A}\boldsymbol{P}=\boldsymbol{\Lambda}. \tag{4.2.1}$$

将可逆矩阵 $\boldsymbol{P}$ 的列向量依次记为 $\boldsymbol{x}_1,\boldsymbol{x}_2,\cdots,\boldsymbol{x}_n$，则 $\boldsymbol{P}=(\boldsymbol{x}_1,\boldsymbol{x}_2,\cdots,\boldsymbol{x}_n)$，$\boldsymbol{x}_i\neq\boldsymbol{0}(i=1,2,\cdots,n)$，且向量组 $\boldsymbol{x}_1,\boldsymbol{x}_2,\cdots,\boldsymbol{x}_n$ 线性无关. 用矩阵 $\boldsymbol{P}$ 左乘式(4.2.1)的两边，得

$$\boldsymbol{A}\boldsymbol{P}=\boldsymbol{P}\boldsymbol{\Lambda},$$

即

$$\boldsymbol{A}(\boldsymbol{x}_1,\boldsymbol{x}_2,\cdots,\boldsymbol{x}_n)=(\boldsymbol{x}_1,\boldsymbol{x}_2,\cdots,\boldsymbol{x}_n)\begin{pmatrix}\lambda_1 & & & \\ & \lambda_2 & & \\ & & \ddots & \\ & & & \lambda_n\end{pmatrix},$$

从而

$$(\boldsymbol{A}\boldsymbol{x}_1,\boldsymbol{A}\boldsymbol{x}_2,\cdots,\boldsymbol{A}\boldsymbol{x}_n)=(\lambda_1\boldsymbol{x}_1,\lambda_2\boldsymbol{x}_2,\cdots,\lambda_n\boldsymbol{x}_n).$$

所以

$$\boldsymbol{A}\boldsymbol{x}_i=\lambda_i\boldsymbol{x}_i\quad(i=1,2,\cdots,n),$$

即 $\boldsymbol{x}_1,\boldsymbol{x}_2,\cdots,\boldsymbol{x}_n$ 分别为矩阵 $\boldsymbol{A}$ 的对应于特征值 $\lambda_1,\lambda_2,\cdots,\lambda_n$ 的特征向量. 故矩阵 $\boldsymbol{A}$ 有 n 个线性无关的特征向量.

充分性. 设矩阵 $\boldsymbol{A}$ 有 n 个线性无关的特征向量 $\boldsymbol{x}_1,\boldsymbol{x}_2,\cdots,\boldsymbol{x}_n$，且分别对应于特征值 $\lambda_1,\lambda_2,\cdots,\lambda_n$，即 $\boldsymbol{A}\boldsymbol{x}_i=\lambda_i\boldsymbol{x}_i(i=1,2,\cdots,n)$. 令矩阵

$$\boldsymbol{P}=(\boldsymbol{x}_1,\boldsymbol{x}_2,\cdots,\boldsymbol{x}_n),$$

则矩阵 $\boldsymbol{P}$ 可逆，且

$$AP=A(x_1,x_2,\cdots,x_n)=(Ax_1,Ax_2,\cdots,Ax_n)$$
$$=(\lambda_1x_1,\lambda_2x_2,\cdots,\lambda_nx_n)=(x_1,x_2,\cdots,x_n)\begin{pmatrix}\lambda_1 & & & \\ & \lambda_2 & & \\ & & \ddots & \\ & & & \lambda_n\end{pmatrix}.$$

记矩阵

$$\boldsymbol{\Lambda}=\begin{pmatrix}\lambda_1 & & & \\ & \lambda_2 & & \\ & & \ddots & \\ & & & \lambda_n\end{pmatrix},$$

则

$$AP=P\boldsymbol{\Lambda}. \tag{4.2.2}$$

用矩阵 P^{-1} 左乘式(4.2.2)的两边,得

$$P^{-1}AP=\boldsymbol{\Lambda},$$

故矩阵 A 可对角化.

证毕

注意 (1) 若矩阵 A 可对角化,则对角矩阵 $\boldsymbol{\Lambda}=P^{-1}AP$ 在不考虑特征值 λ_1, $\lambda_2,\cdots,\lambda_n$ 的排列顺序时是唯一的,称为矩阵 A 的**相似标准形**;

(2) 当矩阵 A 可对角化时,因为矩阵 A 的特征向量不唯一,所以相似变换矩阵 P 不唯一,且相似变换矩阵 P 就是由矩阵 A 的 n 个线性无关的特征向量作为列向量排列而成的.

推论 4.2.2 如果 n 阶矩阵 A 的 n 个特征值互不相同,则矩阵 A 可对角化.

定理 4.2.2 **若对于 n 阶矩阵 A 的任意一个 k 重特征值 $\lambda(1\leqslant k\leqslant n)$,都有 $r(\lambda E-A)=n-k$,则矩阵 A 可对角化.**

证明 设 n 阶矩阵 A 的互不相同的特征值为 $\lambda_1,\lambda_2,\cdots,\lambda_s$,其重数分别为 k_1, $k_2,\cdots,k_s$,则 $k_1+k_2+\cdots+k_s=n$. 又 $r(\lambda_iE-A)=n-k_i(i=1,2,\cdots,s)$,则齐次线性方程组 $(\lambda_iE-A)x=0$ 的基础解系中含有 $k_i(i=1,2,\cdots,s)$ 个解,它们是矩阵 A 的线性无关的特征向量. 再由定理 4.1.1 知,矩阵 A 必有 $k_1+k_2+\cdots+k_s=n$ 个线性无关的特征向量,即矩阵 A 可对角化.

证毕

例 4.2.1 由例 4.1.1 可知矩阵 $A=\begin{pmatrix}3 & -1\\ -1 & 3\end{pmatrix}$ 可对角化,相似变换矩阵为

$$\boldsymbol{P}=(\boldsymbol{\eta}_1,\boldsymbol{\eta}_2)=\begin{pmatrix}1&1\\1&-1\end{pmatrix},$$

且有

$$\boldsymbol{P}^{-1}\boldsymbol{A}\boldsymbol{P}=\begin{pmatrix}2&\\&4\end{pmatrix}.$$

例 4.2.2 由例 4.1.2 可知矩阵 $\boldsymbol{A}=\begin{pmatrix}-1&1&0\\-4&3&0\\1&0&2\end{pmatrix}$ 不可对角化，因为对应于二重特征值 1 仅存在一个线性无关的特征向量.

例 4.2.3 由例 4.1.3 可知矩阵 $\boldsymbol{A}=\begin{pmatrix}4&6&0\\-3&-5&0\\-3&-6&1\end{pmatrix}$ 可对角化，相似变换矩阵为

$$\boldsymbol{P}=(\boldsymbol{\eta}_1,\boldsymbol{\eta}_2,\boldsymbol{\eta}_3)=\begin{pmatrix}-1&0&-2\\1&0&1\\1&1&0\end{pmatrix},$$

且有

$$\boldsymbol{P}^{-1}\boldsymbol{A}\boldsymbol{P}=\begin{pmatrix}-2&&\\&1&\\&&1\end{pmatrix}.$$

例 4.2.4 设矩阵 $\boldsymbol{A}=\begin{pmatrix}0&0&1\\1&1&t\\1&0&0\end{pmatrix}$，问：$t$ 为何值时，矩阵 $\boldsymbol{A}$ 可对角化？

解 矩阵 $\boldsymbol{A}$ 的特征多项式为

$$|\lambda\boldsymbol{E}-\boldsymbol{A}|=\begin{vmatrix}\lambda&0&-1\\-1&\lambda-1&-t\\-1&0&\lambda\end{vmatrix}=(\lambda-1)^2(\lambda+1),$$

故矩阵 $\boldsymbol{A}$ 的特征值为 $\lambda_1=\lambda_2=1,\lambda_3=-1$.

矩阵 $\boldsymbol{A}$ 可对角化的充要条件是对应于其二重特征值 $\lambda_1=\lambda_2=1$ 存在两个线性无关的特征向量，即齐次线性方程组 $(\boldsymbol{E}-\boldsymbol{A})\boldsymbol{x}=\boldsymbol{0}$ 存在两个线性无关的解，亦即 $\mathrm{r}(\boldsymbol{E}-\boldsymbol{A})=1$. 因

$$\boldsymbol{E}-\boldsymbol{A}=\begin{pmatrix}1 & 0 & -1\\ -1 & 0 & -t\\ -1 & 0 & 1\end{pmatrix}\xrightarrow{\text{初等行变换}}\begin{pmatrix}1 & 0 & 1\\ 0 & 0 & -t-1\\ 0 & 0 & 0\end{pmatrix},$$

故当 $t=-1$ 时，$\mathrm{r}(\boldsymbol{E}-\boldsymbol{A})=1$，从而矩阵 $\boldsymbol{A}$ 可对角化.

4.3　实对称矩阵的对角化

通过上节的讨论我们知道，并不是每一个 n 阶矩阵都可对角化. 那么，有没有一类矩阵一定可对角化呢？答案是肯定的：实对称矩阵一定可对角化.

一、实对称矩阵的性质

性质 4.3.1　若 $\boldsymbol{A}$ 为 n 阶实对称矩阵，则矩阵 $\boldsymbol{A}$ 的特征值都是实数.

证明　设 λ 是矩阵 $\boldsymbol{A}$ 的特征值，$\boldsymbol{x}\,(\boldsymbol{x}\neq\boldsymbol{0})$ 是 λ 所对应的特征向量，则有

$$\boldsymbol{A}\boldsymbol{x}=\lambda\boldsymbol{x}.$$

上式两边取共轭（矩阵取共轭指其每一个元素均取共轭），得

$$\overline{\boldsymbol{A}}\,\overline{\boldsymbol{x}}=\overline{\lambda}\,\overline{\boldsymbol{x}},$$

再两边取转置，得

$$\overline{\boldsymbol{x}}^{\mathrm{T}}\overline{\boldsymbol{A}}^{\mathrm{T}}=\overline{\boldsymbol{x}}^{\mathrm{T}}\boldsymbol{A}=\overline{\lambda}\,\overline{\boldsymbol{x}}^{\mathrm{T}},$$

从而有

$$\overline{\boldsymbol{x}}^{\mathrm{T}}\boldsymbol{A}\boldsymbol{x}=\overline{\lambda}\,\overline{\boldsymbol{x}}^{\mathrm{T}}\boldsymbol{x}. \tag{4.3.1}$$

另外，由 $\boldsymbol{A}\boldsymbol{x}=\lambda\boldsymbol{x}$ 容易得到

$$\overline{\boldsymbol{x}}^{\mathrm{T}}\boldsymbol{A}\boldsymbol{x}=\lambda\overline{\boldsymbol{x}}^{\mathrm{T}}\boldsymbol{x}. \tag{4.3.2}$$

结合式(4.3.1)与式(4.3.2)，有

$$(\lambda-\overline{\lambda})\overline{\boldsymbol{x}}^{\mathrm{T}}\boldsymbol{x}=0.$$

注意到 $\boldsymbol{x}\neq\boldsymbol{0}$，故 $\overline{\boldsymbol{x}}^{\mathrm{T}}\boldsymbol{x}>0$，从而 $\lambda-\overline{\lambda}=0$，即 λ 为实数.

证毕

性质 4.3.2 实对称矩阵 $\boldsymbol{A}$ 的互异的特征值所对应的特征向量是正交的.

证明 设 λ_1,λ_2 是矩阵 $\boldsymbol{A}$ 的两个不同的特征值，$\boldsymbol{p}_1,\boldsymbol{p}_2$ 是对应的特征向量，则有

$$\lambda_1\boldsymbol{p}_1=\boldsymbol{A}\boldsymbol{p}_1,\quad \lambda_2\boldsymbol{p}_2=\boldsymbol{A}\boldsymbol{p}_2.$$

因为 $\boldsymbol{A}$ 为对称矩阵，所以有

$$\lambda_1\boldsymbol{p}_1^{\mathrm{T}}=(\lambda_1\boldsymbol{p}_1)^{\mathrm{T}}=(\boldsymbol{A}\boldsymbol{p}_1)^{\mathrm{T}}=\boldsymbol{p}_1^{\mathrm{T}}\boldsymbol{A}^{\mathrm{T}}=\boldsymbol{p}_1^{\mathrm{T}}\boldsymbol{A},$$

于是

$$\lambda_1\boldsymbol{p}_1^{\mathrm{T}}\boldsymbol{p}_2=\boldsymbol{p}_1^{\mathrm{T}}\boldsymbol{A}\boldsymbol{p}_2=\boldsymbol{p}_1^{\mathrm{T}}(\lambda_2\boldsymbol{p}_2)=\lambda_2\boldsymbol{p}_1^{\mathrm{T}}\boldsymbol{p}_2,$$

即

$$(\lambda_1-\lambda_2)\boldsymbol{p}_1^{\mathrm{T}}\boldsymbol{p}_2=0.$$

由于 $\lambda_1\neq\lambda_2$，因此 $\boldsymbol{p}_1^{\mathrm{T}}\boldsymbol{p}_2=0$，即 $\boldsymbol{p}_1$ 与 $\boldsymbol{p}_2$ 正交.

证毕

性质 4.3.3 设 $\boldsymbol{A}$ 为 n 阶实对称矩阵，λ 是它的 k 重特征值，则 $\mathrm{r}(\lambda\boldsymbol{E}-\boldsymbol{A})=n-k$，从而对应于特征值 λ 恰有 k 个线性无关的特征向量.

性质 4.3.3 说明，任意实对称矩阵均可对角化.

定理 4.3.1 **设 $\boldsymbol{A}$ 为 n 阶实对称矩阵，则存在正交矩阵 $\boldsymbol{P}$，使得**

$$\boldsymbol{P}^{-1}\boldsymbol{A}\boldsymbol{P}=\boldsymbol{P}^{\mathrm{T}}\boldsymbol{A}\boldsymbol{P}=\boldsymbol{\Lambda},$$

其中 $\boldsymbol{\Lambda}$ 是以 $\boldsymbol{A}$ 的 n 个特征值为主对角线上元素的对角矩阵.

二、实对称矩阵的对角化

根据定理 4.3.1 可知，可以利用正交矩阵将 n 阶实对称矩阵 $\boldsymbol{A}$ 对角化，其一般步骤如下：

(1) 求出矩阵 $\boldsymbol{A}$ 的所有互不相同的特征值 $\lambda_1,\lambda_2,\cdots,\lambda_s$，记它们的重数分别为 $k_1,k_2,\cdots,k_s(k_1+k_2+\cdots+k_s=n)$；

(2) 对于每一个 k_i 重特征值 $\lambda_i(i=1,2,\cdots,s)$，求出齐次线性方程组 $(\lambda_i\boldsymbol{E}-\boldsymbol{A})\boldsymbol{x}=\boldsymbol{0}$ 的一个基础解系，即得到矩阵 $\boldsymbol{A}$ 的 k_i 个线性无关的特征向量，总共可得到 n 个线性无关的特征向量；

(3) 利用施密特正交化过程将(2)中得到的 n 个线性无关的特征向量正交化，再单位化；

(4) 以(3)中单位化后的特征向量为列向量构造正交矩阵 $\boldsymbol{P}$，则它就是将矩阵 $\boldsymbol{A}$ 对角化的相似变换矩阵，而与矩阵 $\boldsymbol{A}$ 相似的对角矩阵正好以对应的特征值为主对角线上的元素(特征值出现的次数与重数相同).

例 4.3.1 设矩阵 $\boldsymbol{A}=\begin{pmatrix}4&0&0\\0&3&1\\0&1&3\end{pmatrix}$，求一个正交矩阵 $\boldsymbol{P}$，使得 $\boldsymbol{P}^{-1}\boldsymbol{AP}$ 为对角矩阵.

解 矩阵 $\boldsymbol{A}$ 的特征多项式为

$$|\lambda\boldsymbol{E}-\boldsymbol{A}|=\begin{vmatrix}\lambda-4&0&0\\0&\lambda-3&-1\\0&-1&\lambda-3\end{vmatrix}=(\lambda-4)^2(\lambda-2),$$

故矩阵 $\boldsymbol{A}$ 的特征值为 $\lambda_1=2$，$\lambda_2=\lambda_3=4$.

对于特征值 $\lambda_1=2$，解齐次线性方程组 $(2\boldsymbol{E}-\boldsymbol{A})\boldsymbol{x}=\boldsymbol{0}$. 由

$$2\boldsymbol{E}-\boldsymbol{A}=\begin{pmatrix}-2&0&0\\0&-1&-1\\0&-1&-1\end{pmatrix}\xrightarrow{\text{初等行变换}}\begin{pmatrix}1&0&0\\0&1&1\\0&0&0\end{pmatrix},$$

得该方程组的一个基础解系

$$\boldsymbol{\eta}_1=\begin{pmatrix}0\\1\\-1\end{pmatrix},$$

单位化得

$$\boldsymbol{p}_1=\frac{1}{\sqrt{2}}\begin{pmatrix}0\\1\\-1\end{pmatrix}.$$

对于特征值 $\lambda_2=\lambda_3=4$，解齐次线性方程组 $(4\boldsymbol{E}-\boldsymbol{A})\boldsymbol{x}=\boldsymbol{0}$. 由

$$4\boldsymbol{E}-\boldsymbol{A}=\begin{pmatrix}0&0&0\\0&1&-1\\0&-1&1\end{pmatrix}\xrightarrow{\text{初等行变换}}\begin{pmatrix}0&0&0\\0&1&-1\\0&0&0\end{pmatrix},$$

得该方程组的一个基础解系

$$\boldsymbol{\eta}_2=\begin{pmatrix}1\\0\\0\end{pmatrix},\quad \boldsymbol{\eta}_3=\begin{pmatrix}0\\1\\1\end{pmatrix}.$$

这两个向量恰好正交，单位化即得两个正交的单位特征向量

$$\boldsymbol{p}_2=\begin{pmatrix}1\\0\\0\end{pmatrix},\quad \boldsymbol{p}_3=\frac{1}{\sqrt{2}}\begin{pmatrix}0\\1\\1\end{pmatrix}.$$

于是，得正交矩阵

$$\boldsymbol{P}=(\boldsymbol{p}_1,\boldsymbol{p}_2,\boldsymbol{p}_3)=\frac{1}{\sqrt{2}}\begin{pmatrix}0&\sqrt{2}&0\\1&0&1\\-1&0&1\end{pmatrix},$$

且有

$$\boldsymbol{P}^{-1}\boldsymbol{A}\boldsymbol{P}=\boldsymbol{P}^{\mathrm{T}}\boldsymbol{A}\boldsymbol{P}=\begin{pmatrix}2&&\\&4&\\&&4\end{pmatrix}.$$

注意 对应于多重特征值λ，若所求得齐次线性方程组$(\lambda\boldsymbol{E}-\boldsymbol{A})\boldsymbol{x}=\boldsymbol{0}$的基础解系中的解不两两正交，则需要把它们正交化.

例如，在例 4.3.1 中，齐次线性方程组$(4\boldsymbol{E}-\boldsymbol{A})\boldsymbol{x}=\boldsymbol{0}$的基础解系也可取为

$$\boldsymbol{\xi}_2=\begin{pmatrix}1\\1\\1\end{pmatrix},\quad \boldsymbol{\xi}_3=\begin{pmatrix}-1\\1\\1\end{pmatrix}.$$

此时，需将$\boldsymbol{\xi}_2,\boldsymbol{\xi}_3$正交化：令

$$\boldsymbol{\eta}_2=\boldsymbol{\xi}_2,\quad \boldsymbol{\eta}_3=\boldsymbol{\xi}_3-\frac{(\boldsymbol{\xi}_3,\boldsymbol{\eta}_2)}{(\boldsymbol{\eta}_2,\boldsymbol{\eta}_2)}\boldsymbol{\eta}_2=\frac{2}{3}\begin{pmatrix}-2\\1\\1\end{pmatrix}.$$

再单位化得

$$p_2=\frac{1}{\sqrt{3}}\begin{pmatrix}1\\1\\1\end{pmatrix},\quad p_3=\frac{1}{\sqrt{6}}\begin{pmatrix}-2\\1\\1\end{pmatrix}.$$

于是,得正交矩阵

$$\boldsymbol{P}=\frac{1}{\sqrt{6}}\begin{pmatrix}0&\sqrt{2}&-2\\\sqrt{3}&\sqrt{2}&1\\-\sqrt{3}&\sqrt{2}&1\end{pmatrix}.$$

可以验证仍有

$$\boldsymbol{P}^{-1}\boldsymbol{A}\boldsymbol{P}=\begin{pmatrix}2&&\\&4&\\&&4\end{pmatrix}.$$

例 4.3.2 设矩阵 $\boldsymbol{A}=\begin{pmatrix}2&1&1\\1&2&1\\1&1&2\end{pmatrix}$,求一个正交矩阵 $\boldsymbol{P}$,使得 $\boldsymbol{P}^{-1}\boldsymbol{A}\boldsymbol{P}$ 为对角矩阵.

解 矩阵 $\boldsymbol{A}$ 的特征多项式为

$$|\lambda\boldsymbol{E}-\boldsymbol{A}|=\begin{vmatrix}\lambda-2&-1&-1\\-1&\lambda-2&-1\\-1&-1&\lambda-2\end{vmatrix}=(\lambda-4)(\lambda-1)^2,$$

故矩阵 $\boldsymbol{A}$ 的特征值为 $\lambda_1=4,\lambda_2=\lambda_3=1$.

对于特征值 $\lambda_1=4$,解齐次线性方程组 $(4\boldsymbol{E}-\boldsymbol{A})\boldsymbol{x}=\boldsymbol{0}$. 由

$$4\boldsymbol{E}-\boldsymbol{A}=\begin{pmatrix}2&-1&-1\\-1&2&-1\\-1&-1&2\end{pmatrix}\xrightarrow{\text{初等行变换}}\begin{pmatrix}1&0&-1\\0&1&-1\\0&0&0\end{pmatrix},$$

得该方程组的一个基础解系

$$\boldsymbol{\eta}_1=\begin{pmatrix}1\\1\\1\end{pmatrix},$$

单位化得

$$p_1=\frac{1}{\sqrt{3}}\begin{pmatrix}1\\1\\1\end{pmatrix}.$$

对于特征值$\lambda_2=\lambda_3=1$,解齐次线性方程组$(\boldsymbol{E}-\boldsymbol{A})\boldsymbol{x}=\boldsymbol{0}$. 由

$$\boldsymbol{E}-\boldsymbol{A}=\begin{pmatrix}-1&-1&-1\\-1&-1&-1\\-1&-1&-1\end{pmatrix}\xrightarrow{\text{初等行变换}}\begin{pmatrix}1&1&1\\0&0&0\\0&0&0\end{pmatrix},$$

得该方程组的一个基础解系

$$\boldsymbol{\xi}_2=\begin{pmatrix}-1\\1\\0\end{pmatrix},\quad \boldsymbol{\xi}_3=\begin{pmatrix}-1\\0\\1\end{pmatrix},$$

正交化得

$$\boldsymbol{\eta}_2=\boldsymbol{\xi}_2,\quad \boldsymbol{\eta}_3=\boldsymbol{\xi}_3-\frac{(\boldsymbol{\xi}_3,\boldsymbol{\eta}_2)}{(\boldsymbol{\eta}_2,\boldsymbol{\eta}_2)}\boldsymbol{\eta}_2=\frac{1}{2}\begin{pmatrix}-1\\-1\\2\end{pmatrix},$$

再单位化得

$$\boldsymbol{p}_2=\frac{1}{\sqrt{2}}\begin{pmatrix}-1\\1\\0\end{pmatrix},\quad \boldsymbol{p}_3=\frac{1}{\sqrt{6}}\begin{pmatrix}-1\\-1\\2\end{pmatrix}.$$

于是,得正交矩阵

$$\boldsymbol{P}=(\boldsymbol{p}_1,\boldsymbol{p}_2,\boldsymbol{p}_3)=\begin{pmatrix}\frac{1}{\sqrt{3}}&-\frac{1}{\sqrt{2}}&-\frac{1}{\sqrt{6}}\\\frac{1}{\sqrt{3}}&\frac{1}{\sqrt{2}}&-\frac{1}{\sqrt{6}}\\\frac{1}{\sqrt{3}}&0&\frac{2}{\sqrt{6}}\end{pmatrix},$$

且有

$$P^{-1}AP=P^{\mathrm{T}}AP=\begin{pmatrix}4&&\\&1&\\&&1\end{pmatrix}.$$

例 4.3.3 (1) 设 $f(\lambda)$ 为 n 阶矩阵 $\boldsymbol{A}$ 的特征多项式，且 $\boldsymbol{A}$ 可对角化，证明：$f(\boldsymbol{A})=\boldsymbol{O}$；

(2) 设矩阵 $\boldsymbol{A}=\begin{pmatrix}3&-2\\-2&3\end{pmatrix}$，求 $\varphi(\boldsymbol{A})=\boldsymbol{A}^{10}-5\boldsymbol{A}^{9}$.

解 (1) 因为矩阵 $\boldsymbol{A}$ 可对角化，所以存在可逆矩阵 $\boldsymbol{P}$，使得

$$P^{-1}AP=\begin{pmatrix}\lambda_1&&&\\&\lambda_2&&\\&&\ddots&\\&&&\lambda_n\end{pmatrix}\triangleq\boldsymbol{\Lambda},$$

其中 $\lambda_i(i=1,2,\cdots,n)$ 为矩阵 $\boldsymbol{A}$ 的特征值，且有 $f(\lambda_i)=0$. 于是，由 $\boldsymbol{A}=\boldsymbol{P\Lambda P}^{-1}$，有

$$f(\boldsymbol{A})=\boldsymbol{P}f(\boldsymbol{\Lambda})\boldsymbol{P}^{-1}=\boldsymbol{P}\begin{pmatrix}f(\lambda_1)&&&\\&f(\lambda_2)&&\\&&\ddots&\\&&&f(\lambda_n)\end{pmatrix}\boldsymbol{P}^{-1}=\boldsymbol{POP}^{-1}=\boldsymbol{O}.$$

(2) 矩阵 $\boldsymbol{A}$ 的特征多项式为

$$f(\lambda)=|\lambda\boldsymbol{E}-\boldsymbol{A}|=\begin{vmatrix}\lambda-3&2\\2&\lambda-3\end{vmatrix}=(\lambda-1)(\lambda-5),$$

又

$$\begin{aligned}\varphi(\lambda)&=\lambda^{10}-5\lambda^{9}=(\lambda^{9}-1+1)(\lambda-5)\\&=(\lambda-1)(\lambda-5)(\lambda^{8}+\lambda^{7}+\cdots+\lambda+1)+\lambda-5\\&=f(\lambda)(\lambda^{8}+\lambda^{7}+\cdots+\lambda+1)+\lambda-5,\end{aligned}$$

所以

$$\varphi(\boldsymbol{A})=f(\boldsymbol{A})(\boldsymbol{A}^{8}+\boldsymbol{A}^{7}+\cdots+\boldsymbol{A}+\boldsymbol{E})+\boldsymbol{A}-5\boldsymbol{E}=\boldsymbol{A}-5\boldsymbol{E}=\begin{pmatrix}-2&-2\\-2&-2\end{pmatrix}.$$

请读者思考：设 $f(\lambda)$ 为 n 阶矩阵 $\boldsymbol{A}$ 的特征多项式，当 $\boldsymbol{A}$ 不可对角化时，$f(\boldsymbol{A})$ 是否仍等于零矩阵？

*4.4 应用案例

在现代数学、物理学和工程学等多个领域中，矩阵的特征值与特征向量发挥着至关重要的作用，它们不仅是线性代数和数学分析的基础，也是理解复杂系统和现象的关键工具. 通过有效地应用矩阵的特征值与特征向量，可以实现更精确和高效的数据处理、建模和分析. 本节将结合矩阵的特征值与特征向量的概念，介绍几个具体的应用案例.

例 4.4.1 一个城市的人口往往在城区和郊区之间迁移，设每年城区 5% 的人口会转到郊区，郊区 3% 的人口会转到城区. 这种城区和郊区之间人口的迁移情况可用矩阵 $\boldsymbol{A}=\begin{pmatrix}0.95 & 0.03\\0.05 & 0.97\end{pmatrix}$ 来表示，其中第 1 列的两个元素依次为城区人口留在城区和转到郊区的概率，第 2 列的两个元素依次为郊区人口转到城区和留在郊区的概率. $\boldsymbol{A}$ 是一个马尔可夫(Markov)矩阵，也称为状态转移矩阵，它描述了每个状态转移到自己和其他状态的概率，其特点是每列之和为 1，即所有状态转移的概率之和为 1. 假设 $\boldsymbol{x}_0=\begin{pmatrix}0.6\\0.4\end{pmatrix}$（单位：百万人）是城区和郊区的初始人口分布，求 k 年后的人口分布.

解 矩阵 $\boldsymbol{A}$ 的特征值是 $\lambda_1=1$ 和 $\lambda_2=0.92$，对应的特征向量分别是

$$\boldsymbol{v}_1=\begin{pmatrix}3\\5\end{pmatrix},\quad \boldsymbol{v}_2=\begin{pmatrix}1\\-1\end{pmatrix}. \tag{4.4.1}$$

由于有两个互不相等的特征值，因此它们对应的两个特征向量线性无关. 将初始向量 $\boldsymbol{x}_0$ 用两个特征向量的线性组合表示为

$$\boldsymbol{x}_0=(\boldsymbol{v}_1,\boldsymbol{v}_2)\begin{pmatrix}c_1\\c_2\end{pmatrix}, \tag{4.4.2}$$

其中

$$\begin{pmatrix}c_1\\c_2\end{pmatrix}=\begin{pmatrix}0.125\\0.225\end{pmatrix}. \tag{4.4.3}$$

所以，k 年后的人口分布为

$$\boldsymbol{x}_k=\boldsymbol{A}^k\boldsymbol{x}_0=0.125\boldsymbol{v}_1+0.225\times 0.92^k\boldsymbol{v}_2. \tag{4.4.4}$$

当 $k\to+\infty$ 时，$0.92^k\to 0$，所以 $\boldsymbol{x}_k\to 0.125\boldsymbol{v}_1$，即序列 $\{\boldsymbol{x}_k\}$ 趋向于一个稳态向量.

在许多实际问题中，多个变量之间是具有一定的相关关系的. 因此，就会很自然地想到，能否在各变量间相关关系研究的基础上，用较少的新变量代替原来较多的变

量,即将变量降维,而且使这些新变量尽可能多地保留原来变量所反映的信息?事实上,这种想法是可以实现的,这里介绍的主成分分析(principal component analysis,PCA)就是数据降维的常用技术之一,它使用线性代数中的特征值分解来简化数据集.在 PCA 中,新变量称为主成分. PCA 的算法描述如图 4-1所示.

输入:样本集 $D=\{x_1,x_2,\cdots,x_m\}$;

降维后的空间维数 d'.

过程:

(1) 对所有样本进行中心化:$x_i \leftarrow x_i - \frac{1}{m}\sum_{i=1}^{m} x_i$;

(2) 计算样本的协方差矩阵;

(3) 对协方差矩阵做特征值分解;

(4) 取最大的 d' 个特征值所对应的特征向量 $\boldsymbol{w}_1,\boldsymbol{w}_2,\cdots,\boldsymbol{w}_{d'}$.

输出:投影矩阵 $\boldsymbol{W}=(\boldsymbol{w}_1,\boldsymbol{w}_2,\cdots,\boldsymbol{w}_{d'})$.

图 4-1

下面通过举例说明 PCA 的主要步骤.

例 4.4.2 某公司提供的数据显示,铁路峡谷多谱图像的初始数据包含 $\mathbf{R}^3$ 中的 400 万个向量(3 个分量分别用 x_1,x_2,x_3 表示),其协方差矩阵是

$$\boldsymbol{S}=\begin{pmatrix} 2\,382.78 & 2\,611.84 & 2\,136.20 \\ 2\,611.84 & 3\,106.47 & 2\,553.90 \\ 2\,136.20 & 2\,553.90 & 2\,650.71 \end{pmatrix}. \tag{4.4.5}$$

通过求解方程 $|\lambda \boldsymbol{E}-\boldsymbol{S}|=0$,可以得到协方差矩阵 $\boldsymbol{S}$ 的特征值 $\lambda_1 \approx 7\,614.23$,$\lambda_2 \approx 427.63$,$\lambda_3 \approx 98.10$. 通过求解齐次线性方程组 $(\lambda_i \boldsymbol{E}-\boldsymbol{S})\boldsymbol{x}=\boldsymbol{0}(i=1,2,3)$,可以得到协方差矩阵 $\boldsymbol{S}$ 的特征向量

$$\boldsymbol{\xi}_1 \approx \begin{pmatrix} 0.541\,7 \\ 0.629\,5 \\ 0.557\,0 \end{pmatrix}, \quad \boldsymbol{\xi}_2 \approx \begin{pmatrix} -0.489\,4 \\ -0.302\,6 \\ 0.817\,9 \end{pmatrix}, \quad \boldsymbol{\xi}_3 \approx \begin{pmatrix} 0.683\,4 \\ -0.715\,7 \\ 0.144\,1 \end{pmatrix}. \tag{4.4.6}$$

选择最大的两个特征值对应的特征向量作为投影矩阵的列向量,即取投影矩阵为

$$\begin{pmatrix} 0.541\,7 & -0.489\,4 \\ 0.629\,5 & -0.302\,6 \\ 0.557\,0 & 0.817\,9 \end{pmatrix}. \tag{4.4.7}$$

于是，第一主成分是

$$y_1=0.5417x_1+0.6295x_2+0.5570x_3,$$

第二主成分是

$$y_2=-0.4894x_1-0.3026x_2+0.8179x_3,$$

从而数据从三维降到了二维.

例 4.4.3 表 4-1 是一张简化的某国某年的投入产出表，表中国民经济由农业、工业、建筑业、运输邮电业、批零餐饮业和其他服务业 6 个部门构成，每个部门有初始投入量和总投入量，以及外部需求量和总产出量(均用价值来衡量). 表 4-2 是各部门间的直接消耗系数，其定义为一个部门的单位产出量对各部门的直接消耗量，它可以由投入产出表直接得到. 例如，表 4-1 中运输邮电业部门消耗 403 亿元工业部门的产出量，自己的总产出量为 1 570 亿元，于是运输邮电业部门的单位产出量对工业部门的直接消耗系数是 403/1 570=0.257.

表 4-1 单位:亿元

投入	产出							
	农业	工业	建筑业	运输邮电业	批零餐饮业	其他服务业	外部需求量	总产出量
农业	464	788	229	13	127	13	1 284	2 918
工业	499	8 605	1 444	403	557	1 223	4 083	16 814
建筑业	5	9	3	20	23	124	2 691	2 875
运输邮电业	62	527	128	163	67	146	477	1 570
批零餐饮业	79	749	140	43	130	273	927	2 341
其他服务业	146	1 285	272	225	219	542	2 725	5 414
初始投入量	1 663	4 851	659	703	1 218	3 093		
总投入量	2 918	16 814	2 875	1 570	2 341	5 414		

表 4-2

投入	产出					
	农业	工业	建筑业	运输邮电业	批零餐饮业	其他服务业
农业	0.159	0.047	0.080	0.008	0.054	0.002
工业	0.171	0.512	0.502	0.257	0.238	0.226
建筑业	0.002	0.001	0.001	0.013	0.010	0.023
运输邮电业	0.021	0.031	0.045	0.104	0.029	0.027

续表

投入	产出					
	农业	工业	建筑业	运输邮电业	批零餐饮业	其他服务业
批零餐饮业	0.027	0.045	0.049	0.027	0.056	0.050
其他服务业	0.050	0.076	0.095	0.143	0.094	0.100

根据投入产出表及各部门间的直接消耗系数可以建立以下模型.

设有 n 个部门,记一定时期内第 i 个部门的总产出量为 x_i,其中对第 $j(j=1,2,\cdots,n)$ 个部门的投入量为 x_{ij},外部需求量为 d_i,则

$$x_i=\sum_{j=1}^{n}x_{ij}+d_i,\quad i=1,2,\cdots,n. \tag{4.4.8}$$

表 4-2 的每一行都满足式(4.4.8). 这里 $x_{ij}(i,j=1,2,\cdots,n)$ 也表示第 j 个部门对第 i 个部门的直接消耗.

设 a_{ij} 是直接消耗系数,根据定义,它可以表示为

$$a_{ij}=\frac{x_{ij}}{x_j},\quad i,j=1,2,\cdots,n. \tag{4.4.9}$$

将式(4.4.9) 代入式(4.4.8),得

$$x_i=\sum_{j=1}^{n}a_{ij}x_j+d_i,\quad i=1,2,\cdots,n. \tag{4.4.10}$$

记 $\boldsymbol{A}=(a_{ij})_{n\times n}$(称为**直接消耗系数矩阵**),$\boldsymbol{x}=(x_1,x_2,\cdots,x_n)^{\mathrm{T}}$(称为**产出向量**),$\boldsymbol{d}=(d_1,d_2,\cdots,d_n)^{\mathrm{T}}$(称为**需求向量**),则式(4.4.10) 可写作

$$\boldsymbol{x}=\boldsymbol{A}\boldsymbol{x}+\boldsymbol{d}. \tag{4.4.11}$$

下面给出上述模型的一个应用. 假定直接消耗系数矩阵 $\boldsymbol{A}$ 由表 4-2 给出,某年对农业、工业、建筑业、运输邮电业、批零餐饮业和其他服务业的外部需求量分别为 1 500 亿元、4 200 亿元、3 000 亿元、500 亿元、950 亿元、3 000 亿元,问:这 6 个部门的总产出量应分别为多少?

令需求向量

$$\boldsymbol{d}=(1\,500,4\,200,3\,000,500,950,3\,000)^{\mathrm{T}},$$

则可由式(4.4.11) 解出 $\boldsymbol{x}$,于是得到这 6 个部门的总产出量应分别为 3 277 亿元、17 872 亿元、3 210 亿元、1 672 亿元、2 478 亿元、5 888 亿元.

习 题 四

1. 求下列矩阵的特征值与特征向量：

(1) $\begin{pmatrix}1 & 2 & 3\\ 2 & 1 & 3\\ 3 & 3 & 6\end{pmatrix}$；　　(2) $\begin{pmatrix}1\\ 2\\ 3\end{pmatrix}(1,2,3)$；

(3) $\begin{pmatrix}3 & 1 & 0\\ -4 & -1 & 0\\ 4 & -8 & -2\end{pmatrix}$.

2. 设矩阵 $\boldsymbol{A}$ 与对角矩阵 $\boldsymbol{\Lambda}$ 相似，其中

$$\boldsymbol{A}=\begin{pmatrix}1 & -2 & -4\\ -1 & x & -2\\ -4 & -2 & 1\end{pmatrix},\quad \boldsymbol{\Lambda}=\begin{pmatrix}5 & & \\ & y & \\ & & -4\end{pmatrix},$$

求 x,y 的值.

3. 设 $\boldsymbol{A},\boldsymbol{B}$ 都是 n 阶矩阵，且 $\boldsymbol{A}$ 为可逆矩阵，证明：矩阵 $\boldsymbol{AB}$ 与 $\boldsymbol{BA}$ 相似.

4. 验证 $\begin{pmatrix}0 & \frac{1}{\sqrt{2}} & -\frac{1}{\sqrt{2}}\\ -\frac{2}{\sqrt{6}} & \frac{1}{\sqrt{6}} & \frac{1}{\sqrt{6}}\\ \frac{1}{\sqrt{3}} & \frac{1}{\sqrt{3}} & \frac{1}{\sqrt{3}}\end{pmatrix}$ 为正交矩阵.

5. 试求一个正交的相似变换矩阵，将下列实对称矩阵化为对角矩阵：

(1) $\begin{pmatrix}2 & 2 & -2\\ 2 & 5 & -4\\ -2 & -4 & 5\end{pmatrix}$；　　(2) $\begin{pmatrix}2 & -2 & 0\\ -2 & 1 & -2\\ 0 & -2 & 0\end{pmatrix}$.

6. 设 $\boldsymbol{A},\boldsymbol{B}$ 都是 n 阶正交矩阵，证明下列矩阵也为正交矩阵：

(1) $\begin{pmatrix}\boldsymbol{A} & \boldsymbol{O}\\ \boldsymbol{O} & \boldsymbol{B}\end{pmatrix}$；　　(2) $\frac{1}{\sqrt{2}}\begin{pmatrix}\boldsymbol{A} & \boldsymbol{A}\\ -\boldsymbol{A} & \boldsymbol{A}\end{pmatrix}$.

7. 证明：正交矩阵的特征值的绝对值为 1.

8. 设三阶实对称矩阵 $\boldsymbol{A}$ 的特征值为 $\lambda_1=-1,\lambda_2=\lambda_3=1,\lambda_1$ 对应的特征向量为 $\boldsymbol{\eta}_1=(0,1,1)^{\mathrm{T}}$，求矩阵 $\boldsymbol{A}$.

9. 已知 $\boldsymbol{x}_1=(1,1,-1)^{\mathrm{T}}$ 是矩阵 $\boldsymbol{A}=\begin{pmatrix} 2 & -1 & 2 \\ 5 & a & 3 \\ -1 & b & -2 \end{pmatrix}$ 的一个特征向量.

(1) 试确定常数 a,b 的值及特征向量 $\boldsymbol{x}_1$ 所对应的特征值.

(2) 矩阵 $\boldsymbol{A}$ 是否相似于对角矩阵？说明理由.

10. 设 $\boldsymbol{A}$ 是 n 阶矩阵，$2,4,\cdots,2n$ 是矩阵 $\boldsymbol{A}$ 的 n 个特征值，$\boldsymbol{E}$ 是 n 阶单位矩阵，计算行列式 $|\boldsymbol{A}-3\boldsymbol{E}|$.

11. 设 $\boldsymbol{A}$ 是 n 阶实对称矩阵，且 $\boldsymbol{A}^2=\boldsymbol{E}$，证明：存在正交矩阵 $\boldsymbol{P}$，使得

$$\boldsymbol{P}^{-1}\boldsymbol{A}\boldsymbol{P}=\begin{pmatrix} \boldsymbol{E}_r & \boldsymbol{O} \\ \boldsymbol{O} & -\boldsymbol{E}_{n-r} \end{pmatrix}.$$

12. 设实对称矩阵 $\boldsymbol{A}$ 与 $\boldsymbol{B}$ 相似，证明：存在正交矩阵 $\boldsymbol{P}$，使得 $\boldsymbol{P}^{\mathrm{T}}\boldsymbol{A}\boldsymbol{P}=\boldsymbol{B}$.

13. 设 n 阶实对称矩阵 $\boldsymbol{A}$ 的全部特征值都为非负数，证明：存在实对称矩阵 $\boldsymbol{B}$，使得 $\boldsymbol{A}=\boldsymbol{B}^2$.

14. 已知 $\boldsymbol{A}$ 是 n 阶实反对称矩阵，求证：

(1) 矩阵 $\boldsymbol{A}$ 的特征值为 0 或纯虚数；

(2) $\boldsymbol{E}+\boldsymbol{A}$ 与 $\boldsymbol{E}-\boldsymbol{A}$ 均是可逆矩阵；

(3) $(\boldsymbol{E}-\boldsymbol{A})(\boldsymbol{E}+\boldsymbol{A})^{-1}$ 是正交矩阵.

15. 设 $\boldsymbol{A}$ 是 n 阶实对称矩阵，证明：$\mathrm{r}(\boldsymbol{A})=\mathrm{r}(\boldsymbol{A}^2)$.

参考答案与提示

第五章　二　次　型

二次型的诞生源于解析几何中对二次曲线和二次曲面方程标准化的探索. 它在几何的土壤中生长，如今已拓展至自然科学与工程技术的诸多领域.

本章首先阐述二次型的基本概念，然后介绍利用正交变换和一般可逆线性变换实现二次型标准化的方法，并将二次型理论应用于二次曲面方程的标准化，最后依据惯性定理深入研究二次型与实对称矩阵的有定性.

5.1 二次型及其矩阵

一、二次型的基本概念

在几何空间中，二次曲线方程 $x^2+4xy+y^2=1$ 的左边是 x,y 的一个二次齐次多项式. 为了便于研究该二次曲线的几何性质，我们可以选择适当的坐标旋转变换

$$\begin{cases} x=x'\cos\dfrac{\pi}{4}-y'\sin\dfrac{\pi}{4}, \\ y=x'\sin\dfrac{\pi}{4}+y'\cos\dfrac{\pi}{4}, \end{cases}$$

把它的方程化为标准形式

$$3x'^2-y'^2=1.$$

这样的问题具有普遍性，我们把它一般化，讨论 n 个变量的二次齐次多项式的化简问题.

定义 5.1.1 含有 n 个变量 $x_1,x_2,\cdots,x_n$ 的二次齐次多项式

$$\begin{aligned} f(x_1,x_2,\cdots,x_n)=&a_{11}x_1^2+a_{22}x_2^2+\cdots+a_{nn}x_n^2+2a_{12}x_1x_2+2a_{13}x_1x_3 \\ &+\cdots+2a_{1n}x_1x_n+2a_{23}x_2x_3+2a_{24}x_2x_4 \\ &+\cdots+2a_{2n}x_2x_n+\cdots+2a_{n-1,n}x_{n-1}x_n \end{aligned} \tag{5.1.1}$$

称为 n **元二次型**(简称**二次型**)，简记为 f.

当 $a_{ij}(i,j=1,2,\cdots,n;j\geqslant i)$ 为复数时，二次型(5.1.1) 称为**复二次型**；当 $a_{ij}(i,j=1,2,\cdots,n;j\geqslant i)$ 为实数时，二次型(5.1.1) 称为**实二次型**. 在本章中，我们只讨论实二次型.

在二次型(5.1.1) 中，取 $a_{ij}=a_{ji}(i,j=1,2,\cdots,n)$，则 $2a_{ij}x_ix_j=a_{ij}x_ix_j+a_{ji}x_jx_i$. 于是，二次型(5.1.1) 可以改写成

$$\begin{aligned} f=&a_{11}x_1^2+a_{12}x_1x_2+\cdots+a_{1n}x_1x_n+a_{21}x_2x_1+a_{22}x_2^2+\cdots+a_{2n}x_2x_n \\ &+\cdots+a_{n1}x_nx_1+a_{n2}x_nx_2+\cdots+a_{nn}x_n^2 \\ =&\sum_{i=1}^{n}\sum_{j=1}^{n}a_{ij}x_ix_j. \end{aligned} \tag{5.1.2}$$

记矩阵

$$\boldsymbol{A}=\begin{pmatrix} a_{11} & a_{12} & \cdots & a_{1n} \\ a_{21} & a_{22} & \cdots & a_{2n} \\ \vdots & \vdots & & \vdots \\ a_{n1} & a_{n2} & \cdots & a_{nn} \end{pmatrix}, \quad \boldsymbol{x}=\begin{pmatrix} x_1 \\ x_2 \\ \vdots \\ x_n \end{pmatrix},$$

则二次型(5.1.1)可写成如下矩阵形式：

$$f=(x_1,x_2,\cdots,x_n)\begin{pmatrix}a_{11}&a_{12}&\cdots&a_{1n}\\a_{21}&a_{22}&\cdots&a_{2n}\\\vdots&\vdots&&\vdots\\a_{n1}&a_{n2}&\cdots&a_{nn}\end{pmatrix}\begin{pmatrix}x_1\\x_2\\\vdots\\x_n\end{pmatrix}=\boldsymbol{x}^{\mathrm{T}}\boldsymbol{A}\boldsymbol{x},\qquad(5.1.3)$$

其中 $\boldsymbol{A}$ 为实对称矩阵.

任给一个二次型，就能唯一地确定一个实对称矩阵；反之，任给一个实对称矩阵，也可唯一地确定一个二次型. 这样，二次型与实对称矩阵之间就存在一一对应关系.

定义 5.1.2 在二次型(5.1.3)中，称实对称矩阵 $\boldsymbol{A}$ 为**二次型 f 的矩阵**，也称二次型 f 为**实对称矩阵 $\boldsymbol{A}$ 的二次型**，矩阵 $\boldsymbol{A}$ 的秩就叫作二次型 f 的**秩**.

例 5.1.1 二次型 $f(x_1,x_2,x_3)=2x_1^2+x_3^2+4x_1x_2-2x_1x_3-3x_2x_3$ 的矩阵是

$$\boldsymbol{A}=\begin{pmatrix}2&2&-1\\2&0&-\frac{3}{2}\\-1&-\frac{3}{2}&1\end{pmatrix},$$

则该二次型的矩阵形式为

$$f=\boldsymbol{x}^{\mathrm{T}}\boldsymbol{A}\boldsymbol{x}=(x_1,x_2,x_3)\begin{pmatrix}2&2&-1\\2&0&-\frac{3}{2}\\-1&-\frac{3}{2}&1\end{pmatrix}\begin{pmatrix}x_1\\x_2\\x_3\end{pmatrix}.$$

例 5.1.2 求二次型 $f(x_1,x_2,x_3)=x_1^2-4x_1x_2+2x_1x_3+2x_2^2+4x_3^2$ 的秩.

解 二次型 f 的矩阵为 $\boldsymbol{A}=\begin{pmatrix}1&-2&1\\-2&2&0\\1&0&4\end{pmatrix}$. 由

$$\boldsymbol{A}=\begin{pmatrix}1&-2&1\\-2&2&0\\1&0&4\end{pmatrix}\xrightarrow[r_3-r_1]{r_2+2r_1}\begin{pmatrix}1&-2&1\\0&-2&2\\0&2&3\end{pmatrix}\xrightarrow{r_3+r_2}\begin{pmatrix}1&-2&1\\0&-2&2\\0&0&5\end{pmatrix},$$

可得 $r(\boldsymbol{A})=3$,所以二次型 f 的秩为 3.

二、线性变换

定义 5.1.3 关系式

$$\begin{cases} x_1=c_{11}y_1+c_{12}y_2+\cdots+c_{1n}y_n, \\ x_2=c_{21}y_1+c_{22}y_2+\cdots+c_{2n}y_n, \\ \cdots\cdots \\ x_n=c_{n1}y_1+c_{n2}y_2+\cdots+c_{nn}y_n \end{cases} \tag{5.1.4}$$

称为由变量 $y_1,y_2,\cdots,y_n$ 到变量 $x_1,x_2,\cdots,x_n$ 的一个**线性变换**.

令矩阵

$$\boldsymbol{x}=\begin{pmatrix} x_1 \\ x_2 \\ \vdots \\ x_n \end{pmatrix}, \quad \boldsymbol{C}=\begin{pmatrix} c_{11} & c_{12} & \cdots & c_{1n} \\ c_{21} & c_{22} & \cdots & c_{2n} \\ \vdots & \vdots & & \vdots \\ c_{n1} & c_{n2} & \cdots & c_{nn} \end{pmatrix}, \quad \boldsymbol{y}=\begin{pmatrix} y_1 \\ y_2 \\ \vdots \\ y_n \end{pmatrix},$$

则线性变换(5.1.4)可写为

$$\boldsymbol{x}=\boldsymbol{C}\boldsymbol{y},$$

其中 $\boldsymbol{C}$ 称为线性变换(5.1.4)的矩阵.

当 $\boldsymbol{C}$ 为可逆矩阵时,线性变换(5.1.4)称为**可逆线性变换**或**非退化线性变换**.

当 $\boldsymbol{C}$ 为正交矩阵时,线性变换(5.1.4)称为**正交线性变换**(简称**正交变换**).

线性变换可以把一个二次型变成另外一个二次型,二次型的化简问题就是寻求合适的线性变换把二次型化为简单形式.本章讨论的中心问题是寻找合适的可逆线性变换,使得二次型只含平方项.

三、矩阵的合同

对于一般的二次型 $f=\boldsymbol{x}^{\mathrm{T}}\boldsymbol{A}\boldsymbol{x}$,通过可逆线性变换 $\boldsymbol{x}=\boldsymbol{C}\boldsymbol{y}$,可将其化为

$$f=\boldsymbol{x}^{\mathrm{T}}\boldsymbol{A}\boldsymbol{x}=(\boldsymbol{C}\boldsymbol{y})^{\mathrm{T}}\boldsymbol{A}(\boldsymbol{C}\boldsymbol{y})=\boldsymbol{y}^{\mathrm{T}}(\boldsymbol{C}^{\mathrm{T}}\boldsymbol{A}\boldsymbol{C})\boldsymbol{y}=\boldsymbol{y}^{\mathrm{T}}\boldsymbol{B}\boldsymbol{y},$$

其中 $\boldsymbol{B}=\boldsymbol{C}^{\mathrm{T}}\boldsymbol{A}\boldsymbol{C}$,且 $\boldsymbol{B}^{\mathrm{T}}=(\boldsymbol{C}^{\mathrm{T}}\boldsymbol{A}\boldsymbol{C})^{\mathrm{T}}=\boldsymbol{C}^{\mathrm{T}}\boldsymbol{A}^{\mathrm{T}}\boldsymbol{C}=\boldsymbol{C}^{\mathrm{T}}\boldsymbol{A}\boldsymbol{C}=\boldsymbol{B}$,即 $\boldsymbol{B}$ 为实对称矩阵.由此引出下面的定义.

定义 5.1.4 设 $\boldsymbol{A},\boldsymbol{B}$ 为两个 n 阶矩阵.如果存在 n 阶可逆矩阵 $\boldsymbol{C}$,使得

$$C^{\mathrm{T}}AC = B,\tag{5.1.5}$$

则称矩阵 A 合同于矩阵 B,或称矩阵 A 与 B 合同,记为 $A \simeq B$.

显然,二次型经过可逆线性变换后,所得二次型的矩阵与原二次型的矩阵合同.

矩阵合同的基本性质如下.

性质 5.1.1 设 A,B,C 均为 n 阶矩阵,则它们之间的合同关系满足以下性质:

(1) **反身性**:$A \simeq A$;

(2) **对称性**:若 $A \simeq B$,则 $B \simeq A$;

(3) **传递性**:若 $A \simeq B$,$B \simeq C$,则 $A \simeq C$.

由定义容易验证性质 5.1.1 成立.可见,矩阵之间的合同关系也是一种等价关系.

由初等变换不改变矩阵的秩可知下面的结论成立.

性质 5.1.2 若 n 阶矩阵 A 与 B 合同,则 $\mathrm{r}(A)=\mathrm{r}(B)$.

由定理 4.3.1,显然有下面的结论.

性质 5.1.3 若 A 为 n 阶实对称矩阵,则 A 合同于对角矩阵.

5.2 化二次型为标准形

定义 5.2.1 若二次型 $f=x^{\mathrm{T}}Ax$ 经可逆线性变换 $x=Cy$ 后化成只含平方项的二次型

$$f=d_1y_1^2+d_2y_2^2+\cdots+d_ny_n^2,\tag{5.2.1}$$

则称二次型(5.2.1)为二次型 f 的**标准形**.

如果二次型 f 的标准形(5.2.1)中的系数 $d_i \in \{-1,0,1\}$,$i=1,2,\cdots,n$,则称标准形(5.2.1)为二次型 f 的**规范形**.也就是说,二次型 f 的规范形具有如下形式:

$$f=y_1^2+\cdots+y_p^2-y_{p+1}^2-\cdots-y_r^2,\tag{5.2.2}$$

其中 $r \leqslant n$,正系数个数 p 称为二次型 f 的**正惯性指数**,负系数个数 $r-p=q$ 称为二次型 f 的**负惯性指数**.

二次型的标准形不唯一,但标准形中所含平方项的项数(等于二次型的秩)是不变的.不仅如此,在限定变换为实变换时,标准形中正系数个数也是不变的(从而负系数个数不变),即有下面的定理.

定理 5.2.1 (惯性定理) **二次型 $f=x^{\mathrm{T}}Ax$ 的标准形中正系数个数及负系数个数是唯一确定的,它与所做的可逆线性变换无关.**

把二次型的标准形化为规范形的方法如下：

设二次型 f 的标准形为

$$f=c_1y_1^2+\cdots+c_py_p^2-d_1y_{p+1}^2-\cdots-d_qy_r^2. \tag{5.2.3}$$

其中 $c_j>0(j=1,2,\cdots,p)$，$d_i>0(i=1,2,\cdots,q)$，且 $p+q=r$. 做可逆线性变换

$$\begin{cases} y_1=\dfrac{1}{\sqrt{c_1}}z_1, \\ \cdots\cdots \\ y_p=\dfrac{1}{\sqrt{c_p}}z_p, \\ y_{p+1}=\dfrac{1}{\sqrt{d_1}}z_{p+1}, \\ \cdots\cdots \\ y_r=\dfrac{1}{\sqrt{d_q}}z_r, \\ y_{r+1}=z_{r+1}, \\ \cdots\cdots \\ y_n=z_n, \end{cases}$$

则二次型(5.2.3)变成

$$f=z_1^2+\cdots+z_p^2-z_{p+1}^2-\cdots-z_r^2. \tag{5.2.4}$$

这即为二次型 f 的规范形.

显然，由惯性定理知，任何二次型的规范形都是唯一的.

下面介绍 3 种化二次型为标准形的基本方法.

一、用正交变换法化二次型为标准形

由于二次型的矩阵是一个实对称矩阵，而二次型的标准形的矩阵是对角矩阵，因此化二次型为标准形的问题就归结为实对称矩阵的对角化问题. 由定理 4.3.1 可知，二次型必可通过正交变换化为标准形. 这种化二次型为标准形的方法称为**正交变换法**.

定理 5.2.2（主轴定理） **给定 n 元二次型 $f=\boldsymbol{x}^{\mathrm{T}}\boldsymbol{A}\boldsymbol{x}$，总存在正交变换 $\boldsymbol{x}=\boldsymbol{P}\boldsymbol{y}$（$\boldsymbol{y}=(y_1,y_2,\cdots,y_n)^{\mathrm{T}}$），将二次型 f 化为标准形**

$$f=\lambda_1y_1^2+\lambda_2y_2^2+\cdots+\lambda_ny_n^2,$$

这里 $\lambda_1,\lambda_2,\cdots,\lambda_n$ 是二次型 f 的矩阵 $\boldsymbol{A}$ 的特征值.

用正交变换法化二次型为标准形的基本步骤如下：

(1) 将二次型 f 表示成矩阵形式：$f=\boldsymbol{x}^{\mathrm{T}}\boldsymbol{A}\boldsymbol{x}$，写出矩阵 $\boldsymbol{A}$；

(2) 求出矩阵 $\boldsymbol{A}$ 的所有特征值 $\lambda_1,\lambda_2,\cdots,\lambda_n$；

(3) 求出对应于各特征值的线性无关的特征向量 $\boldsymbol{\xi}_1,\boldsymbol{\xi}_2,\cdots,\boldsymbol{\xi}_n$；

(4) 将特征向量 $\boldsymbol{\xi}_1,\boldsymbol{\xi}_2,\cdots,\boldsymbol{\xi}_n$ 正交化，再单位化，得 $\boldsymbol{e}_1,\boldsymbol{e}_2,\cdots,\boldsymbol{e}_n$；

(5) 做正交变换 $\boldsymbol{x}=\boldsymbol{P}\boldsymbol{y}$，可得 f 的标准形 $f=\lambda_1 y_1^2+\lambda_2 y_2^2+\cdots+\lambda_n y_n^2$，其中

$$\boldsymbol{P}=(\boldsymbol{e}_1,\boldsymbol{e}_2,\cdots,\boldsymbol{e}_n).$$

例 5.2.1 用正交变换法化二次型

$$f(x_1,x_2,x_3)=4x_1^2+3x_2^2+3x_3^2+2x_2x_3$$

为标准形.

解 二次型 f 的矩阵为

$$\boldsymbol{A}=\begin{pmatrix}4&0&0\\0&3&1\\0&1&3\end{pmatrix}.$$

依据第四章的例 4.3.1，令正交矩阵

$$\boldsymbol{P}=\frac{1}{\sqrt{2}}\begin{pmatrix}0&\sqrt{2}&0\\1&0&1\\-1&0&1\end{pmatrix},$$

则有

$$\boldsymbol{P}^{-1}\boldsymbol{A}\boldsymbol{P}=\boldsymbol{P}^{\mathrm{T}}\boldsymbol{A}\boldsymbol{P}=\begin{pmatrix}2&&\\&4&\\&&4\end{pmatrix}.$$

于是，经过正交变换 $\boldsymbol{x}=\boldsymbol{P}\boldsymbol{y}$，二次型 f 化成标准形

$$f=2y_1^2+4y_2^2+4y_3^2.$$

例 5.2.2 用正交变换法化二次型

$$f(x_1,x_2,x_3)=2x_1x_2-2x_1x_3+2x_2x_3$$

为标准形.

解 二次型 f 的矩阵为

$$A=\begin{pmatrix}0&1&-1\\1&0&1\\-1&1&0\end{pmatrix}.$$

矩阵 A 的特征多项式为

$$|\lambda E-A|=\begin{vmatrix}\lambda&-1&1\\-1&\lambda&-1\\1&-1&\lambda\end{vmatrix}=(\lambda-1)^2(\lambda+2),$$

故矩阵 A 的特征值为 $\lambda_1=\lambda_2=1,\lambda_3=-2$.

对于特征值 $\lambda_1=\lambda_2=1$,解齐次线性方程组 $(E-A)x=0$,得特征值 $\lambda_1=\lambda_2=1$ 所对应的特征向量

$$\xi_1=\begin{pmatrix}1\\1\\0\end{pmatrix},\quad \xi_2=\begin{pmatrix}-1\\0\\1\end{pmatrix}.$$

对于特征值 $\lambda_3=-2$,解齐次线性方程组 $(-2E-A)x=0$,得特征值 $\lambda_3=-2$ 所对应的特征向量

$$\xi_3=\begin{pmatrix}1\\-1\\1\end{pmatrix}.$$

将 ξ_1,ξ_2,ξ_3 正交化、单位化,得

$$e_1=\begin{pmatrix}\frac{1}{\sqrt{2}}\\\frac{1}{\sqrt{2}}\\0\end{pmatrix},\quad e_2=\begin{pmatrix}-\frac{1}{\sqrt{6}}\\\frac{1}{\sqrt{6}}\\\frac{2}{\sqrt{6}}\end{pmatrix},\quad e_3=\begin{pmatrix}\frac{1}{\sqrt{3}}\\-\frac{1}{\sqrt{3}}\\\frac{1}{\sqrt{3}}\end{pmatrix}.$$

令矩阵

$$P=(e_1,e_2,e_3)=\begin{pmatrix}\frac{1}{\sqrt{2}}&-\frac{1}{\sqrt{6}}&\frac{1}{\sqrt{3}}\\\frac{1}{\sqrt{2}}&\frac{1}{\sqrt{6}}&-\frac{1}{\sqrt{3}}\\0&\frac{2}{\sqrt{6}}&\frac{1}{\sqrt{3}}\end{pmatrix},$$

则 $\boldsymbol{P}$ 为正交矩阵，且有

$$\boldsymbol{P}^{-1}\boldsymbol{A}\boldsymbol{P}=\boldsymbol{P}^{\mathrm{T}}\boldsymbol{A}\boldsymbol{P}=\begin{pmatrix}1&&\\&1&\\&&-2\end{pmatrix}.$$

于是，经过正交变换 $\boldsymbol{x}=\boldsymbol{P}\boldsymbol{y}$，二次型 f 化成标准形

$$f=y_1^2+y_2^2-2y_3^2.$$

例 5.2.3 用正交变换法化简平面二次曲线方程

$$x^2-3xy+y^2=1,$$

并作出它的图形.

解 二次型 $f=x^2-3xy+y^2$ 的矩阵为

$$\boldsymbol{A}=\begin{pmatrix}1&-\dfrac{3}{2}\\-\dfrac{3}{2}&1\end{pmatrix}.$$

矩阵 $\boldsymbol{A}$ 的特征多项式为

$$|\lambda\boldsymbol{E}-\boldsymbol{A}|=\begin{vmatrix}\lambda-1&\dfrac{3}{2}\\\dfrac{3}{2}&\lambda-1\end{vmatrix}=\left(\lambda+\frac{1}{2}\right)\left(\lambda-\frac{5}{2}\right),$$

故矩阵 $\boldsymbol{A}$ 的特征值为 $\lambda_1=-\dfrac{1}{2}$，$\lambda_2=\dfrac{5}{2}$.

对于特征值 $\lambda_1=-\dfrac{1}{2}$，解齐次线性方程组 $\left(-\dfrac{1}{2}\boldsymbol{E}-\boldsymbol{A}\right)\boldsymbol{x}=\boldsymbol{0}$，得特征值 $\lambda_1=-\dfrac{1}{2}$ 所对应的特征向量

$$\boldsymbol{\xi}_1=\begin{pmatrix}1\\1\end{pmatrix}.$$

对于特征值 $\lambda_2=\dfrac{5}{2}$，解齐次线性方程组 $\left(\dfrac{5}{2}\boldsymbol{E}-\boldsymbol{A}\right)\boldsymbol{x}=\boldsymbol{0}$，得特征值 $\lambda_2=\dfrac{5}{2}$ 所对应的特征向量

$$\boldsymbol{\xi}_2=\begin{pmatrix}-1\\1\end{pmatrix}.$$

将 $\boldsymbol{\xi}_1$，$\boldsymbol{\xi}_2$ 单位化，得

$$e_1=\begin{pmatrix}\frac{1}{\sqrt{2}}\\ \frac{1}{\sqrt{2}}\end{pmatrix},\quad e_2=\begin{pmatrix}-\frac{1}{\sqrt{2}}\\ \frac{1}{\sqrt{2}}\end{pmatrix}.$$

令矩阵

$$P=(e_1,e_2)=\begin{pmatrix}\frac{1}{\sqrt{2}} & -\frac{1}{\sqrt{2}}\\ \frac{1}{\sqrt{2}} & \frac{1}{\sqrt{2}}\end{pmatrix}=\begin{pmatrix}\cos\frac{\pi}{4} & -\sin\frac{\pi}{4}\\ \sin\frac{\pi}{4} & \cos\frac{\pi}{4}\end{pmatrix},$$

则 P 为正交矩阵，且有

$$P^{-1}AP=P^{\mathrm{T}}AP=\begin{pmatrix}-\frac{1}{2} & \\ & \frac{5}{2}\end{pmatrix}.$$

于是，经过正交变换 $x=Py$，平面二次曲线方程化成标准形式

$$-\frac{1}{2}x'^2+\frac{5}{2}y'^2=1.$$

上述标准形式的曲线图形如图 5-1(a) 所示，将其逆时针旋转$\frac{\pi}{4}$，得到原平面二次曲线的图形如图 5-1(b) 所示.

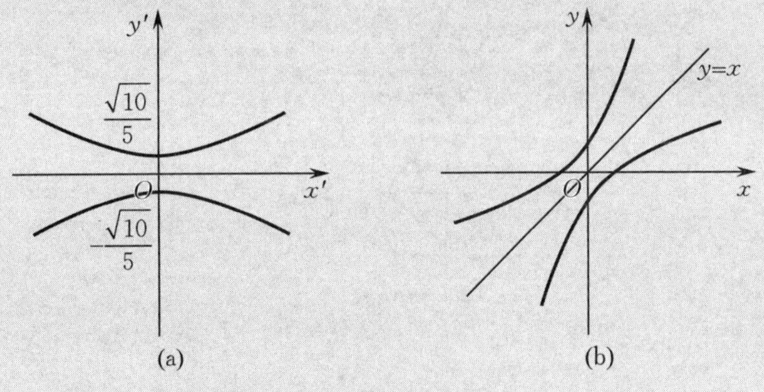

图 5-1

二、用配方法化二次型为标准形

用配方法化二次型 $f=\sum_{i=1}^{n}\sum_{j=1}^{n}a_{ij}x_ix_j\,(a_{ij}=a_{ji},i,j=1,2,\cdots,n)$ 为标准形的做

法如下：

(1) 若该二次型含有 x_i 的平方项，则先将含有 x_i 的乘积项集中，然后配方. 再对其余的变量重复这个过程，直到所有的变量都配成平方项为止. 这时，经过可逆线性变换，原二次型可化为标准形.

(2) 若该二次型中所有平方项的系数都为 0，但至少有一个系数 $a_{ij} \neq 0 (i \neq j)$，则可令

$$\begin{cases} x_i = y_i + y_j, \\ x_j = y_i - y_j, \quad (k = 1, 2, \cdots, n, \text{且 } k \neq i, j), \\ x_k = y_k \end{cases} \tag{5.2.5}$$

化原二次型为含有平方项的二次型，然后按(1) 中的方法配方.

任意一个二次型都可通过配方法化成标准形.

例 5.2.4 用配方法化二次型

$$f(x_1, x_2, x_3) = x_1^2 + 2x_2^2 - 2x_3^2 + 4x_1x_3$$

为标准形，并求所用的可逆线性变换的矩阵.

解 将 x_1^2 及含有 x_1 的混合项配成完全平方：

$$\begin{aligned} f &= [x_1^2 + 2x_1 \cdot 2x_3 + (2x_3)^2] + 2x_2^2 - 2x_3^2 - (2x_3)^2 \\ &= (x_1 + 2x_3)^2 + 2x_2^2 - 6x_3^2. \end{aligned}$$

令

$$\begin{cases} y_1 = x_1 + 2x_3, \\ y_2 = x_2, \\ y_3 = x_3, \end{cases}$$

即

$$\begin{cases} x_1 = y_1 - 2y_3, \\ x_2 = y_2, \\ x_3 = y_3, \end{cases}$$

即得标准形

$$f = y_1^2 + 2y_2^2 - 6y_3^2.$$

所用的线性变换为 $\boldsymbol{x} = \boldsymbol{C}\boldsymbol{y}$，其中

$$\boldsymbol{C} = \begin{pmatrix} 1 & 0 & -2 \\ 0 & 1 & 0 \\ 0 & 0 & 1 \end{pmatrix},$$

因为矩阵 $\boldsymbol{C}$ 的行列式为

$$|\boldsymbol{C}|=\begin{vmatrix}1&0&-2\\0&1&0\\0&0&1\end{vmatrix}=1\neq 0,$$

所以线性变换 $\boldsymbol{x}=\boldsymbol{C}\boldsymbol{y}$ 是可逆的.

例 5.2.5　化二次型

$$f(x_1,x_2,x_3)=2x_1x_2-2x_1x_3+6x_2x_3$$

为标准形,并求所做的可逆线性变换.

解　二次型 f 中不含平方项,且含有 x_1x_2 的乘积项,故令

$$\begin{cases}x_1=y_1+y_2,\\x_2=y_1-y_2,\\x_3=y_3,\end{cases}$$

即

$$\begin{pmatrix}x_1\\x_2\\x_3\end{pmatrix}=\begin{pmatrix}1&1&0\\1&-1&0\\0&0&1\end{pmatrix}\begin{pmatrix}y_1\\y_2\\y_3\end{pmatrix},$$

代入原二次型可得

$$f=2y_1^2-2y_2^2+4y_1y_3-8y_2y_3.$$

再配方,得

$$f=2(y_1+y_3)^2-2(y_2+2y_3)^2+6y_3^2.$$

令

$$\begin{cases}z_1=y_1+y_3,\\z_2=y_2+2y_3,\\z_3=y_3,\end{cases}$$

即

$$\begin{cases}y_1=z_1-z_3,\\y_2=z_2-2z_3,\\y_3=z_3,\end{cases}$$

亦即

$$\begin{pmatrix} y_1 \\ y_2 \\ y_3 \end{pmatrix} = \begin{pmatrix} 1 & 0 & -1 \\ 0 & 1 & -2 \\ 0 & 0 & 1 \end{pmatrix} \begin{pmatrix} z_1 \\ z_2 \\ z_3 \end{pmatrix},$$

这样就把原二次型化为标准形

$$f = 2z_1^2 - 2z_2^2 + 6z_3^2.$$

所做的可逆线性变换为

$$\boldsymbol{x} = \boldsymbol{C}_1\boldsymbol{y} = \boldsymbol{C}_1(\boldsymbol{C}_2\boldsymbol{z}) = (\boldsymbol{C}_1\boldsymbol{C}_2)\boldsymbol{z} = \boldsymbol{C}\boldsymbol{z},$$

其中

$$\boldsymbol{C}_1 = \begin{pmatrix} 1 & 1 & 0 \\ 1 & -1 & 0 \\ 0 & 0 & 1 \end{pmatrix}, \quad \boldsymbol{C}_2 = \begin{pmatrix} 1 & 0 & -1 \\ 0 & 1 & -2 \\ 0 & 0 & 1 \end{pmatrix},$$

$$\boldsymbol{C} = \boldsymbol{C}_1\boldsymbol{C}_2 = \begin{pmatrix} 1 & 1 & 0 \\ 1 & -1 & 0 \\ 0 & 0 & 1 \end{pmatrix} \begin{pmatrix} 1 & 0 & -1 \\ 0 & 1 & -2 \\ 0 & 0 & 1 \end{pmatrix} = \begin{pmatrix} 1 & 1 & -3 \\ 1 & -1 & 1 \\ 0 & 0 & 1 \end{pmatrix} \quad (|\boldsymbol{C}| = -2 \neq 0).$$

三、用初等变换法化二次型为标准形

任意一个 n 阶实对称矩阵 $\boldsymbol{A}$ 都合同于一个对角矩阵 $\boldsymbol{\Lambda}$，即存在可逆矩阵 $\boldsymbol{C}$，使得

$$\boldsymbol{C}^{\mathrm{T}}\boldsymbol{A}\boldsymbol{C} = \boldsymbol{\Lambda}.$$

由于矩阵 $\boldsymbol{C}$ 可逆，因此矩阵 $\boldsymbol{C}$ 可写成一系列初等矩阵的乘积. 记 $\boldsymbol{C} = \boldsymbol{P}_1\boldsymbol{P}_2\cdots\boldsymbol{P}_s$，则

$$\boldsymbol{C}^{\mathrm{T}}\boldsymbol{A}\boldsymbol{C} = \boldsymbol{P}_s^{\mathrm{T}}\cdots\boldsymbol{P}_2^{\mathrm{T}}\boldsymbol{P}_1^{\mathrm{T}}\boldsymbol{A}\boldsymbol{P}_1\boldsymbol{P}_2\cdots\boldsymbol{P}_s = \boldsymbol{\Lambda}, \tag{5.2.6}$$

其中 $\boldsymbol{P}_i\,(i = 1, 2, \cdots, s)$ 为初等矩阵.

这说明，可以利用初等变换将二次型 $f = \boldsymbol{x}^{\mathrm{T}}\boldsymbol{A}\boldsymbol{x}$ 化为标准形. 具体做法如下：对 $2n \times n$ 矩阵 $\begin{pmatrix} \boldsymbol{A} \\ \boldsymbol{E} \end{pmatrix}$ 施行相应于右乘 $\boldsymbol{P}_1, \boldsymbol{P}_2, \cdots, \boldsymbol{P}_s$ 的初等列变换，再对矩阵 $\boldsymbol{A}$ 施行相应于左乘 $\boldsymbol{P}_1^{\mathrm{T}}, \boldsymbol{P}_2^{\mathrm{T}}, \cdots, \boldsymbol{P}_s^{\mathrm{T}}$ 的初等行变换，则矩阵 $\boldsymbol{A}$ 就变为对角矩阵 $\boldsymbol{\Lambda}$，单位矩阵 $\boldsymbol{E}$ 就变为可逆矩阵 $\boldsymbol{C}$. 这时，可逆线性变换 $\boldsymbol{x} = \boldsymbol{C}\boldsymbol{y}$ 就将二次型 f 化为标准形 $f = \boldsymbol{y}^{\mathrm{T}}\boldsymbol{\Lambda}\boldsymbol{y}$，从而可由对角矩阵 $\boldsymbol{\Lambda}$ 写出该标准形. 这种将二次型化为标准形的方法称为**初等变换法**.

注意到

$$(\boldsymbol{E}(i,j))^{\mathrm{T}} = \boldsymbol{E}(i,j), \quad (\boldsymbol{E}(i(k)))^{\mathrm{T}} = \boldsymbol{E}(i(k)), \quad (\boldsymbol{E}(i,j(k)))^{\mathrm{T}} = \boldsymbol{E}(j,i(k)),$$

因此在上述初等变换法中，对矩阵$\begin{pmatrix}\boldsymbol{A}\\\boldsymbol{E}\end{pmatrix}$施行的初等列变换与对矩阵$\boldsymbol{A}$施行的初等行变换是同种类型的，我们称它们为**成对的初等行、列变换**. 所以，在实际使用初等变换法时，只需对$\begin{pmatrix}\boldsymbol{A}\\\boldsymbol{E}\end{pmatrix}$施行成对的初等行、列变换，将矩阵$\boldsymbol{A}$化为对角矩阵即可.

例 5.2.6 用初等变换法化二次型

$$f(x_1,x_2,x_3)=x_1^2-x_3^2+2x_1x_2+2x_2x_3$$

为标准形，并求所做的可逆线性变换.

解 二次型 f 的矩阵为

$$\boldsymbol{A}=\begin{pmatrix}1&1&0\\1&0&1\\0&1&-1\end{pmatrix}.$$

对矩阵$\begin{pmatrix}\boldsymbol{A}\\\boldsymbol{E}\end{pmatrix}$施行成对的初等行、列变换，将矩阵$\boldsymbol{A}$化为对角矩阵：

$$\begin{pmatrix}\boldsymbol{A}\\\boldsymbol{E}\end{pmatrix}=\begin{pmatrix}1&1&0\\1&0&1\\0&1&-1\\1&0&0\\0&1&0\\0&0&1\end{pmatrix}\xrightarrow{c_2-c_1}\begin{pmatrix}1&0&0\\1&-1&1\\0&1&-1\\1&-1&0\\0&1&0\\0&0&1\end{pmatrix}\xrightarrow{r_2-r_1}\begin{pmatrix}1&0&0\\0&-1&1\\0&1&-1\\1&-1&0\\0&1&0\\0&0&1\end{pmatrix}$$

$$\xrightarrow{c_3+c_2}\begin{pmatrix}1&0&0\\0&-1&0\\0&1&0\\1&-1&-1\\0&1&1\\0&0&1\end{pmatrix}\xrightarrow{r_3+r_2}\begin{pmatrix}1&0&0\\0&-1&0\\0&0&0\\1&-1&-1\\0&1&1\\0&0&1\end{pmatrix}.$$

由此可知取

$$\boldsymbol{C}=\begin{pmatrix}1&-1&-1\\0&1&1\\0&0&1\end{pmatrix},\quad |\boldsymbol{C}|=1\neq 0,$$

则可逆线性变换 $\boldsymbol{x}=\boldsymbol{C}\boldsymbol{y}$ 将二次型 f 化为标准形

$$f=y_1^2-y_2^2.$$

5.3 正定二次型

定义 5.3.1 设有二次型 $f=\boldsymbol{x}^{\mathrm{T}}\boldsymbol{A}\boldsymbol{x}$.

(1) 如果对于任意的非零向量 $\boldsymbol{x}$，都有 $\boldsymbol{x}^{\mathrm{T}}\boldsymbol{A}\boldsymbol{x}>0(\boldsymbol{x}^{\mathrm{T}}\boldsymbol{A}\boldsymbol{x}<0)$ 成立，则称二次型 $f=\boldsymbol{x}^{\mathrm{T}}\boldsymbol{A}\boldsymbol{x}$ 为**正(负)定二次型**，并称实对称矩阵 $\boldsymbol{A}$ 为**正(负)定矩阵**；

(2) 如果对于任意的非零向量 $\boldsymbol{x}$，都有 $\boldsymbol{x}^{\mathrm{T}}\boldsymbol{A}\boldsymbol{x}\geqslant 0(\boldsymbol{x}^{\mathrm{T}}\boldsymbol{A}\boldsymbol{x}\leqslant 0)$ 成立，且存在非零向量 $\boldsymbol{x}_0$，使得 $\boldsymbol{x}_0^{\mathrm{T}}\boldsymbol{A}\boldsymbol{x}_0=0$，则称二次型 $f=\boldsymbol{x}^{\mathrm{T}}\boldsymbol{A}\boldsymbol{x}$ 为**半正(负)定二次型**，并称实对称矩阵 $\boldsymbol{A}$ 为**半正(负)定矩阵**；

(3) 如果 f 的值有正有负，则称二次型 $f=\boldsymbol{x}^{\mathrm{T}}\boldsymbol{A}\boldsymbol{x}$ 为**不定二次型**，并称实对称矩阵 $\boldsymbol{A}$ 为**不定矩阵**.

注意 二次型及其矩阵的正(负)定性、半正(负)定性统称为有定性. 二次型的有定性与其矩阵的有定性之间具有一一对应关系. 因此，二次型的有定性判别可转化为实对称矩阵的有定性判别.

在二次型中，最常用的是正定二次型与负定二次型，下面主要讨论这两类二次型.

定理 5.3.1 **n 元二次型 $f=\boldsymbol{x}^{\mathrm{T}}\boldsymbol{A}\boldsymbol{x}$ 正(负)定当且仅当它的正(负)惯性指数为 n.**

证明 仅证明正定的情形.

充分性. 设二次型 $f=\boldsymbol{x}^{\mathrm{T}}\boldsymbol{A}\boldsymbol{x}$ 的正惯性指数为 n，则存在可逆线性变换 $\boldsymbol{x}=\boldsymbol{C}\boldsymbol{y}$，使得

$$f=k_1y_1^2+k_2y_2^2+\cdots+k_ny_n^2, \tag{5.3.1}$$

其中 $k_i>0(i=1,2,\cdots,n)$. 任取 $\boldsymbol{x}\neq\boldsymbol{0}$，有 $\boldsymbol{y}=\boldsymbol{C}^{-1}\boldsymbol{x}\neq\boldsymbol{0}$，故 $f>0$.

必要性. 用反证法. 设存在可逆线性变换 $\boldsymbol{x}=\boldsymbol{C}\boldsymbol{y}$，使得二次型 f 化为二次型(5.3.1)，且其中存在某个 $k_i\leqslant 0$，则取

$$\boldsymbol{y}=\boldsymbol{e}_i=(0,\cdots,0,\underset{\text{第}i\text{个}}{1},0,\cdots,0)^{\mathrm{T}},$$

从而有 $f=k_i\leqslant 0$. 这与二次型 f 正定矛盾，因此 $k_i>0(i=1,2,\cdots,n)$，即二次型 f 的正惯性指数为 n.

证毕

推论 5.3.1 实对称矩阵 $\boldsymbol{A}$ 为正定矩阵的充要条件是 $\boldsymbol{A}$ 与单位矩阵合同.

由上述推论易得下面的定理.

定理 5.3.2 实对称矩阵 $\boldsymbol{A}$ 为正定矩阵的充要条件是存在可逆矩阵 $\boldsymbol{C}$，使得

$$\boldsymbol{A}=\boldsymbol{C}^{\mathrm{T}}\boldsymbol{C}.$$

定理 5.3.3 设 $\boldsymbol{A}$ 是正定矩阵. 若矩阵 $\boldsymbol{A}$ 与 $\boldsymbol{B}$ 合同，则 $\boldsymbol{B}$ 也是正定矩阵.

证明 因为矩阵 $\boldsymbol{A}$ 与 $\boldsymbol{B}$ 合同，所以存在可逆矩阵 $\boldsymbol{C}$，使得

$$\boldsymbol{C}^{\mathrm{T}}\boldsymbol{A}\boldsymbol{C}=\boldsymbol{B}.$$

令 $\boldsymbol{x}=\boldsymbol{C}\boldsymbol{y}(|\boldsymbol{C}|\neq 0)$. 对于任意的非零向量 $\boldsymbol{y}$(从而 $\boldsymbol{x}$ 也为非零向量)，由 $\boldsymbol{A}$ 为正定矩阵，有

$$\boldsymbol{y}^{\mathrm{T}}\boldsymbol{B}\boldsymbol{y}=\boldsymbol{y}^{\mathrm{T}}\boldsymbol{C}^{\mathrm{T}}\boldsymbol{A}\boldsymbol{C}\boldsymbol{y}=(\boldsymbol{C}\boldsymbol{y})^{\mathrm{T}}\boldsymbol{A}(\boldsymbol{C}\boldsymbol{y})=\boldsymbol{x}^{\mathrm{T}}\boldsymbol{A}\boldsymbol{x}>0,$$

故 $\boldsymbol{B}$ 也为正定矩阵.

证毕

定理 5.3.4 对角矩阵 $\boldsymbol{A}=\mathrm{diag}(d_1,d_2,\cdots,d_n)$ 为正(负)定矩阵的充要条件是

$$d_i>0,i=1,2,\cdots,n \quad (d_i<0,i=1,2,\cdots,n).$$

证明 仅证明正定的情形.

必要性. 设对角矩阵 $\boldsymbol{A}=\mathrm{diag}(d_1,d_2,\cdots,d_n)$ 是正定矩阵，则对于任意的非零向量 $\boldsymbol{x}=(x_1,x_2,\cdots,x_n)^{\mathrm{T}}$，有

$$\boldsymbol{x}^{\mathrm{T}}\boldsymbol{A}\boldsymbol{x}=\sum_{i=1}^{n}d_ix_i^2>0.$$

现取 $\boldsymbol{x}=\boldsymbol{e}_i=(0,\cdots,0,\underset{\text{第}i\text{个}}{1},0,\cdots,0)^{\mathrm{T}}$，则有

$$\boldsymbol{e}_i^{\mathrm{T}}\boldsymbol{A}\boldsymbol{e}_i=d_i>0 \quad (i=1,2,\cdots,n).$$

充分性. 对于任意的非零向量 $\boldsymbol{x}=(x_1,x_2,\cdots,x_n)^{\mathrm{T}}$，$\boldsymbol{x}$ 中至少有一个分量 $x_i\neq 0$. 由题意，有 $d_i>0$，故 $d_ix_i^2>0$. 而对于 $j=1,2,\cdots,n$，当 $j\neq i$ 时，$d_jx_j^2\geqslant 0$，所以

$$\boldsymbol{x}^{\mathrm{T}}\boldsymbol{A}\boldsymbol{x}=\sum_{i=1}^{n}d_ix_i^2>0,$$

即 $\boldsymbol{A}$ 为正定矩阵.

证毕

由定理 5.3.4 及实对称矩阵的对角化，容易证明下面的结论成立.

定理 5.3.5 实对称矩阵 $\boldsymbol{A}$ 为正(负)定矩阵的充要条件是 $\boldsymbol{A}$ 的特征值全

为正(负)的.

下面从实对称矩阵本身给出正定矩阵的性质及判别法.

定理 5.3.6 **设 $\boldsymbol{A}=(a_{ij})$ 为 n 阶正定矩阵,则**

(1) **$\boldsymbol{A}$ 的主对角线上的元素 $a_{ii}>0(i=1,2,\cdots,n)$;**

(2) **$|\boldsymbol{A}|>0$.**

证明 (1) 设二次型 $f=\boldsymbol{x}^{\mathrm{T}}\boldsymbol{A}\boldsymbol{x}$. 因矩阵 $\boldsymbol{A}$ 正定,故 f 为正定二次型. 取 $\boldsymbol{e}_i=(0,\cdots,0,\underset{\text{第}i\text{个}}{1},0,\cdots,0)^{\mathrm{T}}$,则

$$f=\boldsymbol{e}_i^{\mathrm{T}}\boldsymbol{A}\boldsymbol{e}_i=a_{ii}>0\quad(i=1,2,\cdots,n).$$

(2) 因矩阵 $\boldsymbol{A}$ 正定,故矩阵 $\boldsymbol{A}$ 的特征值全大于 0,从而 $|\boldsymbol{A}|>0$.

证毕

由定理 5.3.6 易知,正定矩阵必为可逆矩阵.

若 $\boldsymbol{A}$ 为负定矩阵,则 $-\boldsymbol{A}$ 为正定矩阵,因此有下面的推论.

推论 5.3.2 设 $\boldsymbol{A}=(a_{ij})$ 为 n 阶负定矩阵,则

(1) $\boldsymbol{A}$ 的主对角线上的元素 $a_{ii}<0(i=1,2,\cdots,n)$;

(2) $|-\boldsymbol{A}|=(-1)^n|\boldsymbol{A}|>0$.

定义 5.3.2 n 阶矩阵 $\boldsymbol{A}=(a_{ij})$ 的 k 个行标和 k 个列标相同的 k 阶子式

$$\begin{vmatrix} a_{i_1i_1} & a_{i_1i_2} & \cdots & a_{i_1i_k} \\ a_{i_2i_1} & a_{i_2i_2} & \cdots & a_{i_2i_k} \\ \vdots & \vdots & & \vdots \\ a_{i_ki_1} & a_{i_ki_2} & \cdots & a_{i_ki_k} \end{vmatrix}\quad(1\leqslant i_1<i_2<\cdots<i_k\leqslant n)$$

称为矩阵 $\boldsymbol{A}$ 的一个 k **阶主子式**,而 k 阶主子式

$$\begin{vmatrix} a_{11} & a_{12} & \cdots & a_{1k} \\ a_{21} & a_{22} & \cdots & a_{2k} \\ \vdots & \vdots & & \vdots \\ a_{k1} & a_{k2} & \cdots & a_{kk} \end{vmatrix}\quad(k=1,2,\cdots,n)$$

称为矩阵 $\boldsymbol{A}$ 的一个 k **阶顺序主子式**,记为 $|\boldsymbol{A}_k|$.

定理 5.3.7 **n 阶实对称矩阵 $\boldsymbol{A}=(a_{ij})$ 是正定矩阵的充要条件是 $\boldsymbol{A}$ 的所有顺序主子式全部大于 0,即 $|\boldsymbol{A}_k|>0(k=1,2,\cdots,n)$.**

这个定理称为**赫尔维茨(Hurwitz)定理**,这里不予证明.

对于负定矩阵、半正定矩阵与半负定矩阵,也有相应于上述正定矩阵的结论. 下

面不加证明地给出这些结论.

定理 5.3.8 $\boldsymbol{A}$ 是负定矩阵的充要条件是

$$(-1)^k|\boldsymbol{A}_k|>0 \quad (k=1,2,\cdots,n),$$

即奇数阶顺序主子式为负的,偶数阶顺序主子式为正的.

定理 5.3.9 若实对称矩阵 $\boldsymbol{A}$ 是半正(负)定矩阵,则

(1) $\boldsymbol{A}$ 的所有主子式大于或等于 0(奇数阶主子式小于或等于 0,偶数阶主子式大于或等于 0);

(2) $\boldsymbol{A}$ 的所有特征值大于(小于)或等于 0.

例 5.3.1 判别下列二次型是否正定:

(1) $f(x_1,x_2,x_3)=2x_1^2+3x_2^2+5x_3^2+4x_1x_2-4x_2x_3$;

(2) $f(x_1,x_2,x_3)=x_1^2+3x_2^2-2x_3^2+4x_1x_2+2x_2x_3$.

解 (1) **解法一** 用配方法化二次型 f 为标准形:

$$f=2(x_1+x_2)^2+(x_2-2x_3)^2+x_3^2\geqslant 0,$$

当且仅当 $x_1=x_2=x_3=0$ 时等号成立.因此,二次型 f 正定.

解法二 二次型 f 的矩阵为

$$\boldsymbol{A}=\begin{pmatrix}2 & 2 & 0\\ 2 & 3 & -2\\ 0 & -2 & 5\end{pmatrix}.$$

因为矩阵 $\boldsymbol{A}$ 的各阶顺序主子式为

$$|2|=2>0,\quad \begin{vmatrix}2 & 2\\ 2 & 3\end{vmatrix}=2>0,\quad \begin{vmatrix}2 & 2 & 0\\ 2 & 3 & -2\\ 0 & -2 & 5\end{vmatrix}=2>0,$$

所以矩阵 $\boldsymbol{A}$ 正定,即二次型 f 为正定二次型.

(2) 二次型 f 的矩阵为

$$\boldsymbol{A}=\begin{pmatrix}1 & 2 & 0\\ 2 & 3 & 1\\ 0 & 1 & -2\end{pmatrix}.$$

因为矩阵 $\boldsymbol{A}$ 的二阶顺序主子式为

$$\begin{vmatrix} 1 & 2 \\ 2 & 3 \end{vmatrix} = -1 < 0,$$

所以矩阵 $\boldsymbol{A}$ 不是正定的,即二次型 f 不是正定二次型.

例 5.3.2 已知二次型

$$f(x_1,x_2,x_3)=\lambda(x_1^2+x_2^2+x_3^2)+2x_1x_2-2x_1x_3+2x_2x_3,$$

问:

(1) λ 满足什么条件时,二次型 f 是正定的?

(2) λ 满足什么条件时,二次型 f 是负定的?

解 二次型 f 的矩阵为

$$\boldsymbol{A}=\begin{pmatrix} \lambda & 1 & -1 \\ 1 & \lambda & 1 \\ -1 & 1 & \lambda \end{pmatrix}.$$

矩阵 $\boldsymbol{A}$ 的各阶顺序主子式为

$$|\boldsymbol{A}_1|=\lambda,$$

$$|\boldsymbol{A}_2|=\begin{vmatrix} \lambda & 1 \\ 1 & \lambda \end{vmatrix}=\lambda^2-1,$$

$$|\boldsymbol{A}_3|=\begin{vmatrix} \lambda & 1 & -1 \\ 1 & \lambda & 1 \\ -1 & 1 & \lambda \end{vmatrix}=(\lambda+1)^2(\lambda-2).$$

(1) 若要二次型 f 正定,矩阵 $\boldsymbol{A}$ 的各阶顺序主子式应大于 0,即

$$\begin{cases} \lambda>0, \\ \lambda>1 \text{ 或 } \lambda<-1, \\ \lambda>2. \end{cases}$$

故当 $\lambda>2$ 时,二次型 f 正定.

(2) 若要二次型 f 负定,矩阵 $\boldsymbol{A}$ 的奇数阶顺序主子式应小于 0,而偶数阶顺序主子式应大于 0,即

$$\begin{cases} \lambda<0, \\ \lambda>1 \text{ 或 } \lambda<-1, \\ \lambda<2 \text{ 且 } \lambda\neq-1. \end{cases}$$

故当 $\lambda<-1$ 时,二次型 f 负定.

例 5.3.3 设矩阵 $\boldsymbol{A}=\begin{pmatrix}1&0&1\\0&2&0\\1&0&1\end{pmatrix}$，$\boldsymbol{B}=(k\boldsymbol{E}+\boldsymbol{A})^2$，其中 k 为常数，求 k 的取值范围，使得矩阵 $\boldsymbol{B}$ 为正定矩阵.

解 由

$$|\lambda\boldsymbol{E}-\boldsymbol{A}|=\begin{vmatrix}\lambda-1&0&-1\\0&\lambda-2&0\\-1&0&\lambda-1\end{vmatrix}=\lambda(\lambda-2)^2,$$

得矩阵 $\boldsymbol{A}$ 的特征值为 $\lambda_1=\lambda_2=2,\lambda_3=0$，从而矩阵 $k\boldsymbol{E}+\boldsymbol{A}$ 的特征值为 $k+2,k+2,k$，矩阵 $\boldsymbol{B}$ 的特征值为 $(k+2)^2,(k+2)^2,k^2$. 于是，当 $k\neq0$ 且 $k\neq-2$ 时，矩阵 $\boldsymbol{B}$ 的特征值全为正的，即当 $k\neq0$ 且 $k\neq-2$ 时，矩阵 $\boldsymbol{B}$ 为正定矩阵.

例 5.3.4 证明：若 $\boldsymbol{A}$ 是正定矩阵，则 $\boldsymbol{A}^{-1}$ 也是正定矩阵.

证明 证法一 因 $\boldsymbol{A}$ 是正定矩阵，故矩阵 $\boldsymbol{A}$ 的特征值 $\lambda_i\ (i=1,2,\cdots,n)$ 全为正的. 而 $\dfrac{1}{\lambda_i}\ (i=1,2,\cdots,n)$ 是 $\boldsymbol{A}^{-1}$ 的特征值，且 $\dfrac{1}{\lambda_i}>0$，所以 $\boldsymbol{A}^{-1}$ 也是正定矩阵.

证法二 因 $\boldsymbol{A}$ 是正定矩阵，故存在可逆矩阵 $\boldsymbol{C}$，使得 $\boldsymbol{A}=\boldsymbol{C}^{\mathrm{T}}\boldsymbol{C}$，从而

$$\boldsymbol{A}^{-1}=(\boldsymbol{C}^{\mathrm{T}}\boldsymbol{C})^{-1}=\boldsymbol{C}^{-1}(\boldsymbol{C}^{\mathrm{T}})^{-1}=\boldsymbol{C}^{-1}(\boldsymbol{C}^{-1})^{\mathrm{T}}.$$

又

$$(\boldsymbol{A}^{-1})^{\mathrm{T}}=(\boldsymbol{A}^{\mathrm{T}})^{-1}=\boldsymbol{A}^{-1},$$

即 $\boldsymbol{A}^{-1}$ 是实对称矩阵，所以 $\boldsymbol{A}^{-1}$ 是正定矩阵.

证毕

习 题 五

1. 写出下列二次型的矩阵 $\boldsymbol{A}$：

(1) $f(x_1,x_2,x_3)=x_1^2+4x_2^2-x_3^2+4x_1x_2+2x_1x_3-6x_2x_3$；

(2) $f(x_1,x_2,x_3,x_4)=x_1^2-x_2^2+x_3^2+x_4^2+2x_1x_2+4x_1x_3-2x_1x_4+6x_2x_3+4x_2x_4$；

(3) $f(x_1,x_2,x_3)=(a_1x_1+a_2x_2+a_3x_3)^2$.

2. 写出下列实对称矩阵对应的二次型：

(1) $\begin{pmatrix} 0 & 0 & 1 \\ 0 & 1 & 0 \\ 1 & 0 & 0 \end{pmatrix}$；　　(2) $\begin{pmatrix} 1 & -1 & -2 & 1 \\ -1 & 1 & 3 & -\frac{1}{2} \\ -2 & 3 & 1 & 0 \\ 1 & -\frac{1}{2} & 0 & 1 \end{pmatrix}$.

3. 当 λ 为何值时，二次型 $f(x_1,x_2,x_3)=x_1^2-x_2^2+\lambda x_3^2+2x_1x_2+4x_1x_3+2x_2x_3$ 的秩为 2？

4. 用配方法化下列二次型为标准形，并求所做的可逆线性变换：

(1) $f(x_1,x_2,x_3)=x_1^2+2x_2^2-x_3^2+2x_1x_2+2x_1x_3+4x_2x_3$；

(2) $f(x_1,x_2,x_3)=2x_1x_2-2x_1x_3+6x_2x_3$.

5. 用正交变换法化下列二次型为标准形，并求所做的正交变换：

(1) $f(x_1,x_2,x_3)=x_1^2+x_2^2+x_3^2-2x_1x_3$；

(2) $f(x_1,x_2,x_3)=2x_1^2-x_2^2-x_3^2+4x_1x_2-4x_1x_3+8x_2x_3$.

6. 用初等变换法化下列二次型为标准形，并求所做的可逆线性变换：

(1) $f(x_1,x_2,x_3)=x_1^2+2x_2^2+x_3^2+2x_1x_2+2x_1x_3+2x_2x_3$；

(2) $f(x_1,x_2,x_3)=2x_1x_2+2x_1x_3+4x_2x_3$.

7. 已知二次型 $f(x_1,x_2,x_3)=x_1^2+x_2^2+x_3^2+2ax_1x_2+2x_1x_3+2bx_2x_3$ 经过正交变换化为标准形 $f=y_2^2+2y_3^2$，求常数 a,b 的值及所用的正交变换矩阵.

8. 化二次型 $f(x_1,x_2,x_3)=2x_1x_2-2x_1x_3+2x_2x_3$ 为规范形，并求其正惯性指数.

9. 当 t 满足什么条件时，二次型

$$f(x_1,x_2,x_3)=5x_1^2+x_2^2+5x_3^2+4x_1x_2-8x_1x_3-4tx_2x_3$$

是正定的？

10. 判断下列二次型的正定性：

(1) $f(x_1,x_2,x_3)=3x_1^2+3x_2^2+5x_3^2+4x_1x_2-4x_2x_3$；

(2) $f(x_1,x_2,x_3)=-2x_1^2-6x_2^2-2x_3^2+2x_1x_2+2x_2x_3$；

(3) $f(x_1,x_2,x_3)=9x_1^2+5x_2^2+7x_3^2-12x_1x_2+8x_1x_3-6x_2x_3$.

11. 当 t 满足什么条件时，下列二次型是正定的？

(1) $f(x_1,x_2,x_3)=x_1^2+4x_2^2+2x_3^2+2tx_1x_2-2x_1x_3$；

(2) $f(x_1,x_2,x_3)=x_1^2+2x_2^2+2x_3^2+2x_1x_2-2x_1x_3+2tx_2x_3$.

12. 设 $\boldsymbol{A}$ 为 $m\times n$ 实矩阵，$\boldsymbol{E}$ 为 n 阶单位矩阵，矩阵 $\boldsymbol{B}=\lambda\boldsymbol{E}+\boldsymbol{A}^{\mathrm{T}}\boldsymbol{A}$，试证：当

$\lambda > 0$ 时,$\boldsymbol{B}$ 为正定矩阵.

13. 设 $\boldsymbol{A}$ 为 m 阶正定矩阵,$\boldsymbol{B}$ 为 $m \times n$ 实矩阵,试证:矩阵 $\boldsymbol{B}^{\mathrm{T}}\boldsymbol{A}\boldsymbol{B}$ 正定的充要条件是 $\mathrm{r}(\boldsymbol{B}) = n$.

14. 证明:如果 $\boldsymbol{A}$ 是正定矩阵,则 $\boldsymbol{A}^*$ 也是正定矩阵.

15. 证明:如果 $\boldsymbol{A}$,$\boldsymbol{B}$ 都是 n 阶正定矩阵,则 $\boldsymbol{A}+\boldsymbol{B}$ 也是正定矩阵.

参考答案与提示

附　　录

附录 I　排　　列

n 阶行列式的定义需要用到排列及其逆序数的知识.

定义 I.1　由 n 个数字 $1,2,\cdots,n$ 按照某种次序排成的一列 $j_1j_2\cdots j_n$，称为一个 n **级排列**（简称**排列**）.

例如，4231 是一个四级排列，23154 是一个五级排列.

例 I.1　由数字 1,2,3 按照不同次序排成的不同排列共有 $3!=6$ 个：

123，　132，　213，　231，　312，　321.

一般地，不同的 n 级排列一共有 $n!$ 个.

按数字从小到大的次序所排成的 n 级排列 $12\cdots n$ 称为**顺序排列**或**标准排列**. 除了顺序排列，在其他任何一个排列中，都会出现数字大小次序颠倒的情形.

定义 I.2　在一个排列中，如果一对数字的前后位置与大小次序相反，即前面的数字大于后面的数字，那么就称它们构成一个**逆序**. 一个排列中的逆序总数称为这个排列的**逆序数**.

排列 $j_1j_2\cdots j_n$ 的逆序数记为 $\tau(j_1j_2\cdots j_n)$.

例 I.2　确定五级排列 42531 的逆序数.

解　在排列 42531 中，前面比 4 大的数字有 0 个，前面比 2 大的数字有 1 个，前面比 5 大的数字有 0 个，前面比 3 大的数字有 2 个，前面比 1 大的数字有 4 个，于是排列 42531 的逆序数为

$$\tau(42531)=0+1+0+2+4=7.$$

定义 I.3　逆序数为偶数的排列称为**偶排列**，逆序数为奇数的排列称为**奇排列**.

例 Ⅰ.2 的排列 42531 就是一个奇排列，而顺序排列 $12\cdots n$ 的逆序数为 0，因此它是一个偶排列.

定义 Ⅰ.4 在一个排列中，把某两个数字的位置相互对调，其余数字的位置保持不变，这称为对排列进行一次**对换**. 特别地，相邻位置上两个数字的对换称为**邻换**.

一次对换是否会改变排列的奇偶性呢？回答是肯定的. 为了证明此结论，我们先证明下面的引理.

引理 Ⅰ.1 一次邻换改变排列的奇偶性.

证明 设排列

$$p_1p_2\cdots p_sijq_1q_2\cdots q_t \tag{Ⅰ.1}$$

经过 i 与 j 的邻换变为排列

$$p_1p_2\cdots p_sjiq_1q_2\cdots q_t. \tag{Ⅰ.2}$$

注意到经过上述邻换后，$p_1,p_2,\cdots,p_s$ 和 $q_1,q_2,\cdots,q_t$ 各数字间的相互位置以及它们分别与 i,j 的相互位置并没有改变，因而它们相互间的逆序数没有发生变化，只是由于 i 与 j 相互调换位置后，使所得排列(Ⅰ.2)的逆序数比排列(Ⅰ.1)的逆序数增加 1 或减少 1，因此排列(Ⅰ.1)与排列(Ⅰ.2)的奇偶性不同.

证毕

定理 Ⅰ.1 **一次对换必改变排列的奇偶性.**

证明 设排列

$$p_1p_2\cdots p_sir_1r_2\cdots r_mjq_1q_2\cdots q_t \tag{Ⅰ.3}$$

经过 i 与 j 的对换变为排列

$$p_1p_2\cdots p_sjr_1r_2\cdots r_miq_1q_2\cdots q_t. \tag{Ⅰ.4}$$

显然，这样一次对换可以通过一系列的邻换来实现：在排列(Ⅰ.3)中，先将 i 与它后面的数字连续做 $m+1$ 次邻换，即得排列

$$p_1p_2\cdots p_sr_1r_2\cdots r_mjiq_1q_2\cdots q_t; \tag{Ⅰ.5}$$

然后，在排列(Ⅰ.5)中，将 j 与它前面的数字连续做 m 次邻换，即得排列(Ⅰ.4). 也就是说，排列(Ⅰ.3)一共经过 $2m+1$ 次(奇数次)邻换变为排列(Ⅰ.4). 由引理 Ⅰ.1 知，每一次邻换都改变排列的奇偶性，故一次对换必改变排列的奇偶性.

证毕

注 根据定理 Ⅰ.1，任何一个 n 级排列都可经过一系列的对换变成顺序排列 $12\cdots n$，并且偶排列变成顺序排列所需的对换次数为偶数，奇排列变成顺序排列所需的对换次数为奇数.

附录 Ⅱ　n 阶行列式的等价定义

下面利用附录 Ⅰ 中的定理 Ⅰ.1,讨论 n 阶行列式的展开式的另一种形式.

对于 n 阶行列式的展开式中的乘积项

$$(-1)^{\tau(j_1'j_2'\cdots j_n')}a_{1j_1'}a_{2j_2'}\cdots a_{nj_n'},$$

由乘法交换律,若将 $a_{1j_1'}a_{2j_2'}\cdots a_{nj_n'}$ 改写成 $a_{i_1j_1}a_{i_2j_2}\cdots a_{i_nj_n}$,则不难证明

$$(-1)^{\tau(j_1'j_2'\cdots j_n')}a_{1j_1'}a_{2j_2'}\cdots a_{nj_n'}=(-1)^{\tau(i_1i_2\cdots i_n)+\tau(j_1j_2\cdots j_n)}a_{i_1j_1}a_{i_2j_2}\cdots a_{i_nj_n}.$$

事实上,由 $a_{i_1j_1}a_{i_2j_2}\cdots a_{i_nj_n}$ 变成 $a_{1j_1'}a_{2j_2'}\cdots a_{nj_n'}$ 可以经过一系列元素间的对换来实现. 每做一次元素间的对换,元素的行标和列标所成的排列 $i_1i_2\cdots i_n$ 和 $j_1j_2\cdots j_n$ 都同时做了一次对换,也就是说,逆序数 $\tau(i_1i_2\cdots i_n)$ 与 $\tau(j_1j_2\cdots j_n)$ 同时改变奇偶性,因而它们的和

$$\tau(i_1i_2\cdots i_n)+\tau(j_1j_2\cdots j_n)$$

的奇偶性不变. 因此,在经过一系列对换之后,有

$$(-1)^{\tau(i_1i_2\cdots i_n)+\tau(j_1j_2\cdots j_n)}=(-1)^{\tau(12\cdots n)+\tau(j_1'j_2'\cdots j_n')}=(-1)^{\tau(j_1'j_2'\cdots j_n')},$$

从而有

$$(-1)^{\tau(j_1'j_2'\cdots j_n')}a_{1j_1'}a_{2j_2'}\cdots a_{nj_n'}=(-1)^{\tau(i_1i_2\cdots i_n)+\tau(j_1j_2\cdots j_n)}a_{i_1j_1}a_{i_2j_2}\cdots a_{i_nj_n}.$$

例如,$(-1)^t a_{21}a_{32}a_{14}a_{43}$ 是四阶行列式的展开式中的一项,此时行标的排列的逆序数为 $\tau(2314)=2$,列标的排列的逆序数为 $\tau(1243)=1$,而 $(-1)^{2+1}=-1$;若将行标的排列变成顺序排列,即 $(-1)^t a_{14}a_{21}a_{32}a_{43}$,则列标的排列的逆序数为 $\tau(4123)=3$,而 $(-1)^3=-1$.

根据上面的讨论,我们可以把定义 1.3.3 改写成如下形式.

定义 Ⅱ.1　n **阶矩阵** $\boldsymbol{A}=(a_{ij})$ **的行列式记为** $\begin{vmatrix} a_{11} & a_{12} & \cdots & a_{1n} \\ a_{21} & a_{22} & \cdots & a_{2n} \\ \vdots & \vdots & & \vdots \\ a_{n1} & a_{n2} & \cdots & a_{nn} \end{vmatrix}$,

$|\boldsymbol{A}|$ 或 $\det(\boldsymbol{A})$,称为 n **阶行列式**,并规定其值如下:

$$|\boldsymbol{A}|=\begin{vmatrix} a_{11} & a_{12} & \cdots & a_{1n} \\ a_{21} & a_{22} & \cdots & a_{2n} \\ \vdots & \vdots & & \vdots \\ a_{n1} & a_{n2} & \cdots & a_{nn} \end{vmatrix}=\sum_{i_1i_2\cdots i_n,j_1j_2\cdots j_n}(-1)^{\tau(i_1i_2\cdots i_n)+\tau(j_1j_2\cdots j_n)}a_{i_1j_1}a_{i_2j_2}\cdots a_{i_nj_n},$$

$$(\text{Ⅱ}.1)$$

其中 $\sum\limits_{i_1i_2\cdots i_n,j_1j_2\cdots j_n}$ 表示对由数字 1,2,…,n 组成的所有不同 n 级排列 $i_1i_2\cdots i_n$ 及 $j_1j_2\cdots j_n$ 对应的带有符号的乘积项求和,或简记为

$$|\mathbf{A}|=\begin{vmatrix} a_{11} & a_{12} & \cdots & a_{1n} \\ a_{21} & a_{22} & \cdots & a_{2n} \\ \vdots & \vdots & & \vdots \\ a_{n1} & a_{n2} & \cdots & a_{nn} \end{vmatrix}=\sum(-1)^{\tau(i_1i_2\cdots i_n)+\tau(j_1j_2\cdots j_n)}a_{i_1j_1}a_{i_2j_2}\cdots a_{i_nj_n}.$$

按式(Ⅱ.1)来确定 n 阶行列式的展开式中各乘积项的正负号的好处在于:行标与列标的地位是对等的.因此,也可以这样做:先把乘积项中元素的列标的排列变成顺序排列,然后根据行标的排列的奇偶性来确定该乘积项的正负号.于是,n 阶矩阵 $\mathbf{A}=(a_{ij})$ 的行列式又可写成

$$|\mathbf{A}|=\begin{vmatrix} a_{11} & a_{12} & \cdots & a_{1n} \\ a_{21} & a_{22} & \cdots & a_{2n} \\ \vdots & \vdots & & \vdots \\ a_{n1} & a_{n2} & \cdots & a_{nn} \end{vmatrix}=\sum_{i_1i_2\cdots i_n}(-1)^{\tau(i_1i_2\cdots i_n)}a_{i_11}a_{i_22}\cdots a_{i_nn}, \qquad (\text{Ⅱ}.2)$$

或简记为

$$|\mathbf{A}|=\begin{vmatrix} a_{11} & a_{12} & \cdots & a_{1n} \\ a_{21} & a_{22} & \cdots & a_{2n} \\ \vdots & \vdots & & \vdots \\ a_{n1} & a_{n2} & \cdots & a_{nn} \end{vmatrix}=\sum(-1)^{\tau(i_1i_2\cdots i_n)}a_{i_11}a_{i_22}\cdots a_{i_nn}.$$

附录 Ⅲ　部分考研真题

2014—2024 年全国硕士研究生招生考试数学试卷中关于线性代数的试题

为了更系统地进行总复习及自我检查,我们选编了 2014—2024 年全国硕士研究生招生考试数学试卷中关于线性代数的试题,按选择、填空、解答题型分类列出,并注明出处.

一、选择题

1. 行列式 $\begin{vmatrix} 0 & a & b & 0 \\ a & 0 & 0 & b \\ 0 & c & d & 0 \\ c & 0 & 0 & d \end{vmatrix}=(\qquad)$.

A. $(ad-bc)^2$　　B. $-(ad-bc)^2$

C. $a^2d^2-b^2c^2$　　D. $b^2c^2-a^2d^2$

（2014 年数学一）

2. 设 $\boldsymbol{\alpha}_1,\boldsymbol{\alpha}_2,\boldsymbol{\alpha}_3$ 为三维向量，则对于任意常数 k,l，向量组 $\boldsymbol{\alpha}_1+k\boldsymbol{\alpha}_3,\boldsymbol{\alpha}_2+l\boldsymbol{\alpha}_3$ 线性无关是向量组 $\boldsymbol{\alpha}_1,\boldsymbol{\alpha}_2,\boldsymbol{\alpha}_3$ 线性无关的（　　）.

A. 必要条件　　B. 充分条件

C. 充要条件　　D. 既不充分也不必要条件

（2014 年数学一）

3. 设矩阵 $\boldsymbol{A}=\begin{pmatrix}1&1&1\\1&2&a\\1&4&a^2\end{pmatrix}$，$\boldsymbol{b}=\begin{pmatrix}1\\d\\d^2\end{pmatrix}$. 若集合 $\Omega=\{1,2\}$，则线性方程组 $\boldsymbol{Ax}=\boldsymbol{b}$ 有无穷多解的充要条件是（　　）.

A. $a\notin\Omega,d\notin\Omega$　　B. $a\notin\Omega,d\in\Omega$

C. $a\in\Omega,d\notin\Omega$　　D. $a\in\Omega,d\in\Omega$

（2015 年数学一）

4. 设二次型 f 在正交变换 $\boldsymbol{x}=\boldsymbol{Py}$ 下的标准形为 $2y_1^2+y_2^2-y_3^2$，其中矩阵 $\boldsymbol{P}=(\boldsymbol{\varepsilon}_1,\boldsymbol{\varepsilon}_2,\boldsymbol{\varepsilon}_3)$. 若矩阵 $\boldsymbol{Q}=(\boldsymbol{\varepsilon}_1,-\boldsymbol{\varepsilon}_3,\boldsymbol{\varepsilon}_2)$，则二次型 f 在正交变换 $\boldsymbol{x}=\boldsymbol{Qy}$ 下的标准形为（　　）.

A. $2y_1^2-y_2^2+y_3^2$　　B. $2y_1^2+y_2^2-y_3^2$

C. $2y_1^2-y_2^2-y_3^2$　　D. $2y_1^2+y_2^2+y_3^2$

（2015 年数学一）

5. 设 $\boldsymbol{A},\boldsymbol{B}$ 均为可逆矩阵，且矩阵 $\boldsymbol{A}$ 与 $\boldsymbol{B}$ 相似，则下列结论中错误的是（　　）.

A. 矩阵 $\boldsymbol{A}^{\mathrm{T}}$ 与 $\boldsymbol{B}^{\mathrm{T}}$ 相似　　B. 矩阵 $\boldsymbol{A}^{-1}$ 与 $\boldsymbol{B}^{-1}$ 相似

C. 矩阵 $\boldsymbol{A}+\boldsymbol{A}^{\mathrm{T}}$ 与 $\boldsymbol{B}+\boldsymbol{B}^{\mathrm{T}}$ 相似　　D. 矩阵 $\boldsymbol{A}+\boldsymbol{A}^{-1}$ 与 $\boldsymbol{B}+\boldsymbol{B}^{-1}$ 相似

（2016 年数学一）

6. 设二次型

$$f(x_1,x_2,x_3)=x_1^2+x_2^2+x_3^2+4x_1x_2+4x_1x_3+4x_2x_3,$$

则 $f(x_1,x_2,x_3)=2$ 在空间直角坐标系中表示的二次曲面为（　　）.

A. 单叶双曲面　　B. 双叶双曲面

C. 椭球面　　D. 柱面

（2016 年数学二）

7. 设二次型

$$f(x_1,x_2,x_3)=a(x_1^2+x_2^2+x_3^2)+2x_1x_2+2x_2x_3+2x_1x_3$$

的正、负惯性指数分别为 1,2,则(　　).

A. $a>1$　　　　B. $a<-2$

C. $-2<a<1$　　　　D. $a=1$ 或 $a=-2$

(2016 年数学二)

8. 设 $\boldsymbol{\alpha}$ 为 n 维单位列向量,$\boldsymbol{E}$ 为 n 阶单位矩阵,则(　　).

A. $\boldsymbol{E}-\boldsymbol{\alpha\alpha}^{\mathrm{T}}$ 不可逆　　　　B. $\boldsymbol{E}+\boldsymbol{\alpha\alpha}^{\mathrm{T}}$ 不可逆

C. $\boldsymbol{E}+2\boldsymbol{\alpha\alpha}^{\mathrm{T}}$ 不可逆　　　　D. $\boldsymbol{E}-2\boldsymbol{\alpha\alpha}^{\mathrm{T}}$ 不可逆

(2017 年数学一)

9. 已知矩阵 $\boldsymbol{A}=\begin{pmatrix}2&0&0\\0&2&1\\0&0&1\end{pmatrix}$,$\boldsymbol{B}=\begin{pmatrix}2&1&0\\0&2&0\\0&0&1\end{pmatrix}$,$\boldsymbol{C}=\begin{pmatrix}1&0&0\\0&2&0\\0&0&2\end{pmatrix}$,则(　　).

A. 矩阵 $\boldsymbol{A}$ 与 $\boldsymbol{C}$ 相似,矩阵 $\boldsymbol{B}$ 与 $\boldsymbol{C}$ 相似

B. 矩阵 $\boldsymbol{A}$ 与 $\boldsymbol{C}$ 相似,矩阵 $\boldsymbol{B}$ 与 $\boldsymbol{C}$ 不相似

C. 矩阵 $\boldsymbol{A}$ 与 $\boldsymbol{C}$ 不相似,矩阵 $\boldsymbol{B}$ 与 $\boldsymbol{C}$ 相似

D. 矩阵 $\boldsymbol{A}$ 与 $\boldsymbol{C}$ 不相似,矩阵 $\boldsymbol{B}$ 与 $\boldsymbol{C}$ 不相似

(2017 年数学一)

10. 下列矩阵中与矩阵 $\begin{pmatrix}1&1&0\\0&1&1\\0&0&1\end{pmatrix}$ 相似的是(　　).

A. $\begin{pmatrix}1&1&-1\\0&1&1\\0&0&1\end{pmatrix}$　　　　B. $\begin{pmatrix}1&0&-1\\0&1&1\\0&0&1\end{pmatrix}$

C. $\begin{pmatrix}1&1&-1\\0&1&0\\0&0&1\end{pmatrix}$　　　　D. $\begin{pmatrix}1&0&-1\\0&1&0\\0&0&1\end{pmatrix}$

(2018 年数学一)

11. 设 $\boldsymbol{A}$,$\boldsymbol{B}$ 均为 n 阶矩阵. 记 $\mathrm{r}(\boldsymbol{X})$ 为矩阵 $\boldsymbol{X}$ 的秩,$(\boldsymbol{X},\boldsymbol{Y})$ 表示分块矩阵,则(　　).

A. $r(\boldsymbol{A},\boldsymbol{AB})=r(\boldsymbol{A})$　　B. $r(\boldsymbol{A},\boldsymbol{BA})=r(\boldsymbol{A})$

C. $r(\boldsymbol{A},\boldsymbol{B})=\max\{r(\boldsymbol{A}),r(\boldsymbol{B})\}$　　D. $r(\boldsymbol{A},\boldsymbol{B})=r(\boldsymbol{A}^{T},\boldsymbol{B}^{T})$

(2018 年数学一)

12. 设$\boldsymbol{A}$为三阶实对称矩阵,$\boldsymbol{E}$为三阶单位矩阵.若$\boldsymbol{A}^2+\boldsymbol{A}=2\boldsymbol{E}$,且$|\boldsymbol{A}|=4$,则二次型$\boldsymbol{x}^{T}\boldsymbol{A}\boldsymbol{x}$的规范形为(　　).

A. $y_1^2+y_2^2+y_3^2$　　B. $y_1^2+y_2^2-y_3^2$

C. $y_1^2-y_2^2-y_3^2$　　D. $-y_1^2-y_2^2-y_3^2$

(2019 年数学一)

13. 如附图 1 所示,有 3 个平面,两两相交,交线相互平行,它们的方程

$$a_{i1}x+a_{i2}y+a_{i3}z=d_i\quad(i=1,2,3)$$

组成的线性方程组的系数矩阵和增广矩阵分别记为$\boldsymbol{A},\boldsymbol{B}$,则(　　).

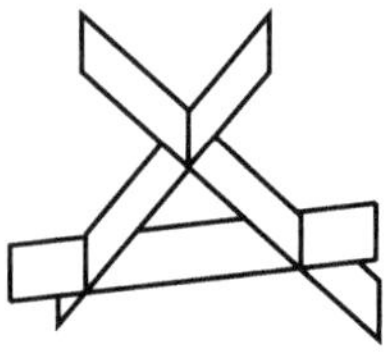

附图 1

A. $r(\boldsymbol{A})=2,r(\boldsymbol{B})=3$

B. $r(\boldsymbol{A})=2,r(\boldsymbol{B})=2$

C. $r(\boldsymbol{A})=1,r(\boldsymbol{B})=2$

D. $r(\boldsymbol{A})=1,r(\boldsymbol{B})=1$

(2019 年数学一)

14. 设$\boldsymbol{A}$为四阶矩阵,$\boldsymbol{A}^*$为其伴随矩阵.若线性方程组$\boldsymbol{Ax}=\boldsymbol{0}$的基础解系中只有两个解,则$r(\boldsymbol{A}^*)=$(　　).

A. 0　　B. 1

C. 2　　D. 3

(2019 年数学二)

15. 若矩阵$\boldsymbol{A}$经初等列变换化为矩阵$\boldsymbol{B}$,则(　　).

A. 存在矩阵$\boldsymbol{P}$,使得$\boldsymbol{PA}=\boldsymbol{B}$　　B. 存在矩阵$\boldsymbol{P}$,使得$\boldsymbol{BP}=\boldsymbol{A}$

C. 存在矩阵$\boldsymbol{P}$,使得$\boldsymbol{PB}=\boldsymbol{A}$　　D. 方程组$\boldsymbol{Ax}=\boldsymbol{0}$与$\boldsymbol{Bx}=\boldsymbol{0}$同解

(2020 年数学一)

16. 已知直线$L_1:\dfrac{x-a_2}{a_1}=\dfrac{y-b_2}{b_1}=\dfrac{z-c_2}{c_1}$与$L_2:\dfrac{x-a_3}{a_2}=\dfrac{y-b_3}{b_2}=\dfrac{z-c_3}{c_2}$相交于一点,记向量$\boldsymbol{\alpha}_i=\begin{pmatrix}a_i\\b_i\\c_i\end{pmatrix}(i=1,2,3)$,则(　　).

A. $\boldsymbol{\alpha}_1$可由向量组$\boldsymbol{\alpha}_2,\boldsymbol{\alpha}_3$线性表示　　B. $\boldsymbol{\alpha}_2$可由向量组$\boldsymbol{\alpha}_1,\boldsymbol{\alpha}_3$线性表示

C. $\boldsymbol{\alpha}_3$可由向量组$\boldsymbol{\alpha}_1,\boldsymbol{\alpha}_2$线性表示　　D. 向量组$\boldsymbol{\alpha}_1,\boldsymbol{\alpha}_2,\boldsymbol{\alpha}_3$线性无关

(2020 年数学一)

17. 设四阶矩阵$\boldsymbol{A}=(a_{ij})_{4\times4}$不可逆，$a_{12}$的代数余子式$A_{12}\neq0$，$\boldsymbol{\alpha}_1,\boldsymbol{\alpha}_2,\boldsymbol{\alpha}_3,\boldsymbol{\alpha}_4$为矩阵$\boldsymbol{A}$的列向量组，$\boldsymbol{A}^*$为矩阵$\boldsymbol{A}$的伴随矩阵，则线性方程组$\boldsymbol{A}^*\boldsymbol{x}=\boldsymbol{0}$的通解为(　　).

A. $\boldsymbol{x}=k_1\boldsymbol{\alpha}_1+k_2\boldsymbol{\alpha}_2+k_3\boldsymbol{\alpha}_3$，其中$k_1,k_2,k_3$为任意常数

B. $\boldsymbol{x}=k_1\boldsymbol{\alpha}_1+k_2\boldsymbol{\alpha}_2+k_3\boldsymbol{\alpha}_4$，其中$k_1,k_2,k_3$为任意常数

C. $\boldsymbol{x}=k_1\boldsymbol{\alpha}_1+k_2\boldsymbol{\alpha}_3+k_3\boldsymbol{\alpha}_4$，其中$k_1,k_2,k_3$为任意常数

D. $\boldsymbol{x}=k_1\boldsymbol{\alpha}_2+k_2\boldsymbol{\alpha}_3+k_3\boldsymbol{\alpha}_4$，其中$k_1,k_2,k_3$为任意常数

(2020年数学二)

18. 设$\boldsymbol{A}$为三阶矩阵，$\boldsymbol{\alpha}_1,\boldsymbol{\alpha}_2$为矩阵$\boldsymbol{A}$的对应于特征值1的线性无关特征向量，$\boldsymbol{\alpha}_3$为矩阵$\boldsymbol{A}$的对应于特征值$-1$的特征向量，则满足$\boldsymbol{P}^{-1}\boldsymbol{A}\boldsymbol{P}=\begin{pmatrix}1&0&0\\0&-1&0\\0&0&1\end{pmatrix}$的可逆矩阵$\boldsymbol{P}$为(　　).

A. $(\boldsymbol{\alpha}_1+\boldsymbol{\alpha}_3,\boldsymbol{\alpha}_2,-\boldsymbol{\alpha}_3)$

B. $(\boldsymbol{\alpha}_1+\boldsymbol{\alpha}_2,\boldsymbol{\alpha}_2,-\boldsymbol{\alpha}_3)$

C. $(\boldsymbol{\alpha}_1+\boldsymbol{\alpha}_3,-\boldsymbol{\alpha}_3,\boldsymbol{\alpha}_2)$

D. $(\boldsymbol{\alpha}_1+\boldsymbol{\alpha}_2,-\boldsymbol{\alpha}_3,\boldsymbol{\alpha}_2)$

(2020年数学二)

19. 二次型$f(x_1,x_2,x_3)=(x_1+x_2)^2+(x_2+x_3)^2-(x_3-x_1)^2$的正惯性指数与负惯性指数依次为(　　).

A. 2,0

B. 1,1

C. 2,1

D. 1,2

(2021年数学一)

20. 已知向量$\boldsymbol{\alpha}_1=\begin{pmatrix}1\\0\\1\end{pmatrix}$，$\boldsymbol{\alpha}_2=\begin{pmatrix}1\\2\\1\end{pmatrix}$，$\boldsymbol{\alpha}_3=\begin{pmatrix}3\\1\\2\end{pmatrix}$，记向量

$$\boldsymbol{\beta}_1=\boldsymbol{\alpha}_1,\quad \boldsymbol{\beta}_2=\boldsymbol{\alpha}_2-k\boldsymbol{\beta}_1,\quad \boldsymbol{\beta}_3=\boldsymbol{\alpha}_3-l_1\boldsymbol{\beta}_1-l_2\boldsymbol{\beta}_2.$$

若向量$\boldsymbol{\beta}_1,\boldsymbol{\beta}_2,\boldsymbol{\beta}_3$两两正交，则$l_1,l_2$依次为(　　).

A. $\frac{5}{2},\frac{1}{2}$

B. $-\frac{5}{2},\frac{1}{2}$

C. $\frac{5}{2},-\frac{1}{2}$

D. $-\frac{5}{2},-\frac{1}{2}$

(2021年数学一)

21. 设$\boldsymbol{A},\boldsymbol{B}$为$n$阶实矩阵，下列选项中不成立的是(　　).

A. $\mathrm{r}\begin{pmatrix}\boldsymbol{A}&\boldsymbol{O}\\\boldsymbol{O}&\boldsymbol{A}^{\mathrm{T}}\boldsymbol{A}\end{pmatrix}=2\mathrm{r}(\boldsymbol{A})$

B. $\mathrm{r}\begin{pmatrix}\boldsymbol{A}&\boldsymbol{AB}\\\boldsymbol{O}&\boldsymbol{A}^{\mathrm{T}}\end{pmatrix}=2\mathrm{r}(\boldsymbol{A})$

C. $r\begin{pmatrix} A & BA \\ O & A^TA \end{pmatrix}=2r(A)$　　D. $r\begin{pmatrix} A & O \\ BA & A^T \end{pmatrix}=2r(A)$

（2021 年数学一）

22. 设三阶矩阵 $A=(\alpha_1,\alpha_2,\alpha_3)$，$B=(\beta_1,\beta_2,\beta_3)$. 若向量组 $\alpha_1,\alpha_2,\alpha_3$ 可以由向量组 β_1,β_2,β_3 线性表示，则（　　）.

A. $Ax=0$ 的解均为 $Bx=0$ 的解　　B. $A^Tx=0$ 的解均为 $B^Tx=0$ 的解

C. $Bx=0$ 的解均为 $Ax=0$ 的解　　D. $B^Tx=0$ 的解均为 $A^Tx=0$ 的解

（2021 年数学二）

23. 已知矩阵 $A=\begin{pmatrix} 1 & 0 & -1 \\ 2 & -1 & 1 \\ -1 & 2 & -5 \end{pmatrix}$，若存在下三角形可逆矩阵 P 和上三角形可逆矩阵 Q，使得 PAQ 为对角矩阵，则 P,Q 可以分别取（　　）.

A. $\begin{pmatrix} 1 & 0 & 0 \\ 0 & 1 & 0 \\ 0 & 0 & 1 \end{pmatrix},\begin{pmatrix} 1 & 0 & 1 \\ 0 & 1 & 3 \\ 0 & 0 & 1 \end{pmatrix}$　　B. $\begin{pmatrix} 1 & 0 & 0 \\ 2 & -1 & 0 \\ -3 & 2 & 1 \end{pmatrix},\begin{pmatrix} 1 & 0 & 0 \\ 0 & 1 & 0 \\ 0 & 0 & 1 \end{pmatrix}$

C. $\begin{pmatrix} 1 & 0 & 0 \\ 2 & -1 & 0 \\ -3 & 2 & 1 \end{pmatrix},\begin{pmatrix} 1 & 0 & 1 \\ 0 & 1 & 3 \\ 0 & 0 & 1 \end{pmatrix}$　　D. $\begin{pmatrix} 1 & 0 & 0 \\ 0 & 1 & 0 \\ 1 & 3 & 1 \end{pmatrix},\begin{pmatrix} 1 & 2 & -3 \\ 0 & -1 & 2 \\ 0 & 0 & 1 \end{pmatrix}$

（2021 年数学二）

24. 设 $A=(\alpha_1,\alpha_2,\alpha_3,\alpha_4)$ 为四阶正交矩阵. 若矩阵 $B=\begin{pmatrix} \alpha_1^T \\ \alpha_2^T \\ \alpha_3^T \end{pmatrix}$，$\beta=\begin{pmatrix} 1 \\ 1 \\ 1 \end{pmatrix}$，$k$ 表示任意常数，则线性方程组 $Bx=\beta$ 的通解为 $x=$（　　）.

A. $\alpha_2+\alpha_3+\alpha_4+k\alpha_1$　　B. $\alpha_1+\alpha_3+\alpha_4+k\alpha_2$

C. $\alpha_1+\alpha_2+\alpha_4+k\alpha_3$　　D. $\alpha_1+\alpha_2+\alpha_3+k\alpha_4$

（2021 年数学三）

25. 下列条件中，（　　）是三阶矩阵 A 可对角化的充分条件.

A. 矩阵 A 有 3 个不同的特征值

B. 矩阵 A 有 3 个线性无关的特征向量

C. 矩阵 $\boldsymbol{A}$ 有 3 个两两线性无关的特征向量

D. 矩阵 $\boldsymbol{A}$ 的不同特征值对应的特征向量正交

（2022 年数学一）

26. 设 $\boldsymbol{A},\boldsymbol{B}$ 均为 n 阶矩阵. 若线性方程组 $\boldsymbol{Ax}=\boldsymbol{0}$ 与 $\boldsymbol{Bx}=\boldsymbol{0}$ 同解，则（　　）.

A. $\begin{pmatrix}\boldsymbol{A} & \boldsymbol{O}\\ \boldsymbol{E} & \boldsymbol{B}\end{pmatrix}\boldsymbol{x}=\boldsymbol{0}$ 仅有零解

B. $\begin{pmatrix}\boldsymbol{AB} & \boldsymbol{B}\\ \boldsymbol{O} & \boldsymbol{A}\end{pmatrix}\boldsymbol{x}=\boldsymbol{0}$ 仅有零解

C. $\begin{pmatrix}\boldsymbol{A} & \boldsymbol{B}\\ \boldsymbol{O} & \boldsymbol{B}\end{pmatrix}\boldsymbol{x}=\boldsymbol{0}$ 与 $\begin{pmatrix}\boldsymbol{B} & \boldsymbol{A}\\ \boldsymbol{O} & \boldsymbol{A}\end{pmatrix}\boldsymbol{x}=\boldsymbol{0}$ 同解

D. $\begin{pmatrix}\boldsymbol{AB} & \boldsymbol{B}\\ \boldsymbol{O} & \boldsymbol{A}\end{pmatrix}\boldsymbol{x}=\boldsymbol{0}$ 与 $\begin{pmatrix}\boldsymbol{BA} & \boldsymbol{A}\\ \boldsymbol{O} & \boldsymbol{B}\end{pmatrix}\boldsymbol{x}=\boldsymbol{0}$ 同解

（2022 年数学一）

27. 设向量组 $\boldsymbol{\alpha}_1=\begin{pmatrix}\lambda\\1\\1\end{pmatrix},\boldsymbol{\alpha}_2=\begin{pmatrix}1\\\lambda\\1\end{pmatrix},\boldsymbol{\alpha}_3=\begin{pmatrix}1\\1\\\lambda\end{pmatrix},\boldsymbol{\alpha}_4=\begin{pmatrix}1\\\lambda\\\lambda^2\end{pmatrix}$. 若向量组 $\boldsymbol{\alpha}_1,\boldsymbol{\alpha}_2,\boldsymbol{\alpha}_3$ 与向量组 $\boldsymbol{\alpha}_1,\boldsymbol{\alpha}_2,\boldsymbol{\alpha}_4$ 等价，则 λ 属于（　　）.

A. $\{\lambda \mid \lambda\in\mathbf{R}\}$

B. $\{\lambda \mid \lambda\in\mathbf{R},\lambda\neq-1\}$

C. $\{\lambda \mid \lambda\in\mathbf{R},\lambda\neq-1,\lambda\neq-2\}$

D. $\{\lambda \mid \lambda\in\mathbf{R},\lambda\neq-2\}$

（2022 年数学一）

28. 设 $\boldsymbol{A}$ 为三阶矩阵，矩阵 $\boldsymbol{\Lambda}=\begin{pmatrix}1 & 0 & 0\\0 & -1 & 0\\0 & 0 & 0\end{pmatrix}$，则矩阵 $\boldsymbol{A}$ 的特征值为 $1,-1,0$ 的充要条件是（　　）.

A. 存在可逆矩阵 $\boldsymbol{P},\boldsymbol{Q}$，使得 $\boldsymbol{A}=\boldsymbol{P\Lambda Q}$

B. 存在可逆矩阵 $\boldsymbol{P}$，使得 $\boldsymbol{A}=\boldsymbol{P\Lambda P}^{-1}$

C. 存在正交矩阵 $\boldsymbol{Q}$，使得 $\boldsymbol{A}=\boldsymbol{Q\Lambda Q}^{-1}$

D. 存在可逆矩阵 $\boldsymbol{P}$，使得 $\boldsymbol{A}=\boldsymbol{P\Lambda P}^{\mathrm{T}}$

（2022 年数学二）

29. 设矩阵 $\boldsymbol{A}=\begin{pmatrix}1 & 1 & 1\\ 1 & a & a^2\\ 1 & b & b^2\end{pmatrix}$，$\boldsymbol{B}=\begin{pmatrix}1\\ 2\\ 4\end{pmatrix}$，则线性方程组 $\boldsymbol{Ax}=\boldsymbol{B}$ 的解的情况为（　　）.

A. 无解　　　　B. 有解

C. 有无穷多解或无解　　　　D. 有唯一解或无解

（2022 年数学二）

30. 已知 n 阶矩阵 $\boldsymbol{A},\boldsymbol{B},\boldsymbol{C}$ 满足 $\boldsymbol{ABC}=\boldsymbol{O}$，$\boldsymbol{E}$ 为 n 阶单位矩阵. 记矩阵 $\begin{pmatrix}\boldsymbol{O} & \boldsymbol{A}\\ \boldsymbol{BC} & \boldsymbol{E}\end{pmatrix}$，$\begin{pmatrix}\boldsymbol{AB} & \boldsymbol{C}\\ \boldsymbol{O} & \boldsymbol{E}\end{pmatrix}$，$\begin{pmatrix}\boldsymbol{E} & \boldsymbol{AB}\\ \boldsymbol{AB} & \boldsymbol{O}\end{pmatrix}$ 的秩分别为 r_1,r_2,r_3，则（　　）.

A. $r_1\leqslant r_2\leqslant r_3$　　　　B. $r_1\leqslant r_3\leqslant r_2$

C. $r_3\leqslant r_2\leqslant r_1$　　　　D. $r_2\leqslant r_1\leqslant r_3$

（2023 年数学一）

31. 下列矩阵中不能相似于对角矩阵的是（　　）.

A. $\begin{pmatrix}1 & 1 & a\\ 0 & 2 & 2\\ 0 & 0 & 3\end{pmatrix}$　　　　B. $\begin{pmatrix}1 & 1 & a\\ 1 & 2 & 0\\ a & 0 & 3\end{pmatrix}$

C. $\begin{pmatrix}1 & 1 & a\\ 0 & 2 & 0\\ 0 & 0 & 2\end{pmatrix}$　　　　D. $\begin{pmatrix}1 & 1 & a\\ 0 & 2 & 2\\ 0 & 0 & 2\end{pmatrix}$

（2023 年数学一）

32. 已知向量 $\boldsymbol{\alpha}_1=\begin{pmatrix}1\\ 2\\ 3\end{pmatrix}$，$\boldsymbol{\alpha}_2=\begin{pmatrix}2\\ 1\\ 1\end{pmatrix}$，$\boldsymbol{\beta}_1=\begin{pmatrix}2\\ 5\\ 9\end{pmatrix}$，$\boldsymbol{\beta}_2=\begin{pmatrix}1\\ 0\\ 1\end{pmatrix}$，若向量 $\boldsymbol{\gamma}$ 既可由向量组 $\boldsymbol{\alpha}_1$，$\boldsymbol{\alpha}_2$ 线性表示，也可由向量组 $\boldsymbol{\beta}_1,\boldsymbol{\beta}_2$ 线性表示，则 $\boldsymbol{\gamma}=$（　　）.

A. $k\begin{pmatrix}3\\ 3\\ 4\end{pmatrix}$，$k\in\mathbf{R}$　　　　B. $k\begin{pmatrix}3\\ 5\\ 10\end{pmatrix}$，$k\in\mathbf{R}$

C. $k\begin{pmatrix}-1\\1\\2\end{pmatrix},k\in\mathbf{R}$　　D. $k\begin{pmatrix}1\\5\\8\end{pmatrix},k\in\mathbf{R}$

（2023 年数学一）

33. 设$\boldsymbol{A}$,$\boldsymbol{B}$均为n阶可逆矩阵,$\boldsymbol{E}$为n阶单位矩阵,$\boldsymbol{M}^*$为矩阵$\boldsymbol{M}$的伴随矩阵,则$\begin{pmatrix}\boldsymbol{A}&\boldsymbol{E}\\\boldsymbol{O}&\boldsymbol{B}\end{pmatrix}^*=$(　　).

A. $\begin{pmatrix}|\boldsymbol{A}|\boldsymbol{B}^*&-\boldsymbol{B}^*\boldsymbol{A}^*\\\boldsymbol{O}&\boldsymbol{A}^*\boldsymbol{B}^*\end{pmatrix}$　　B. $\begin{pmatrix}|\boldsymbol{A}|\boldsymbol{B}^*&-\boldsymbol{A}^*\boldsymbol{B}^*\\\boldsymbol{O}&|\boldsymbol{B}|\boldsymbol{A}^*\end{pmatrix}$

C. $\begin{pmatrix}|\boldsymbol{B}|\boldsymbol{A}^*&-\boldsymbol{B}^*\boldsymbol{A}^*\\\boldsymbol{O}&|\boldsymbol{A}|\boldsymbol{B}^*\end{pmatrix}$　　D. $\begin{pmatrix}|\boldsymbol{B}|\boldsymbol{A}^*&-\boldsymbol{A}^*\boldsymbol{B}^*\\\boldsymbol{O}&|\boldsymbol{A}|\boldsymbol{B}^*\end{pmatrix}$

（2023 年数学二）

34. 二次型$f(x_1,x_2,x_3)=(x_1+x_2)^2+(x_1+x_3)^2-4(x_2-x_3)^2$的规范形为(　　).

A. $y_1^2+y_2^2$　　B. $y_1^2-y_2^2$

C. $y_1^2+y_2^2-4y_3^2$　　D. $y_1^2+y_2^2-y_3^2$

（2023 年数学二）

35. 在空间直角坐标系$Oxyz$中,3 个平面$\Pi_i:a_ix+b_iy+c_iz=d_i(i=1,2,3)$的位置关系如附图 2 所示. 记向量$\boldsymbol{\alpha}_i=(a_i,b_i,c_i)$,$\boldsymbol{\beta}_i=(a_i,b_i,c_i,d_i)$. 若$\mathrm{r}\begin{pmatrix}\boldsymbol{\alpha}_1\\\boldsymbol{\alpha}_2\\\boldsymbol{\alpha}_3\end{pmatrix}=m$,$\mathrm{r}\begin{pmatrix}\boldsymbol{\beta}_1\\\boldsymbol{\beta}_2\\\boldsymbol{\beta}_3\end{pmatrix}=n$,则(　　).

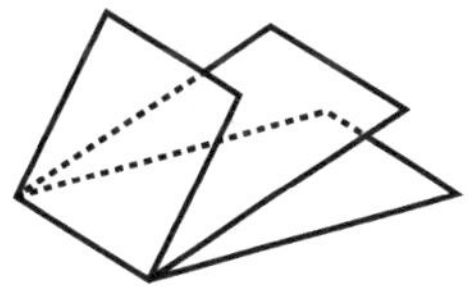

附图 2

A. $m=1,n=2$　　B. $m=n=2$

C. $m=2,n=3$　　D. $m=n=3$

（2024 年数学一）

36. 设向量$\boldsymbol{\alpha}_1=\begin{pmatrix}a\\1\\-1\\1\end{pmatrix}$,$\boldsymbol{\alpha}_2=\begin{pmatrix}1\\1\\b\\a\end{pmatrix}$,$\boldsymbol{\alpha}_3=\begin{pmatrix}1\\a\\-1\\1\end{pmatrix}$. 若向量组$\boldsymbol{\alpha}_1$,$\boldsymbol{\alpha}_2$,$\boldsymbol{\alpha}_3$线性相关,且其中任意两个向量均线性无关,则(　　).

A. $a=1,b\neq-1$　　B. $a=1,b=-1$

C. $a\neq -2, b=2$　　D. $a=-2, b=2$

（2024 年数学一）

37. 设 $\boldsymbol{A}$ 是秩为 2 的三阶矩阵，$\boldsymbol{\alpha}$ 是满足 $\boldsymbol{A\alpha}=\boldsymbol{0}$ 的非零列向量. 若对于满足 $\boldsymbol{\beta}^{\mathrm{T}}\boldsymbol{\alpha}=\boldsymbol{0}$ 的三维列向量 $\boldsymbol{\beta}$，均有 $\boldsymbol{A\beta}=\boldsymbol{\beta}$，则（　　）.

A. $\boldsymbol{A}^3$ 的迹为 2　　B. $\boldsymbol{A}^3$ 的迹为 5

C. $\boldsymbol{A}^2$ 的迹为 8　　D. $\boldsymbol{A}^2$ 的迹为 9

（2024 年数学一）

38. 设 $\boldsymbol{A}$ 为三阶矩阵，矩阵 $\boldsymbol{P}=\begin{pmatrix}1&0&0\\0&1&0\\1&0&1\end{pmatrix}$. 若 $\boldsymbol{P}^{\mathrm{T}}\boldsymbol{A}\boldsymbol{P}^2=\begin{pmatrix}a+2c&0&c\\0&b&0\\2c&0&c\end{pmatrix}$，则 $\boldsymbol{A}=$（　　）.

A. $\begin{pmatrix}c&0&0\\0&a&0\\0&0&b\end{pmatrix}$　　B. $\begin{pmatrix}b&0&0\\0&c&0\\0&0&a\end{pmatrix}$

C. $\begin{pmatrix}a&0&0\\0&b&0\\0&0&c\end{pmatrix}$　　D. $\begin{pmatrix}c&0&0\\0&b&0\\0&0&a\end{pmatrix}$

（2024 年数学二）

39. 设 $\boldsymbol{A}$ 为四阶矩阵，$\boldsymbol{A}^*$ 为矩阵 $\boldsymbol{A}$ 的伴随矩阵. 若 $\boldsymbol{A}(\boldsymbol{A}-\boldsymbol{A}^*)=\boldsymbol{O}$，且 $\boldsymbol{A}\neq\boldsymbol{A}^*$，则 $\mathrm{r}(\boldsymbol{A})$ 的取值为（　　）.

A. 0 或 1　　B. 1 或 3

C. 2 或 3　　D. 1 或 2

（2024 年数学二）

40. 设 $\boldsymbol{A}$，$\boldsymbol{B}$ 均为二阶矩阵，且 $\boldsymbol{AB}=\boldsymbol{BA}$，则矩阵 $\boldsymbol{A}$ 有两个不相等的特征值是矩阵 $\boldsymbol{B}$ 可对角化的（　　）.

A. 充要条件　　B. 充分条件

C. 必要条件　　D. 既不充分也不必要条件

（2024 年数学二）

41. 设二次型 $f=\boldsymbol{x}^{\mathrm{T}}\boldsymbol{Ax}$ 在正交变换下可化成 $y_1^2-2y_2^2+3y_3^2$，则二次型 f 的矩阵 $\boldsymbol{A}$ 的行列式与迹分别为（　　）.

A. $-6, -2$　　B. $6, -2$

C. $-6,2$ D. $6,2$

(2024 年数学三)

42. 设矩阵 $\boldsymbol{A}=\begin{pmatrix} a+1 & b & 3 \\ a & \frac{b}{2} & 1 \\ 1 & 1 & 2 \end{pmatrix}$，$M_{ij}(i,j=1,2,3)$ 表示 $|\boldsymbol{A}|$ 的第 i 行第 j 列元素的余子式. 若 $|\boldsymbol{A}|=-\frac{1}{2}$，且 $-M_{21}+M_{22}-M_{23}=0$，则(　　).

A. $a=0$ 或 $a=-\frac{3}{2}$ B. $a=0$ 或 $a=\frac{3}{2}$

C. $b=1$ 或 $b=-\frac{1}{2}$ D. $b=-1$ 或 $b=\frac{1}{2}$

(2024 年数学三)

二、填空题

1. 设二次型

$$f(x_1,x_2,x_3)=x_1^2-x_2^2+2ax_1x_3+4x_2x_3$$

的负惯性指数是 1，则 a 的取值范围是________.

(2014 年数学一)

2. n 阶行列式 $\begin{vmatrix} 2 & 0 & \cdots & 0 & 2 \\ -1 & 2 & \cdots & 0 & 2 \\ \vdots & \vdots & & \vdots & \vdots \\ 0 & 0 & \cdots & 2 & 2 \\ 0 & 0 & \cdots & -1 & 2 \end{vmatrix}=$________.

(2015 年数学一)

3. 行列式 $\begin{vmatrix} \lambda & -1 & 0 & 0 \\ 0 & \lambda & -1 & 0 \\ 0 & 0 & \lambda & -1 \\ 4 & 3 & 2 & \lambda+1 \end{vmatrix}=$________.

(2016 年数学一)

4. 设矩阵 $\begin{pmatrix} a & -1 & -1 \\ -1 & a & -1 \\ -1 & -1 & a \end{pmatrix}$ 与 $\begin{pmatrix} 1 & 1 & 0 \\ 0 & -1 & 1 \\ 1 & 0 & 1 \end{pmatrix}$ 等价，则 $a=$________.

(2016 年数学二)

5. 设矩阵 $\boldsymbol{A}=\begin{pmatrix}1&0&1\\1&1&2\\0&1&1\end{pmatrix}$，$\boldsymbol{\alpha}_1,\boldsymbol{\alpha}_2,\boldsymbol{\alpha}_3$ 为线性无关的三维列向量组，则向量组 $\boldsymbol{A\alpha}_1,\boldsymbol{A\alpha}_2,\boldsymbol{A\alpha}_3$ 的秩为________.

（2017 年数学一）

6. 设二阶矩阵 $\boldsymbol{A}$ 有两个不同的特征值，$\boldsymbol{\alpha}_1,\boldsymbol{\alpha}_2$ 是 $\boldsymbol{A}$ 的线性无关的特征向量，$\boldsymbol{A}^2(\boldsymbol{\alpha}_1+\boldsymbol{\alpha}_2)=\boldsymbol{\alpha}_1+\boldsymbol{\alpha}_2$，则 $|\boldsymbol{A}|=$________.

（2018 年数学一）

7. 设 $\boldsymbol{A}$ 为三阶矩阵，$\boldsymbol{\alpha}_1,\boldsymbol{\alpha}_2,\boldsymbol{\alpha}_3$ 为线性无关的向量组. 若 $\boldsymbol{A\alpha}_1=2\boldsymbol{\alpha}_1+\boldsymbol{\alpha}_2+\boldsymbol{\alpha}_3$，$\boldsymbol{A\alpha}_2=\boldsymbol{\alpha}_2+2\boldsymbol{\alpha}_3$，$\boldsymbol{A\alpha}_3=-\boldsymbol{\alpha}_2+\boldsymbol{\alpha}_3$，则矩阵 $\boldsymbol{A}$ 的实特征值为________.

（2018 年数学二）

8. 设 $\boldsymbol{A}=(\boldsymbol{\alpha}_1,\boldsymbol{\alpha}_2,\boldsymbol{\alpha}_3)$ 为三阶矩阵. 若向量组 $\boldsymbol{\alpha}_1,\boldsymbol{\alpha}_2$ 线性无关，且 $\boldsymbol{\alpha}_3=-\boldsymbol{\alpha}_1+2\boldsymbol{\alpha}_2$，则线性方程组 $\boldsymbol{Ax}=\boldsymbol{0}$ 的通解为________.

（2019 年数学一）

9. 已知矩阵 $\boldsymbol{A}=\begin{pmatrix}1&-1&0&0\\-2&1&-1&1\\3&-2&2&-1\\0&0&3&4\end{pmatrix}$，$A_{ij}(i,j=1,2,3,4)$ 表示 $|\boldsymbol{A}|$ 中第 i 行第 j 列元素的代数余子式，则 $A_{11}-A_{12}=$________.

（2019 年数学二）

10. 已知矩阵 $\boldsymbol{A}=\begin{pmatrix}1&0&-1\\1&1&-1\\0&1&a^2-1\end{pmatrix}$，$\boldsymbol{b}=\begin{pmatrix}0\\1\\a\end{pmatrix}$. 若线性方程组 $\boldsymbol{Ax}=\boldsymbol{b}$ 有无穷多解，则 $a=$________.

（2019 年数学三）

11. 行列式 $\begin{vmatrix}a&0&-1&1\\0&a&1&-1\\-1&1&a&0\\1&-1&0&a\end{vmatrix}=$________.

（2020 年数学一）

12. 设 $\boldsymbol{A}=(a_{ij})_{3\times3}$ 为三阶矩阵，$A_{ij}(i,j=1,2,3)$ 表示 $|\boldsymbol{A}|$ 中第 i 行第 j 列元素

的代数余子式.若矩阵 $\boldsymbol{A}$ 的每行元素之和均为 2,且 $|\boldsymbol{A}|=3$,则 $A_{11}+A_{21}+A_{31}=$ ________.

（2021 年数学一）

13. 多项式 $f(x)=\begin{vmatrix} x & x & 1 & 2x \\ 1 & x & 2 & -1 \\ 2 & 1 & x & 1 \\ 2 & -1 & 1 & x \end{vmatrix}$ 中 x^3 的系数为________.

（2021 年数学二）

14. 设矩阵 $\boldsymbol{A},\boldsymbol{A}-\boldsymbol{E}$ 可逆.若矩阵 $\boldsymbol{B}$ 满足 $[\boldsymbol{E}-(\boldsymbol{A}-\boldsymbol{E})^{-1}]\boldsymbol{B}=\boldsymbol{A}$,则 $\boldsymbol{B}-\boldsymbol{A}=$ ________.

（2022 年数学一）

15. 设 $\boldsymbol{A}$ 为三阶矩阵,交换矩阵 $\boldsymbol{A}$ 的第 2 行和第 3 行,再将第 2 列的 -1 倍加到第 1 列上,得到矩阵 $\begin{pmatrix} -2 & 1 & -1 \\ 1 & -1 & 0 \\ -1 & 0 & 0 \end{pmatrix}$,则 $\boldsymbol{A}^{-1}$ 的迹 $\mathrm{tr}(\boldsymbol{A}^{-1})=$ ________.

（2022 年数学二）

16. 已知向量 $\boldsymbol{\alpha}_1=\begin{pmatrix} 1 \\ 0 \\ 1 \\ 1 \end{pmatrix},\boldsymbol{\alpha}_2=\begin{pmatrix} -1 \\ -1 \\ 0 \\ 1 \end{pmatrix},\boldsymbol{\alpha}_3=\begin{pmatrix} 0 \\ 1 \\ -1 \\ 1 \end{pmatrix},\boldsymbol{\beta}=\begin{pmatrix} 1 \\ 1 \\ 1 \\ -1 \end{pmatrix}$,且 $\boldsymbol{\gamma}=k_1\boldsymbol{\alpha}_1+k_2\boldsymbol{\alpha}_2+k_3\boldsymbol{\alpha}_3$.若 $\boldsymbol{\gamma}^{\mathrm{T}}\boldsymbol{\alpha}_i=\boldsymbol{\beta}^{\mathrm{T}}\boldsymbol{\alpha}_i(i=1,2,3)$,则 $k_1^2+k_2^2+k_3^2=$ ________.

（2023 年数学一）

17. 已知线性方程组 $\begin{cases} ax_1 + x_3=1, \\ x_1+ax_2+x_3=0, \\ x_1+2x_2+ax_3=0, \\ ax_1+bx_2=2 \end{cases}$ 有解,其中 a,b 为常数.若 $\begin{vmatrix} a & 0 & 1 \\ 1 & a & 1 \\ 1 & 2 & a \end{vmatrix}=4$,则 $\begin{vmatrix} 1 & a & 1 \\ 1 & 2 & a \\ a & b & 0 \end{vmatrix}=$ ________.

（2023 年数学二）

18. 设矩阵 $\boldsymbol{A}=\begin{pmatrix} a+1 & a \\ a & a \end{pmatrix}$.若对于任意向量 $\boldsymbol{\alpha}=\begin{pmatrix} x_1 \\ x_2 \end{pmatrix},\boldsymbol{\beta}=\begin{pmatrix} y_1 \\ y_2 \end{pmatrix}$,$(\boldsymbol{\alpha}^{\mathrm{T}}\boldsymbol{A}\boldsymbol{\beta})^2\leqslant$

$\boldsymbol{\alpha}^{\mathrm{T}}\boldsymbol{A}\boldsymbol{\alpha}\cdot\boldsymbol{\beta}^{\mathrm{T}}\boldsymbol{A}\boldsymbol{\beta}$ 都成立，则 a 的取值范围是________.

（2024 年数学一）

19. 设向量 $\boldsymbol{\alpha}_1=\begin{pmatrix}a\\1\\-1\\1\end{pmatrix}$，$\boldsymbol{\alpha}_2=\begin{pmatrix}1\\1\\b\\a\end{pmatrix}$，$\boldsymbol{\alpha}_3=\begin{pmatrix}1\\a\\-1\\1\end{pmatrix}$. 若向量组 $\boldsymbol{\alpha}_1,\boldsymbol{\alpha}_2,\boldsymbol{\alpha}_3$ 线性相关，且其中任意两个向量均线性无关，则 $ab=$________.

（2024 年数学二）

20. 设 $\boldsymbol{A}$ 为三阶矩阵，$\boldsymbol{A}^*$ 为矩阵 $\boldsymbol{A}$ 的伴随矩阵，$\boldsymbol{E}$ 为三阶单位矩阵. 若 $\mathrm{r}(2\boldsymbol{E}-\boldsymbol{A})=1$，$\mathrm{r}(\boldsymbol{E}+\boldsymbol{A})=2$，则 $|\boldsymbol{A}^*|=$________.

（2024 年数学三）

三、解答题

1. 设矩阵 $\boldsymbol{A}=\begin{pmatrix}1&-2&3&-4\\0&1&-1&1\\1&2&0&-3\end{pmatrix}$，$\boldsymbol{E}$ 为三阶单位矩阵，求：

(1) 线性方程组 $\boldsymbol{Ax}=\boldsymbol{0}$ 的一个基础解系；

(2) 满足 $\boldsymbol{AB}=\boldsymbol{E}$ 的所有矩阵 $\boldsymbol{B}$.

（2014 年数学一）

2. 证明：n 阶矩阵 $\begin{pmatrix}1&1&\cdots&1\\1&1&\cdots&1\\\vdots&\vdots&&\vdots\\1&1&\cdots&1\end{pmatrix}$ 与 $\begin{pmatrix}0&0&\cdots&1\\0&0&\cdots&2\\\vdots&\vdots&&\vdots\\0&0&\cdots&n\end{pmatrix}$ 相似.

（2014 年数学一）

3. 设向量组 $\boldsymbol{\alpha}_1,\boldsymbol{\alpha}_2,\boldsymbol{\alpha}_3$ 为 $\mathbf{R}^3$ 的一个基，向量 $\boldsymbol{\beta}_1=2\boldsymbol{\alpha}_1+2k\boldsymbol{\alpha}_3$，$\boldsymbol{\beta}_2=2\boldsymbol{\alpha}_2$，$\boldsymbol{\beta}_3=\boldsymbol{\alpha}_1+(k+1)\boldsymbol{\alpha}_3$.

(1) 证明：向量组 $\boldsymbol{\beta}_1,\boldsymbol{\beta}_2,\boldsymbol{\beta}_3$ 为 $\mathbf{R}^3$ 的一个基.

(2) 问：当 k 为何值时，存在非零向量 $\boldsymbol{\xi}$，它在基 $\boldsymbol{\alpha}_1,\boldsymbol{\alpha}_2,\boldsymbol{\alpha}_3$ 与基 $\boldsymbol{\beta}_1,\boldsymbol{\beta}_2,\boldsymbol{\beta}_3$ 下的坐标相同？并求出所有的 $\boldsymbol{\xi}$.

（2015 年数学一）

4. 设矩阵 $\boldsymbol{A}=\begin{pmatrix}0&2&-3\\-1&3&-3\\1&-2&a\end{pmatrix}$ 相似于矩阵 $\boldsymbol{B}=\begin{pmatrix}1&-2&0\\0&b&0\\0&3&1\end{pmatrix}$，求：

(1) a,b 的值；

(2) 可逆矩阵 $\boldsymbol{P}$，使得 $\boldsymbol{P}^{-1}\boldsymbol{AP}$ 为对角矩阵.

(2015 年数学一)

5. 设矩阵

$$\boldsymbol{A}=\begin{pmatrix}1 & -1 & -1\\ 2 & a & 1\\ -1 & 1 & a\end{pmatrix},\quad \boldsymbol{B}=\begin{pmatrix}2 & 2\\ 1 & a\\ -a-1 & -2\end{pmatrix},$$

问：当 a 为何值时，矩阵方程 $\boldsymbol{AX}=\boldsymbol{B}$ 无解？有唯一解？有无穷多解？在有解时，求出其解.

(2016 年数学一)

6. 已知矩阵

$$\boldsymbol{A}=\begin{pmatrix}0 & -1 & 1\\ 2 & -3 & 0\\ 0 & 0 & 0\end{pmatrix}.$$

(1) 求 $\boldsymbol{A}^{99}$；

(2) 设三阶矩阵 $\boldsymbol{B}=(\boldsymbol{\alpha}_1,\boldsymbol{\alpha}_2,\boldsymbol{\alpha}_3)$ 满足 $\boldsymbol{B}^2=\boldsymbol{BA}$，记 $\boldsymbol{B}^{100}=(\boldsymbol{\beta}_1,\boldsymbol{\beta}_2,\boldsymbol{\beta}_3)$，将 $\boldsymbol{\beta}_1,\boldsymbol{\beta}_2,\boldsymbol{\beta}_3$ 分别表示为 $\boldsymbol{\alpha}_1,\boldsymbol{\alpha}_2,\boldsymbol{\alpha}_3$ 的线性组合.

(2016 年数学一)

7. 设矩阵

$$\boldsymbol{A}=\begin{pmatrix}1 & 1 & 1-a\\ 1 & 0 & a\\ a+1 & 1 & 1+a\end{pmatrix},\quad \boldsymbol{\beta}=\begin{pmatrix}0\\ 1\\ 2a-2\end{pmatrix},$$

且线性方程组 $\boldsymbol{Ax}=\boldsymbol{\beta}$ 无解，求：

(1) a 的值；

(2) 线性方程组 $\boldsymbol{A}^{\mathrm{T}}\boldsymbol{Ax}=\boldsymbol{A}^{\mathrm{T}}\boldsymbol{\beta}$ 的通解.

(2016 年数学二)

8. 设三阶矩阵 $\boldsymbol{A}=(\boldsymbol{\alpha}_1,\boldsymbol{\alpha}_2,\boldsymbol{\alpha}_3)$ 有 3 个不同的特征值，且 $\boldsymbol{\alpha}_3=\boldsymbol{\alpha}_1+2\boldsymbol{\alpha}_2$.

(1) 证明：$\mathrm{r}(\boldsymbol{A})=2$；

(2) 若 $\boldsymbol{\beta}=\boldsymbol{\alpha}_1+\boldsymbol{\alpha}_2+\boldsymbol{\alpha}_3$，求线性方程组 $\boldsymbol{Ax}=\boldsymbol{\beta}$ 的通解.

(2017 年数学一)

9. 设二次型 $f(x_1,x_2,x_3)=2x_1^2-x_2^2+ax_3^2+2x_1x_2-8x_1x_3+2x_2x_3$ 在正交变换 $\boldsymbol{x}=\boldsymbol{Q}\boldsymbol{y}$ 下的标准形为 $\lambda_1y_1^2+\lambda_2y_2^2$，求 a 的值及正交矩阵 $\boldsymbol{Q}$.

（2017 年数学一）

10. 设二次型 $f(x_1,x_2,x_3)=(x_1-x_2+x_3)^2+(x_2+x_3)^2+(x_1+ax_3)^2$，其中 a 是参数，求：

(1) $f(x_1,x_2,x_3)=0$ 的解；

(2) $f(x_1,x_2,x_3)$ 的规范形.

（2018 年数学一）

11. 设 a 是常数，矩阵 $\boldsymbol{A}=\begin{pmatrix}1&2&a\\1&3&0\\2&7&-a\end{pmatrix}$ 可经初等列变换化为矩阵 $\boldsymbol{B}=\begin{pmatrix}1&a&2\\0&1&1\\-1&1&1\end{pmatrix}$，求：

(1) a 的值；

(2) 满足 $\boldsymbol{AP}=\boldsymbol{B}$ 的可逆矩阵 $\boldsymbol{P}$.

（2018 年数学一）

12. 设向量组 $\boldsymbol{\alpha}_1=(1,2,1)^{\mathrm{T}}$，$\boldsymbol{\alpha}_2=(1,3,2)^{\mathrm{T}}$，$\boldsymbol{\alpha}_3=(1,a,3)^{\mathrm{T}}$ 为 $\mathbf{R}^3$ 的一个基，向量 $\boldsymbol{\beta}=(1,1,1)^{\mathrm{T}}$ 在这个基下的坐标为 $(b,c,1)^{\mathrm{T}}$.

(1) 求 a,b,c 的值；

(2) 证明：$\boldsymbol{\alpha}_2,\boldsymbol{\alpha}_3,\boldsymbol{\beta}$ 为 $\mathbf{R}^3$ 的一个基，并求从基 $\boldsymbol{\alpha}_2,\boldsymbol{\alpha}_3,\boldsymbol{\beta}$ 到基 $\boldsymbol{\alpha}_1,\boldsymbol{\alpha}_2,\boldsymbol{\alpha}_3$ 的过渡矩阵.

（2019 年数学一）

13. 已知矩阵 $\boldsymbol{A}=\begin{pmatrix}-2&-2&1\\2&x&-2\\0&0&-2\end{pmatrix}$ 与 $\boldsymbol{B}=\begin{pmatrix}2&1&0\\0&-1&0\\0&0&y\end{pmatrix}$ 相似，求：

(1) x,y 的值；

(2) 可逆矩阵 $\boldsymbol{P}$，使得 $\boldsymbol{P}^{-1}\boldsymbol{AP}=\boldsymbol{B}$.

（2019 年数学一）

14. 已知向量组

$$(\text{Ⅰ}):\boldsymbol{\alpha}_1=\begin{pmatrix}1\\1\\4\end{pmatrix},\quad \boldsymbol{\alpha}_2=\begin{pmatrix}1\\0\\4\end{pmatrix},\quad \boldsymbol{\alpha}_3=\begin{pmatrix}1\\2\\a^2+3\end{pmatrix},$$

$$(\text{Ⅱ}):\boldsymbol{\beta}_1=\begin{pmatrix}1\\1\\a+3\end{pmatrix},\quad \boldsymbol{\beta}_2=\begin{pmatrix}0\\2\\1-a\end{pmatrix},\quad \boldsymbol{\beta}_3=\begin{pmatrix}1\\3\\a^2+3\end{pmatrix}.$$

若向量组(Ⅰ)和(Ⅱ)等价,求 a 的值,并将向量 $\boldsymbol{\beta}_3$ 由向量组(Ⅰ)线性表示.

(2019 年数学二)

15. 设二次型

$$f(x_1,x_2)=x_1^2+4x_2^2-4x_1x_2$$

经正交变换 $\begin{pmatrix}x_1\\x_2\end{pmatrix}=\boldsymbol{Q}\begin{pmatrix}y_1\\y_2\end{pmatrix}$ 化为二次型

$$ay_1^2+by_2^2+4y_1y_2,$$

其中 $a\geqslant b$,求:

(1) a,b 的值;

(2) 正交矩阵 $\boldsymbol{Q}$.

(2020 年数学一)

16. 设 $\boldsymbol{A}$ 为二阶矩阵,矩阵 $\boldsymbol{P}=(\boldsymbol{\alpha},\boldsymbol{A\alpha})$,其中 $\boldsymbol{\alpha}$ 是二维非零列向量且不是矩阵 $\boldsymbol{A}$ 的特征向量.

(1) 证明:$\boldsymbol{P}$ 为可逆矩阵;

(2) 若 $\boldsymbol{A}^2\boldsymbol{\alpha}+\boldsymbol{A\alpha}-6\boldsymbol{\alpha}=\boldsymbol{0}$,求 $\boldsymbol{P}^{-1}\boldsymbol{AP}$,并判断矩阵 $\boldsymbol{A}$ 是否相似于对角矩阵.

(2020 年数学一)

17. 设二次型

$$f(x_1,x_2,x_3)=x_1^2+x_2^2+x_3^2+2ax_1x_2+2ax_1x_3+2ax_2x_3$$

经可逆线性变换 $\begin{pmatrix}x_1\\x_2\\x_3\end{pmatrix}=\boldsymbol{P}\begin{pmatrix}y_1\\y_2\\y_3\end{pmatrix}$ 化为二次型

$$y_1^2+y_2^2+4y_3^2+2y_1y_2,$$

求:

(1) a 的值；

(2) 可逆矩阵 $\boldsymbol{P}$.

(2020 年数学二)

18. 已知矩阵 $\boldsymbol{A}=\begin{pmatrix} a & 1 & -1 \\ 1 & a & -1 \\ -1 & -1 & a \end{pmatrix}$，求：

(1) 正交矩阵 $\boldsymbol{P}$，使得 $\boldsymbol{P}^{\mathrm{T}}\boldsymbol{AP}$ 为对角矩阵；

(2) 正定矩阵 $\boldsymbol{C}$，使得 $\boldsymbol{C}^2=(a+3)\boldsymbol{E}-\boldsymbol{A}$.

(2021 年数学一)

19. 设矩阵 $\boldsymbol{A}=\begin{pmatrix} 2 & 1 & 0 \\ 1 & 2 & 0 \\ 1 & a & b \end{pmatrix}$ 仅有两个不同的特征值. 若矩阵 $\boldsymbol{A}$ 相似于对角矩阵，求 a，b 的值，并求可逆矩阵 $\boldsymbol{P}$，使得 $\boldsymbol{P}^{-1}\boldsymbol{AP}$ 为对角矩阵.

(2021 年数学二)

20. 设二次型 $f(x_1,x_2,x_3)=\sum\limits_{i=1}^{3}\sum\limits_{j=1}^{3} ijx_ix_j$，求：

(1) 二次型 f 的矩阵；

(2) 正交矩阵 $\boldsymbol{Q}$，使得二次型 f 经正交变换 $\boldsymbol{x}=\boldsymbol{Qy}$ 化为标准形；

(3) $f=0$ 的解.

(2022 年数学一)

21. 已知二次型 $f(x_1,x_2,x_3)=3x_1^2+4x_2^2+3x_3^2+2x_1x_3$.

(1) 求正交变换 $\boldsymbol{x}=\boldsymbol{Qy}$，将 f 化为标准形；

(2) 证明：$\min\limits_{\boldsymbol{x}\neq\boldsymbol{0}} \dfrac{f(\boldsymbol{x})}{\boldsymbol{x}^{\mathrm{T}}\boldsymbol{x}}=2$.

(2022 年数学二)

22. 已知二次型

$$f(x_1,x_2,x_3)=x_1^2+2x_2^2+2x_3^2+2x_1x_2-2x_1x_3,$$

$$g(y_1,y_2,y_3)=y_1^2+y_2^2+y_3^2+2y_2y_3.$$

(1) 求可逆线性变换 $\boldsymbol{x}=\boldsymbol{Py}$，将 f 化为 g；

(2) 问：是否存在正交变换 $\boldsymbol{x}=\boldsymbol{Qy}$，将 f 化为 g？

(2023 年数学一)

23. 设矩阵 $\boldsymbol{A}$ 满足对于任意常数 x_1, x_2, x_3，均有

$$\boldsymbol{A}\begin{pmatrix} x_1 \\ x_2 \\ x_3 \end{pmatrix} = \begin{pmatrix} x_1 + x_2 + x_3 \\ 2x_1 - x_2 + x_3 \\ x_2 - x_3 \end{pmatrix}$$

成立，求：

(1) 矩阵 $\boldsymbol{A}$；

(2) 可逆矩阵 $\boldsymbol{P}$ 与对角矩阵 $\boldsymbol{\Lambda}$，使得 $\boldsymbol{P}^{-1}\boldsymbol{A}\boldsymbol{P} = \boldsymbol{\Lambda}$.

(2023 年数学二)

24. 已知数列 $\{x_n\}$，$\{y_n\}$，$\{z_n\}$ 满足 $x_0 = -1, y_0 = 0, z_0 = 2$，且

$$\begin{cases} x_n = -2x_{n-1} + 2z_{n-1}, \\ y_n = -2y_{n-1} - 2z_{n-1}, \\ z_n = -6x_{n-1} - 3y_{n-1} + 3z_{n-1}, \end{cases}$$

记向量 $\boldsymbol{\alpha}_n = \begin{pmatrix} x_n \\ y_n \\ z_n \end{pmatrix}$，写出满足 $\boldsymbol{\alpha}_n = \boldsymbol{A}\boldsymbol{\alpha}_{n-1}$ 的矩阵 $\boldsymbol{A}$，并求 $\boldsymbol{A}^n$ 及 x_n, y_n, z_n.

(2024 年数学一)

25. 设矩阵 $\boldsymbol{A} = \begin{pmatrix} 0 & 1 & a \\ 1 & 0 & 1 \end{pmatrix}$，$\boldsymbol{B} = \begin{pmatrix} 1 & 1 \\ 1 & 1 \\ b & 2 \end{pmatrix}$，二次型 $f(x_1, x_2, x_3) = \boldsymbol{x}^{\mathrm{T}}\boldsymbol{B}\boldsymbol{A}\boldsymbol{x}$. 已知线性方程组 $\boldsymbol{A}\boldsymbol{x} = \boldsymbol{0}$ 的解均为线性方程组 $\boldsymbol{B}^{\mathrm{T}}\boldsymbol{x} = \boldsymbol{0}$ 的解，但这两个方程组不同解，求：

(1) a, b 的值；

(2) 正交变换 $\boldsymbol{x} = \boldsymbol{Q}\boldsymbol{y}$，将 f 化为标准形.

(2024 年数学二)

26. 设矩阵 $\boldsymbol{A} = \begin{pmatrix} 1 & -1 & 0 & -1 \\ 1 & 1 & 0 & 3 \\ 2 & 1 & 2 & 6 \end{pmatrix}$，$\boldsymbol{B} = \begin{pmatrix} 1 & 0 & 1 & 2 \\ 1 & -1 & a & a-1 \\ 2 & -3 & 2 & -2 \end{pmatrix}$，$\boldsymbol{\alpha} = \begin{pmatrix} 0 \\ 2 \\ 3 \end{pmatrix}$，$\boldsymbol{\beta} = \begin{pmatrix} 1 \\ 0 \\ -1 \end{pmatrix}$.

(1) 证明：线性方程组 $\boldsymbol{A}\boldsymbol{x} = \boldsymbol{\alpha}$ 的解均为线性方程组 $\boldsymbol{B}\boldsymbol{x} = \boldsymbol{\beta}$ 的解；

(2) 若线性方程组 $\boldsymbol{A}\boldsymbol{x} = \boldsymbol{\alpha}$ 与 $\boldsymbol{B}\boldsymbol{x} = \boldsymbol{\beta}$ 不同解，求 a 的值.

(2024 年数学三)

试题参考答案及部分解析

一、选择题

1. ～5. BADAC　6. ～10. BCABA　11. ～15. ACAAB

16. ～20. CCDBA　21. ～25. CDCDA　26. ～30. CCBDB

31. ～35. DDDBB　36. ～40. DACDB　41. ～42. CB

二、填空题

1. $[-2,2]$.　2. $2^{n+1}-2$.　3. $\lambda^4+\lambda^3+2\lambda^2+3\lambda+4$.　4. 2.

5. 2.　6. -1.　7. 2.　8. $\boldsymbol{x}=k(1,-2,1)^{\mathrm{T}}$,其中 k 为任意常数.

9. -4.　10. 1.　11. a^4-4a^2.　12. $\dfrac{3}{2}$.　13. -5.

14. $\{[\boldsymbol{E}-(\boldsymbol{A}-\boldsymbol{E})^{-1}]^{-1}-\boldsymbol{E}\}\boldsymbol{A}$.　15. -1.　16. $\dfrac{11}{9}$.　17. 8.

18. $[0,+\infty)$.　19. -4.　20. 16.

三、解答题

1. (1) $\boldsymbol{\xi}=(-1,2,3,1)^{\mathrm{T}}$;

(2) $\boldsymbol{B}=\begin{pmatrix} 2-k_1 & 6-k_2 & -1-k_3 \\ 2k_1-1 & 2k_2-3 & 2k_3+1 \\ 3k_1-1 & 3k_2-4 & 3k_3+1 \\ k_1 & k_2 & k_3 \end{pmatrix}$,其中 k_1,k_2,k_3 为任意常数.

2. 略. 提示:只要证明两个矩阵有相同的特征值且都可对角化即可.

3. (1) 略. 提示:$(\boldsymbol{\beta}_1,\boldsymbol{\beta}_2,\boldsymbol{\beta}_3)=(\boldsymbol{\alpha}_1,\boldsymbol{\alpha}_2,\boldsymbol{\alpha}_3)\begin{pmatrix} 2 & 0 & 1 \\ 0 & 2 & 0 \\ 2k & 0 & k+1 \end{pmatrix}$,因为 $\begin{vmatrix} 2 & 0 & 1 \\ 0 & 2 & 0 \\ 2k & 0 & k+1 \end{vmatrix}=$ $4\neq 0$,且向量组 $\boldsymbol{\alpha}_1,\boldsymbol{\alpha}_2,\boldsymbol{\alpha}_3$ 线性无关,所以向量组 $\boldsymbol{\beta}_1,\boldsymbol{\beta}_2,\boldsymbol{\beta}_3$ 线性无关.

(2) $k=0$,$\boldsymbol{\xi}=\begin{pmatrix} c \\ 0 \\ -c \end{pmatrix}$,其中 c 是不为 0 的任意常数.

4.（1）$a=4,b=5$；（2）$\boldsymbol{P}=\begin{pmatrix}2 & -3 & -1\\ 1 & 0 & 1\\ 0 & 1 & 1\end{pmatrix}$.

5.当 $a=-2$ 时，无解；

当 $a\neq-2$ 且 $a\neq1$ 时，有唯一解 $\boldsymbol{X}=\begin{pmatrix}1 & \dfrac{3a}{a+2}\\ 0 & \dfrac{a-4}{a+2}\\ -1 & 0\end{pmatrix}$；

当 $a=1$ 时，有无穷多解，其通解为 $\boldsymbol{X}=\begin{pmatrix}3 & 3\\ -k_1-1 & -k_2-1\\ k_1 & k_2\end{pmatrix}$，其中 k_1,k_2 为任意常数.

6.（1）$\begin{pmatrix}-2+2^{99} & 1-2^{99} & 2-2^{98}\\ -2+2^{100} & 1-2^{100} & 2-2^{99}\\ 0 & 0 & 0\end{pmatrix}$；

（2）$\boldsymbol{\beta}_1=(-2+2^{99})\boldsymbol{\alpha}_1+(-2+2^{100})\boldsymbol{\alpha}_2$，

$\boldsymbol{\beta}_2=(1-2^{99})\boldsymbol{\alpha}_1+(1-2^{100})\boldsymbol{\alpha}_2$，

$\boldsymbol{\beta}_3=(2-2^{98})\boldsymbol{\alpha}_1+(2-2^{99})\boldsymbol{\alpha}_2$.

7.（1）$a=0$；（2）$\boldsymbol{x}=\begin{pmatrix}1\\ -2\\ 0\end{pmatrix}+k\begin{pmatrix}0\\ -1\\ 1\end{pmatrix}$，其中 k 为任意常数.

8.（1）略；（2）$\boldsymbol{x}=\begin{pmatrix}1\\ 1\\ 1\end{pmatrix}+k\begin{pmatrix}1\\ 2\\ -1\end{pmatrix}$，其中 k 为任意常数.

9.$a=2,\boldsymbol{Q}=\begin{pmatrix}\dfrac{\sqrt{2}}{2} & \dfrac{\sqrt{3}}{3} & \dfrac{\sqrt{6}}{6}\\ 0 & -\dfrac{\sqrt{3}}{3} & \dfrac{\sqrt{6}}{3}\\ -\dfrac{\sqrt{2}}{2} & \dfrac{\sqrt{3}}{3} & \dfrac{\sqrt{6}}{6}\end{pmatrix}$.

10. (1) 如果 $a=2$，则通解为 $(x_1,x_2,x_3)^{\mathrm{T}}=c(-2,-1,1)^{\mathrm{T}}$，其中 c 为任意常数；如果 $a\neq 2$，则只有零解 $(x_1,x_2,x_3)^{\mathrm{T}}=(0,0,0)^{\mathrm{T}}$.

(2) 如果 $a\neq 2$，则规范形为 $f=y_1^2+y_2^2+y_3^2$；如果 $a=2$，则规范形为 $f=y_1^2+y_2^2$.

11. (1) $a=2$；

(2) $\boldsymbol{P}=\begin{pmatrix}-6k_1+3 & -6k_2+4 & -6k_3+4\\ 2k_1-1 & 2k_2-1 & 2k_3-1\\ k_1 & k_2 & k_3\end{pmatrix}$，其中 k_1,k_2,k_3 为任意常数，且 $k_2\neq k_3$.

12. (1) $a=3,b=2,c=-2$； (2) 证明略，过渡矩阵为 $\begin{pmatrix}1 & 1 & 0\\ -\frac{1}{2} & 0 & 1\\ \frac{1}{2} & 0 & 0\end{pmatrix}$.

13. (1) $x=3,y=-2$； (2) $\boldsymbol{P}=\begin{pmatrix}-1 & -1 & -1\\ 2 & 1 & 2\\ 0 & 0 & 4\end{pmatrix}$.

14. 当 $a=1$ 时，$\boldsymbol{\beta}_3=(-2k+3)\boldsymbol{\alpha}_1+(k-2)\boldsymbol{\alpha}_2+k\boldsymbol{\alpha}_3$，其中 k 为任意常数；当 $a\neq -1$ 且 $a\neq 1$ 时，$\boldsymbol{\beta}_3=\boldsymbol{\alpha}_1-\boldsymbol{\alpha}_2+\boldsymbol{\alpha}_3$.

15. (1) $a=4,b=1$； (2) $\boldsymbol{Q}=\begin{pmatrix}\frac{4}{5} & -\frac{3}{5}\\ -\frac{3}{5} & -\frac{4}{5}\end{pmatrix}$.

16. (1) 略. 提示：由 $\boldsymbol{\alpha}$ 是非零向量且不是矩阵 $\boldsymbol{A}$ 的特征向量可知，$\boldsymbol{\alpha},\boldsymbol{A\alpha}$ 不成比例，即向量组 $\boldsymbol{\alpha},\boldsymbol{A\alpha}$ 线性无关，则 $\mathrm{r}(\boldsymbol{P})=2$，得 $\boldsymbol{P}=(\boldsymbol{\alpha},\boldsymbol{A\alpha})$ 可逆.

(2) $\boldsymbol{P}^{-1}\boldsymbol{AP}=\begin{pmatrix}0 & 6\\ 1 & -1\end{pmatrix}$，故矩阵 $\boldsymbol{A}$ 可对角化.

17. (1) $a=-\frac{1}{2}$； (2) $\boldsymbol{P}=\begin{pmatrix}1 & 2 & \frac{2\sqrt{3}}{3}\\ 0 & 1 & \frac{4\sqrt{3}}{3}\\ 0 & 1 & 0\end{pmatrix}$.

18. (1) $\boldsymbol{P}=\begin{pmatrix} \frac{\sqrt{3}}{3} & -\frac{\sqrt{2}}{2} & \frac{\sqrt{6}}{6} \\ \frac{\sqrt{3}}{3} & \frac{\sqrt{2}}{2} & \frac{\sqrt{6}}{6} \\ -\frac{\sqrt{3}}{3} & 0 & \frac{\sqrt{6}}{3} \end{pmatrix}$，则 $\boldsymbol{P}^{\mathrm{T}}\boldsymbol{A}\boldsymbol{P}=\begin{pmatrix} a+2 & 0 & 0 \\ 0 & a-1 & 0 \\ 0 & 0 & a-1 \end{pmatrix}$；

(2) $\boldsymbol{C}=\begin{pmatrix} \frac{5}{3} & -\frac{1}{3} & \frac{1}{3} \\ -\frac{1}{3} & \frac{5}{3} & \frac{1}{3} \\ \frac{1}{3} & \frac{1}{3} & \frac{5}{3} \end{pmatrix}$.

19. 当 $b=3$ 时，$a=-1$，此时 $\boldsymbol{P}=\begin{pmatrix} 1 & 0 & -1 \\ 1 & 0 & 1 \\ 0 & 1 & 1 \end{pmatrix}$，则 $\boldsymbol{P}^{-1}\boldsymbol{A}\boldsymbol{P}=\begin{pmatrix} 3 & 0 & 0 \\ 0 & 3 & 0 \\ 0 & 0 & 1 \end{pmatrix}$；

当 $b=1$ 时，$a=1$，此时 $\boldsymbol{P}=\begin{pmatrix} -1 & 0 & 1 \\ 1 & 0 & 1 \\ 0 & 1 & 1 \end{pmatrix}$，则 $\boldsymbol{P}^{-1}\boldsymbol{A}\boldsymbol{P}=\begin{pmatrix} 1 & 0 & 0 \\ 0 & 1 & 0 \\ 0 & 0 & 3 \end{pmatrix}$.

20. (1) $\begin{pmatrix} 1 & 2 & 3 \\ 2 & 4 & 6 \\ 3 & 6 & 9 \end{pmatrix}$；

(2) $\boldsymbol{Q}=\begin{pmatrix} \frac{\sqrt{14}}{14} & -\frac{2\sqrt{5}}{5} & -\frac{3\sqrt{70}}{70} \\ \frac{\sqrt{14}}{7} & \frac{\sqrt{5}}{5} & -\frac{3\sqrt{70}}{35} \\ \frac{3\sqrt{14}}{14} & 0 & \frac{\sqrt{70}}{14} \end{pmatrix}$，经正交变换 $\boldsymbol{x}=\boldsymbol{Q}\boldsymbol{y}$，二次型 f 化为标准形 $f=14y_1^2$；

(3) $(x_1,x_2,x_3)^{\mathrm{T}}=k_1(-2,1,0)^{\mathrm{T}}+k_2(-3,-6,5)^{\mathrm{T}}$，其中 k_1,k_2 为任意常数.

21. (1) $\boldsymbol{Q}=\begin{pmatrix} \frac{\sqrt{2}}{2} & \frac{\sqrt{2}}{2} & 0 \\ 0 & 0 & 1 \\ -\frac{\sqrt{2}}{2} & \frac{\sqrt{2}}{2} & 0 \end{pmatrix}$，经正交变换 $\boldsymbol{x}=\boldsymbol{Q}\boldsymbol{y}$，二次型 f 化为标准形 $f=$

$2y_1^2+4y_2^2+4y_3^2$.

(2) 略. 提示：$\min\limits_{x\neq 0}\dfrac{f(\boldsymbol{x})}{\boldsymbol{x}^{\mathrm{T}}\boldsymbol{x}}=\min\limits_{y\neq 0}\dfrac{f(\boldsymbol{y})}{(\boldsymbol{Q}\boldsymbol{y})^{\mathrm{T}}\boldsymbol{Q}\boldsymbol{y}}=\min\limits_{y\neq 0}\dfrac{f(\boldsymbol{y})}{\boldsymbol{y}^{\mathrm{T}}\boldsymbol{Q}^{\mathrm{T}}\boldsymbol{Q}\boldsymbol{y}}=\min\limits_{y\neq 0}\dfrac{f(\boldsymbol{y})}{\boldsymbol{y}^{\mathrm{T}}\boldsymbol{y}}=2$.

22. (1) $\boldsymbol{P}=\begin{pmatrix}1&-1&1\\0&1&0\\0&0&1\end{pmatrix}$，可逆线性变换 $\boldsymbol{x}=\boldsymbol{P}\boldsymbol{y}$ 将 f 化为 g； (2) 不存在.

23. (1) $\boldsymbol{A}=\begin{pmatrix}1&1&1\\2&-1&1\\0&1&-1\end{pmatrix}$；

(2) $\boldsymbol{P}=\begin{pmatrix}0&4&1\\-1&3&0\\1&1&-2\end{pmatrix}$，$\boldsymbol{\Lambda}=\begin{pmatrix}-2&0&0\\0&2&0\\0&0&-1\end{pmatrix}$，则 $\boldsymbol{P}^{-1}\boldsymbol{A}\boldsymbol{P}=\boldsymbol{\Lambda}$.

24. $\boldsymbol{A}=\begin{pmatrix}-2&0&2\\0&-2&-2\\-6&-3&3\end{pmatrix}$，

$$\boldsymbol{A}^n=\begin{pmatrix}-4+(-1)^{n+1}\cdot 2^n&-2+(-1)^{n+1}\cdot 2^n&2\\4+(-1)^n\cdot 2^{n+1}&2+(-1)^n\cdot 2^{n+1}&-2\\-6&-3&3\end{pmatrix},$$

$x_n=8+(-2)^n$，$y_n=-8+(-2)^{n+1}$，$z_n=12$.

25. (1) $a=1,b=2$；

(2) $\boldsymbol{Q}=\begin{pmatrix}-\frac{\sqrt{2}}{2}&-\frac{\sqrt{3}}{3}&\frac{\sqrt{6}}{6}\\\frac{\sqrt{2}}{2}&-\frac{\sqrt{3}}{3}&\frac{\sqrt{6}}{6}\\0&\frac{\sqrt{3}}{3}&\frac{\sqrt{6}}{3}\end{pmatrix}$，二次型 f 经正交变换 $\boldsymbol{x}=\boldsymbol{Q}\boldsymbol{y}$ 化为标准形 $f=6y_3^2$.

26. (1) 略. 提示：因 $\mathrm{r}\begin{pmatrix}\boldsymbol{A}&\boldsymbol{\alpha}\\\boldsymbol{B}&\boldsymbol{\beta}\end{pmatrix}=\mathrm{r}(\boldsymbol{A},\boldsymbol{\alpha})$，故 $\begin{cases}\boldsymbol{A}\boldsymbol{x}=\boldsymbol{\alpha},\\\boldsymbol{B}\boldsymbol{x}=\boldsymbol{\beta}\end{cases}$ 与 $\boldsymbol{A}\boldsymbol{x}=\boldsymbol{\alpha}$ 同解，则 $\boldsymbol{A}\boldsymbol{x}=\boldsymbol{\alpha}$ 的解均为 $\boldsymbol{B}\boldsymbol{x}=\boldsymbol{\beta}$ 的解.

(2) $a=1$.

参 考 文 献

[1] 胡冠章,王殿军.应用近世代数[M].3版.北京:清华大学出版社,2006.

[2] 李庆扬,王能超,易大义.数值分析[M].5版.北京:清华大学出版社,2008.

[3] 韩士安,林磊.近世代数[M].2版.北京:科学出版社,2009.

[4] 雷DC,雷SR,麦克唐纳JJ.线性代数及其应用:原书第5版[M].刘深泉,张万芹,陈玉珍,等译.北京:机械工业出版社,2018.

[5] 姜启源,谢金星,叶俊.数学模型[M].4版.北京:高等教育出版社,2011.

图书在版编目(CIP)数据

线性代数 / 赵建平，杨晓梅主编. -- 北京 : 北京大学出版社，2025. 8. -- ISBN 978-7-301-36430-7

Ⅰ. O151. 2

中国国家版本馆 CIP 数据核字第 2025EB7444 号

书　　名	线性代数 XIANXING DAISHU
著作责任者	赵建平　杨晓梅　主编
责 任 编 辑	曾琬婷
标 准 书 号	ISBN 978-7-301-36430-7
出 版 发 行	北京大学出版社
地　　址	北京市海淀区成府路 205 号　100871
网　　址	http://www. pup. cn
电 子 邮 箱	zpup@pup. cn
新 浪 微 博	@北京大学出版社
电　　话	邮购部 010-62752015　发行部 010-62750672　编辑部 010-62754819
印 刷 者	长沙超峰印刷有限公司
经 销 者	新华书店
	787 毫米×1092 毫米　16 开本　13. 25 印张　259 千字 2025 年 8 月第 1 版　2025 年 8 月第 1 次印刷
定　　价	45. 00 元